AMO

Le Congrès
de
l'Humanité

ARTICLES GROUPÉS & ANNOTÉS

PAR

MARIUS DECRESPE

« Homo sum ; et nil humani
« a me alienum puto. »

Prix : 3 Fr. 50

PARIS

CHAMUEL, ÉDITEUR

5, Rue de Savoie, 5

1897

Le Congrès

de l'Humanité

Le Congrès
de l'Humanité

NOTES EXPLICATIVES

Comme le corps, l'esprit humain possède une puissante tendance à l'habitude, puis à l'automatisme ; et telle vérité, dont l'acquisition peut avoir demandé tant de labeurs, devient parfois si claire à l'accoutumance, qu'on n'y pense plus, qu'il faut même un effort pénible, une longue persévérance pour en retrouver la notion consciente, oubliée sous l'amoncellement accru peu à peu d'autres préoccupations diverses.

C'est ce qu'expriment si bien ces vers :

Où est la mer ? disaient les poissons
En nageant à travers le pur cristal des eaux.
Nous avons ouï parler, en d'antiques récits, des flots de l'Océan,
Et il nous tarde de contempler ses ondes bleues.
Les sages nous parlent d'une mer infinie :
Oh ! Qui saurait nous dire si elle existe réellement ?

L'alouette prit son essor dans la lumière éclatante du matin.
Elle chantait, portée sur ses ailes ensoleillées ;
Voici son chant : Je vois la lumière ;
Je contemple un monde de choses merveilleuses :
Mais, en volant et en chantant partout,
C'est en vain que j'ai essayé de trouver l'air[1].

Ainsi l'absolu sommeille en toute relativité, et ses plus chauds rayons s'obscurcissent ou s'éteignent en la poussière opaque de ses moindres manifestations ; si bien que nous l'ignorons, nous tous qui ne vivons que par lui.

A cet ordre d'idées négligées pour trop d'évidence appartient celle de l'unité humaine prêchée par les religions, enseignée par l'histoire, prouvée par la science. Tous, nous y assentons, au moins une fois en notre vie ; des locutions banales en témoignent à chaque instant : « Tous les hommes sont frères, chaque individu n'est qu'une cellule du grand corps Humanité, et l'entité totale souffrira tant qu'un seul de ses éléments constitutifs ne sera pas complètement satisfait ». En France, les monuments publics et les actes officiels proclament l'Egalité et la Fraternité à côté de la Liberté ; en Russie, le plus humble moujik se considère comme un membre de la famille de son père le Czar ; en Chine, le vocable *petit frère* ou *frère aîné*, suivant le cas, est un terme de poli-

[1] D'après G. Bonet-Maury, dans *le Congrès des Religions* (Hachette et Cie, éditeurs).

tesse qu'on emploie même à l'égard de l'inconnu rencontré au hasard des affaires ; en Angleterre, en Allemagne, en Amérique, partout, des usages équivalents manifestent l'universalité de la même idée. Et pourtant, tous nous agissons à l'encontre de ce principe d'unité.

La raison s'en perçoit facilement : c'est que l'intellect seul, forcé par l'évidence du fait, admet la chose ; le cœur ne s'en pénètre pas, n'en est pas ému, n'y croit pas, ne s'en occupe pas ; et, dès lors, les particuliers intérêts matériels s'opposant naturellement les uns aux autres, l'unité humaine reste, en fait, à l'état de lettre morte, en théorie, à l'état de belle utopie.

Cela est si vrai que les plus généreux des libertaires modernes, ceux qui luttent avec le plus de sincérité pour la paix internationale, pour l'union des peuples, entretiennent aussi l'hostilité entre les diverses classes sociales. Bien plus, ceux-là mêmes qui, les premiers, ont proclamé et prouvé cette même unité humaine comme une indiscutable vérité, les plus profonds savants et les prêtres les plus autorisés, semblent mutuellement se considérer comme n'appartenant pas à la même espèce, au même genre, et ce, tout simplement, parce qu'ils n'ont pas le même procédé de raisonnement et d'études.

.·.

La tendance générale actuelle est de juger les hommes et les choses par leurs divergences, alors que la méthode naturelle serait de mettre en lumière seulement leurs points de contact.

Or, il est une autre vérité qui découle de la première et qui, comme elle et plus encore, s'est perdue dans la banalité ; c'est que les hommes ne sont divisés entre eux que par leurs défectuosités respectives. « Ceux qui recherchent le bien, disait Antisthène, sont amis les uns des autres. »

Supposez une société d'hommes tous également parfaits ; il est certain qu'ils se rendront réciproquement heureux et qu'ils se *sentiront* parfaitement unis. Si, dans cette même société, vient à s'introduire un homme imparfait, certes il ne s'harmonisera pas sans souffrances avec le milieu ambiant ; mais, il n'y apportera nul trouble, puisque ce milieu est parfait par supposition. De même, la sérénité de l'astronome qui, du haut d'un monument élevé, contemple les soleils, n'est pas altérée par la laideur de l'insecte qui s'agite au pied de la tour. Mais, dans un milieu imparfait, comme le nôtre, les défauts se heurtent avec violence et, sans que, d'ailleurs, nos potentialités en reçoivent la moindre atteinte, nous sommes les uns aux autres des instruments de douleur ; c'est ainsi que les miroirs courbes déforment les lignes sans altérer les couleurs.

Le miroir a tort de reprocher sa difformité à l'objet ; lui-même est difforme ; qu'il se redresse, et les images lui parviendront fidèles, et, même en celles qui ne lui sembleraient pas harmonieuses, il pourra suivre sans difficultés le jeu de ces vibrations lumineuses qui lui donnent, à lui, miroir, toute sa relative valeur.

.*.

Savoir qu'une même lumière « éclaire tout homme venant en ce monde », c'est bien ; le comprendre, c'est mieux ; mais le sentir, en avoir la conscience vivante et perpétuelle, c'est peut-être le but le plus élevé et le plus utile qui puisse être proposé à l'homme.

Il n'est pas un philosophe, pas un législateur religieux, ni même un conquérant qui n'en ait eu la persuasion, et tous les grands hommes, en tous les temps, sous tous les climats, n'ont œuvré que pour le groupement du plus grand nombre d'hommes autour d'une idée ou d'un fait qui permît la réalisation de l'unité, soit dans les âmes, soit dans les esprits, ou encore dans le langage, les mœurs, la politique, etc.

La science et l'art, surtout, ont été de puissants instruments d'union non seulement entre les nations, mais aussi entre les classes sociales, et ce, précisément parce que l'art s'élève au-dessus des questions d'intérêts matériels, et que tout le monde peut, avec plus ou moins d'émotion et de jugement, admirer une œuvre d'art. On a même été jusqu'à dire : « L'art n'a pas de patrie. » C'est bien affirmer *l'humanisme* de l'art.

Toutefois, cette formule n'est vraie qu'approximativement, et, tout en restant universel, l'art possède en réalité une patrie, même une famille ; de plus, cette même formule a été interprétée au sens internationaliste antigouvernemental, ce qui est bien outré, l'art n'ayant rien de commun avec la politique.

Mais ces inconvénients, peu sensibles pour le culte de la beauté, deviendraient insupportables pour les autres branches de l'activité humaine. Il serait mauvais de dire que la science, l'industrie, le commerce, la finance... n'ont pas de patrie ; quoique, en fait, rien ne soit plus international que la découverte d'une étoile, d'un phénomène électrique, ou que les opérations d'une maison de banque.

D'autre part, ce serait une erreur grave et un inutile effort que vouloir ne pas tenir compte des qualités propres de chaque institution, de chaque méthode, de chaque collectivité, de chaque individu, etc. La généralisation du *sentiment de l'unité humaine* aurait pour résultat de vivifier *l'idée d'humanité*; mais ce résultat ne saurait s'obtenir que par *l'union*, non par *l'uniformisation* des divers éléments constitutifs de l'Humanité. Un corps dont toutes les cellules seraient du même type cérébral, par exemple, ne serait pas un organisme vivant, mais seulement un grand cerveau, et encore incapable de fonctionner, faute d'autres organes différents de structure, avec lesquels il puisse entrer en relations.

Il est donc bon, indispensable, que chaque chose reste ce qu'elle est, que chaque homme conserve ses habitudes et ses convictions particulières, que chaque système philosophique, social, religieux et chaque école d'art garde la méthode et les procédés qui font sa puissance et sa valeur, que tout, en un mot, joue le rôle que la nature et les circonstances lui assignent. Et, dans ces conditions, pour réaliser pratiquement l'unité humaine, avec toutes ses conséquences possibles, il suffirait que chacun voulût bien reconnaître à tous les autres le droit d'agir selon ses potentialités, jusqu'aux limites où les droits d'autrui en recevraient quelque atteinte.

*
* *

Sans doute cette mutuelle tolérance, si simple en théorie, est encore bien loin d'être mise en pratique ; mais il ne serait peut-être pas si difficile d'y arriver qu'on pourrait le croire au premier abord ; l'histoire de l'Europe et de l'Amérique pendant le siècle qui finit est là pour le démontrer. Il y a cent ans, tout l'Occident se ressentait encore du régime féodal et chaque province d'un même pays restait attachée à ses coutumes locales avec tant d'exagération qu'une invincible antipathie se perpétuait entre provinces voisines ; aujourd'hui, les coutumes locales subsistent encore, heureusement, mais, grâce aux progrès des chemins de fer, de la navigation, des postes, du télégraphe et du téléphone, l'hostilité a disparu, par suite d'un plus large échange d'idées, et la notion d'unité s'est imposée dans la conception de patriotisme. Les récents travaux d'orientalisme, de cosmographie, de géologie, d'anthropologie, d'archéologie, de linguistique ont eu, au point de vue religieux, un résultat analogue quoique moins marqué jusqu'ici. Enfin, même les rapports de peuple à peuple ont subi la même influence, et, si beaucoup préfèrent à tous les autres pays celui où ils sont nés, ce qui est naturel et légitime, les

hommes ont oublié cette puérile vanité de croire
que leur patrie était le centre du monde et le foyer
de toute civilisation. C'est là un gage de progrès
réels et durables et une preuve de véritable et
saine humilité ; car l'humilité, sans laquelle toute
fierté est orgueil, consiste, non pas à se mépriser,
mais à se bien connaître et à garder le rang qu'on
mérite.

*
* *

Ces pacifiques dispositions ont été, à maintes re-
prises, sanctionnées par des actes officiels ou non,
mais presque tous d'une grande portée. Parmi ces
actes, les expositions universelles ont une importance capitale surtout au point de vue matériel, et
il n'est peut-être pas exagéré de dire que le monde
moderne leur doit la grande majorité des progrès
réalisés en ces dernières années ; l'industrie, plus
particulièrement, s'est complètement transformée
par l'action directe de ces grandes manifestations
du génie humain, et les éléments du bien-être général s'en sont accrus d'autant ; malheureusement,
une hâte irréfléchie de profiter de ces récents progrès rend leur efficacité peu sensible, et c'est une
des causes de la crise commerciale et financière
dont le monde entier souffre actuellement ; il est
à souhaiter qu'une légère réaction rétablisse

l'équilibre entre la production et la consommation.

Au point de vue économique et social, les travaux effectués n'ont pas été moindres. Les associations coopératives rapprochent les patrons des ouvriers, les producteurs des consommateurs ; les syndicats groupent respectivement les ouvriers ou les patrons de divers établissements mais de même profession ; les congrès socialistes, d'un côté, et industriels, de l'autre, établissent des relations entre les ouvriers et les patrons de diverses nationalités ; et toutes ces institutions font entrevoir la possibilité des sociétés coopératives internationales dont l'action résoudrait peut-être bien des difficultés. Enfin, il y a les associations pour la paix, et les diverses sociétés de secours aux blessés, de relèvement moral, d'assistance matérielle, de protection de l'enfance, dont le nombre est aujourd'hui si considérable et les efforts si persévérants.

Quant aux œuvres intellectuelles d'unification, leur nombre est véritablement considérable et leur action très puissante. Il convient de citer en première ligne des institutions mixtes qui se rattachent à la section intellectuelle par la nature de leurs travaux et à la section matérielle pour leur utilité pratique immédiate ; ce sont les bureaux internationaux de météorologie et autres analogues

qui, chaque année rendent de plus grands services
à la marine, à l'agriculture, au commerce, etc. A
côté de ces institutions permanentes, des congrès
fréquents de médecine, d'hygiène, d'électricité,
de chimie, de philosophie..., de toutes sciences
entretiennent entre les penseurs et les savants de
chaque nation, une émulation extrêmement pro-
fitable au progrès général. Les académies disposent de nombreux prix à distribuer sans distinction
de nationalité. Et, pour couronnement de tant de
généreuses tentatives, ces dernières années virent
prendre naissance les congrès religieux ; on sait
le retentissement considérable qu'eut celui de
l'Exposition universelle de Chicago, en 1893.

Ce Congrès des Religions fut, à l'époque actuelle,
la première tentative d'union sur le plan moral ;
ses résultats immédiats n'ont peut-être pas été
aussi tangibles que de généreuses impatiences
l'ont souhaité ; mais il est permis d'affirmer que
leur importance, leur étendue et leur durée dé-
passent de beaucoup celles des résultats antérieurement acquis dans le domaine de l'intelligence et
des faits.

Et cela se conçoit aisément, pour peu qu'on ré-
fléchisse qu'une action morale s'exerce, de par sa

nature même, *en profondeur* et non pas *en surface*,
comme fait une action intellectuelle. Modifier une
idée est chose relativement facile et, par suite, peu
durable, puisque l'idée modifiée une première fois
peut l'être sous une nouvelle influence ; et les actes
dûs au vouloir plutôt fugace que provoque l'idée,
sont, d'ordinaire, rapidement ébauchés, le plus
souvent d'exécution séduisante, mais incomplète ;
ils ont peu de consistance, parfois moins de valeur,
et leur trace, superficielle, s'efface vite. Le sentiment, tout au contraire, de modification beaucoup
plus lente et difficile, engendre une volonté durable dont les manifestations, souvent répétées,
d'allures plus volontiers modestes, mais de puissante intensité, ont des conséquences extrêmement
vivaces. L'Europe s'est ressentie pendant plusieurs
centaines d'années des effets des lointaines croisa-
des ; que lui reste-t-il des gracieuses productions
du dernier siècle ? Le monde entier frémit encore
au verbe de Jésus ou de Bouddha, il palpite pour
longtemps au souffle de la Révolution ; mais il a
cent fois changé de systèmes philosophiques et de
théories scientifiques, jeux intellectuels que la mode consacre ou réprouve et qui n'ont qu'une utilité
transitoire. Qui ne tressaille pas au récit du sacrifice des Romulus et des Jeanne d'Arc ? on est inté-
ressé, mais non pas ému, par l'histoire, cependant
plus grandiose, des Alexandre et des Napoléon.

C'est que l'amour est véritablement, et dans toutes ses manifestations, la puissance créatrice par excellence. On l'a dit justement : « Les grandes pensées viennent du cœur. » Les grandes pensées, ce sont les pensées vivantes et fécondes en résultats, non pas celles qui, dues à un cerveau glacé, produisent une œuvre correcte, d'après une impeccable méthode et un procédé sans défaut. Tous ceux qui œuvrent, en quelque genre que ce ce soit, le savent par expérience : il est impossible de rien faire de bien si l'on n'aime pas son travail, si l'on ne s'y dévoue pas, si l'on n'y sacrifie pas quelque chose de soi-même — comme fait la mère pour son enfant —. Et cela est vrai non pas seulement de l'artiste ou du poète, du savant ou du penseur, de l'homme d'état ou du religieux, mais aussi du plus humble ouvrier, du paysan le plus primitif, du plus prosaïque employé de bureau ; si ceux-ci aiment leur œuvre, leur œuvre sera utile ; si ceux-là travaillent sans conviction ni sincérité, leur rôle sera mal tenu, ils auront été des comédiens sans feu ni tempérament qu'on oublie sitôt le rideau baissé.

Aimer ce qu'on fait, s'identifier à son œuvre, s'y incarner, en quelque sorte, en lui sacrifiant tout ou portion de sa personnalité, c'est là le vrai secret de la réussite.

*
* *

Si donc on veut solidement et durablement établir la notion de l'humanité humaine, pour lui faire produire les résultats d'utilité générale qu'elle est susceptible de donner, il convient de faire aimer l'humanité.

C'est le but que se sont proposé les promoteurs du Congrès de l'Humanité, pour l'Exposition universelle de Paris, en 1900. Il s'agit de faire, non pas comprendre, ce qui est accessoire, mais *sentir* aux hommes qu'ils sont tous *un* en l'essence unique de l'humanité ; ce qu'on veut, ce qui se fera malgré tous les obstacles, en dépit de toutes les apparences contraires, c'est un acte de foi et d'amour en l'unité humaine. Que l'astronome, s'il le veut, reste en sa tour d'ivoire, à adorer sa chimère, et que l'insecte, si c'est son bon plaisir, continue de s'illusionner à la pénible recherche de quelconques fétus, cela importe peu ; le nécessaire, c'est qu'ils sachent s'identifier l'un à l'autre, c'est qu'ils se sentent *le même être*, en dehors et au-dessus de leurs respectives relativités, c'est qu'ils aient l'un et l'autre l'intime conscience de cette unité qui constitue le seul *substratum* possible, imaginable de toute personnalité. Dès que cette persuasion sera établie, les actes correspondants s'en suivront, fatalement.

L'œuvre est donc humanitaire, simplement ; elle ne s'adresse en particulier ni aux prêtres, ni aux savants, ni aux soldats, ni aux magistrats, ni aux ouvriers, ni aux artistes, ni aux philosophes, ni aux paysans, ni aux littérateurs, ni aux financiers, mais à tous, indistinctement. Elle ne prétend pas remplacer ni compléter les différents congrès précités, mais simplement créer un lien entre eux. Elle ne préfère pas telle religion, ou telle école d'art ou de philosophie, ou telle méthode scientifique, ou tel système économique, mais elle pense que chaque chose a son utilité dans le monde et sera d'autant plus utile que plus unie à l'ensemble. Elle ne prétend point apporter le moindre perfectionnement à rien de ce qui existe, mais elle a la volonté arrêtée de provoquer un mouvement d'union de tous les hommes en une seule humanité.

Déjà, ce mouvement a commencé ; si modeste qu'il soit encore, il ne s'arrêtera plus, non pas en raison de la valeur des efforts tentés, mais parce qu'il est dans la nature de toutes les œuvres de ce genre, quelles qu'elles soient, de vivre, c'est-à-dire de se développer et de fructifier abondamment.

Il ne faut pas, cependant, se dissimuler que, si

l'idée-germe de l'unité humaine (idée qui appartient à tout le monde et fut manifestée par plusieurs) a été fécondée, depuis trois ans, par des sacrifices qui resteront peut-être toujours inconnus, l'enfant n'est pas né encore. Dans la pensée d'Amo, le Congrès de l'Humanité doit être cette éclosion ; une fois ce premier grand pas accompli — de cette façon ou d'autre sorte, — l'œuvre prendra, d'elle-même, par l'accumulation des bonnes volontés éveillées, par la surabondance de vitalité qui lui sera donnée, une extension qu'il est tout à fait impossible d'entrevoir ; et nul autre que ceux qui haïssent l'humanité n'en pourra ressentir le moindre froissement ; car, encore une fois, l'œuvre est seulement et sans restriction, humanitaire, au sens le plus étendu et le plus profond du mot. C'est à ce signe que sera reconnu Caïn, qu'il s'acharnera de toute sa passion contre cet élan de fraternité, contre cette affirmation de solidarité universelle, contre cette réalisation de l'unité totale ; car Caïn, c'est, en tout temps et sous tout aspect, le diviseur, l'oppresseur, le haïsseur. Mais sa rage est aveugle, sa résistance vaine et, d'ailleurs, son rôle utile relativement ; que Caïn soit respecté, il n'est pas justiciable des hommes, mais seulement de l'humanité, et lui rendre haine pour haine serait mentir à l'affirmation de l'unité.

*
* *

Voilà donc ce que doit être le Congrès de l'Humanité. Il convient maintenant de dire comment cette idée a été lancée, comment on compte la réaliser, et de quelle utilité pratique on pense qu'elle peut être.

Les fleuves majestueux de l'Amérique du Sud, lorsque, aux jours chauds de l'été tropical, aucun souffle ne caresse leur surface immense, ont un calme profond qui ressemble à la mort. Mort étrange et bien douce où tout aime et sourit, où le grand soleil d'or flamboie au ciel profond, où le palmier s'élance, débordant de sève généreuse, où la fleur se pâme aux brûlants baisers de l'air radieux, où la forêt se tait et la pampa sommeille, oppressées de trop d'amour, alanguies de trop d'ardeurs.

Sous le miroir d'acier des eaux, qui peut deviner le grouillement des monstres ? L'alligator et le boa déchirent leur proie, des insectes aux formes bizarres fouillent la vase, des crapauds hideux et des poissons fantastiques poursuivent les animaux plus faibles..... Nulle ride ne trouble l'image immobile des choses pures d'en haut. Et tous ces êtres vivent puissamment leur vie, s'efforçant de l'une à l'autre rive, qu'ils croient être les bornes du monde.

Mais qu'un oiseau vienne à passer et laisse choir de son aile une plume. Tout aussitôt, sur le grand fleuve, ce léger duvet s'enfuira vers les mers très lointaines, indicateur du courant indomptable qui dévore les terres et remplit l'Océan. Puis, au duvet s'accrocheront des brins d'herbe, des feuilles d'arbres, des fétus morts de paille sèche, des débris d'algues, des branchages, des touffes de roseaux, des troncs entiers d'arbres géants où des nids sont encore, d'énormes fragments du rivage où des pumas ont leur tanière ; et bientôt, de ces épaves unies, une île flottante est formée, véritable univers voyageur, masse imposante au fil de l'eau, et qui broie tout sur son passage.

Telle que ce courant d'abord insensible et puis redoutable, l'idée qui présida à la proposition d'un Congrès de l'Humanité est anonyme ; elle est à tous, elle est le fruit d'une tendance générale, le résultat d'une loi universelle. Nous sommes le duvet et le fétu de paille, la feuille d'arbre et le brin d'herbe, et nous indiquons un mouvement qui n'est pas nôtre, que personne n'a le droit de revendiquer comme sien, mais auquel tout le monde a le droit et le devoir de prendre part.

Qu'importent les luttes des reptiles grouillant au fond de l'abîme ! Au grand soleil d'Amour, dans la liberté de l'air infini, le fleuve Humanité poursuit, impassible, sa route vers le but que lui fixent les lois fatales du progrès. Les obstacles qu'il rencontre, il les brise, les désagrège, les entraîne et les emploie comme instruments de manifestation de sa puissance.

Il serait vain de s'attacher à critiquer ou à louer les personnalités quelconques qui formulèrent le projet du Congrès; on peut leur appliquer, si l'on veut, la morale de la fable des bâtons flottants; la seule chose intéressante, c'est le courant qui les porte.

Qu'on ne dise donc pas : « Ce sont des spiritualistes ». Ce serait tout à fait méconnaître l'esprit et le but de l'œuvre. Certes, des spiritualistes fervents travaillent pour le Congrès, mais des matérialistes y donnent aussi leur dévoué concours ; certains des adhérents sont athées ou franc-maçons, mais d'autres protestants ou catholiques ; plusieurs, s'occupant de politique, manifestent des convictions monarchistes ou républicaines, et quelques-uns restent indifférents aux formes gouvernementales ; des Français y coudoient des Espagnols, des Italiens s'y rencontrent avec des Russes, des Portugais y donnent la main à des Allemands ou à des Anglais... En vérité, et dès aujourd'hui, nulle autre qualification que celle d'humanitaire ne peut être imposée au Congrès de l'Humanité; tout le superflu demeure, à ce point de vue, sans valeur.

Cependant, et pour satisfaire une curiosité naturelle, pour ne point paraître reculer devant une responsabilité, quelle qu'elle puisse être, voici :

*
* *

C'est le 15 septembre 1894 que, dans la *Paix universelle*, journal spiritualiste indépendant de Lyon, parut le premier article en faveur de l'union de tous les groupements existant déjà. L'auteur, qui avait adopté le pseudonyme significatif de *Amo*, était un ingénieur distingué, ancien élève de l'Ecole polytechnique ; après avoir été officier, il occupait à Lyon une haute position dans l'industrie. A cette époque, les différentes écoles spiritualistes de France étaient plus ou moins agitées par des querelles de personnalités ou des questions de doctrine qui, tout intéressantes qu'elles aient pu être, avaient le grave inconvénient d'entretenir d'un groupe à l'autre ces sentiments d'hostilité sourde qu'on a déjà constatés entre les habitants des provinces voisines, sous le régime féodal.

Tout d'abord, l'appel d'Amo séduisit par sa hardiesse et sa grandeur ; mais un peu de réflexion froide, un peu de raisonnement... personnaliste et, du reste, basé sur la commune expérience montra vite combien ce projet avait peu de chances d'être réalisé : comment un ingénieur inconnu en dehors de son cercle d'affaires, écrivant en une modeste feuille bi-mensuelle de province, pouvait-il avoir la prétention de parler avec quelque autorité aux chefs des plus grandes associations de la terre, de leur persuader de changer de manière de raisonner, de sentir et d'agir ? comment osait-il penser pouvoir réduire des antinomies aussi puissamment déterminées que celles existant, par exemple, entre la Franc-Maçonnerie et le Catholicisme, entre les financiers israélites et les prolétaires socialistes ou révolutionnaires, entre les Français et les Allemands, entre les Anglais et les Irlandais ou les Boërs, entre les Chinois et les Japonais, entre les Russes et les Turcs, entre les matérialistes et les idéalistes, etc., etc. ?

Ces objections étaient parfaitement raisonnables et, sans doute, elles avaient arrêté déjà ceux qui, antérieurement, avaient pu avoir une idée analogue ; mais elles n'étaient pas fondées pour deux raisons :

La première, c'est que, si humble que soit le rang social, si pauvres que soient les moyens d'action d'un individu quelconque, cet individu n'est arrêté par aucune des barrières sociales s'il est mû par une conviction profonde et sincère ; l'histoire des inspirés de tous genres, celle des grands réalisateurs, est là pour l'attester : les pêcheurs de Galilée ont conquis le monde ; une ber-

1*

gère sauva Paris des fureurs d'Attila ; une autre
bergère enleva la France aux mains des Anglais
et replaça un roi sur le trône ; François, le fils du
petit drapier d'Assise, se fit écouter du pape ;
l'humble Vincent de Paul obtint ce qu'il voulut de
la reine et des dames de la cour... Chaque pays
peut fournir cent exemples analogues.

La seconde raison, c'est, encore une fois, qu'Amo
ne songe aucunement, n'a jamais songé à modifier
les *choses* existantes ; il veut seulement provoquer,
par une action s'exerçant de proche en proche à
travers les masses plus que directement sur ceux
qui dirigent les grandes collectivités, une simple
modification de *sentiment* ; moins encore, il désire
démontrer à quelques-uns qui la démontreront
ensuite à d'autres l'existence chez tous de ce même
sentiment d'unité dont la *conscience* chez le plus
grand nombre modifiera à coup sûr et bien profondément les rapports sociaux, aujourd'hui si
empreints de particularisme et d'intolérance.

C'est ce que comprirent peu à peu les spiritualistes français, au fur et à mesure qu'Amo multi-
pliait ses articles dans *la Paix universelle, l'Initiation, le Lotus Bleu, l'Humanité intégrale, la Religion universelle, la Curiosité, la Revue scientifique
du Spiritisme, la Lumière,* etc. Actuellement, à
une exception près, toutes les écoles spiritualistes
françaises se sont, non seulement ralliées à l'idée

d'un Congrès de l'Humanité, ce qui est peu, mais encore pénétrées de l'esprit de paix et d'union qui présida à ce projet, au point que leurs rapports ont perdu l'aigreur qui les rendait autrefois si pénibles. Le résultat est, sans doute, extrêmement modeste, on l'a déjà reconnu, et il est loin d'être complet ; mais il n'est pas négligeable, surtout si l'on tient compte des difficultés rencontrées en ce milieu tout spécial où pour les motifs d'ailleurs valables, s'éternisaient les discussions, si l'on tient compte aussi que les revues adhérentes représentent un total d'environ trente mille lecteurs presque tous fort assidus et d'une grande conviction.

En outre de ce noyau assez restreint mais compact et possédant de nombreuses attaches avec diverses écoles de philosophie, de littérature et de sociologie, plusieurs personnalités politiques et littéraires ont manifesté leurs sympathies à l'œuvre et certains journaux étrangers y ont également donné leur adhésion.

.[.].

C'est en cet état de choses que, par le groupement nullement officiel mais effectif des premières bonnes volontés éveillées, vient de se constituer le premier noyau d'un comité provisoire pour la préparation du Congrès de l'Humanité. Sa mission est de propager plus largement l'idée par tous moyens opportuns et de faire les démarches préliminaires qui en faciliteront la réalisation.

Ce comité se séparera en 1900 et cèdera la place à un comité définitif ayant pour but l'organisation des séances du Congrès par les moyens que le comité provisoire aura mis à sa disposition et ceux, plus étendus, dont il pourra disposer lui-même.

Quant au programme du Congrès il est fort simple :

1° Ouverture des séances par un vœu unanime d'Amour universel ;

2° Exposition libre des doctrines et espérances pour la réalisation de ce vœu, sans attaques aux autres doctrines, ni discussions ;

3° Clôture par un vœu unanime d'amour universel.

Enfin invitation aux congressistes de proposer ultérieurement par écrit les moyens qu'ils jugeront le plus propres à réaliser pratiquement l'harmonie universelle ; ces propositions seraient centralisées par une commission permanente, nommée à cet effet, simple secrétariat et non pas centre d'initiative, dont le rôle se bornerait à recueillir, à grouper les avis des correspondants, à en dégager les conclusions et, s'il y a lieu, à préparer la mise en œuvre de leurs idées communes.

Il faut, en effet, considérer que le Congrès de l'Humanité ne doit être que le premier acte d'une longue suite d'œuvres ayant pour but la pratique de la solidarité, de la fraternité humaines ; que chacun y doit travailler pour son compte et selon ses moyens, mais que les œuvres particulières, si puissantes qu'elles soient, ne peuvent avoir la portée d'une action générale, même faible ; et, dans ces conditions, il semble bon de songer à la création d'une institution destinée à entretenir la conscience de l'unité humaine, en dehors de toute autre affirmation de principes, de tout autre but plus spécial.

On conviendra facilement que le Congrès des Religions, par exemple, si féconde qu'ait été son action, ne peut satisfaire les hommes qu'en tant qu'animés d'un sentiment religieux ; mais le savant, ni le soldat, ni le laboureur, ni le politicien, considérés en soi, n'en sauraient recueillir qu'une utilité bien relative et indirecte pour la science, l'art militaire, l'agriculture ou la diplomatie. La paix intéresse un bien plus grand nombre d'hommes que la religion, parce que son efficacité se fait sentir surtout sur le plan matériel qui est plus sensible que le plan moral et auquel beaucoup se confinent exclusivement; pourtant les associations pour la paix ne sauraient intéresser ceux qui ont intérêt à la guerre, ni ceux à qui la paix

et la guerre sont également indifférentes. Ceci
est un fait; il n'entre pas dans le cadre de ce
travail de rechercher si cela est bon ou mauvais ; cela est ; et, cela étant, comme ceux qui sont
antireligieux ou antipacifiques sont hommes au
même titre que les pacifiques et les religieux, ils
sont au même titre, invités à venir affirmer au
Congrès leur croyance en l'unité humaine, et à
travailler, après le Congrès, à la réalisation de
cette unité dont, comme tous les autres, ils font
partie, qu'on le veuille ou non.

*
* *

En résumé, au point de vue théorique, le Congrès
de l'Humanité n'a pas pour but la création d'une
nouvelle *doctrine* éclectique ni synthétique de
toutes les opinions que peuvent manifester les
hommes ; il a pour but de faire constater au plus
grand nombre possible, et cela d'une façon sensible et profonde, un *fait* dont l'évidence éblouit
au point qu'on ne le voit plus, c'est que : « Tous
les hommes sont l'Humanité. » Une fois cette vérité solennellement affirmée, sentie, *vécue* par les
congressistes — ne serait-ce que durant les
quelques jours qu'occuperont ses séances — le
Congrès se dispersera, l'œuvre sera consommée,
et l'on verra avec confiance les hommes reprendre

leurs occupations et leurs luttes quotidiennes; ils seront désormais unis.

Puis, simplement pour maintenir cette union — non pour la perfectionner —, pour entretenir l'esprit de solidarité et de tolérance qui en découlent, un programme d'institution pratique et permanente sera, s'il y a lieu, élaboré en commun par l'intermédiaire d'un secrétariat spécialement nommé à cet effet. Que serait cette institution? Les congressistes en décideront; mais on peut, d'ores et déjà, prévoir que les idées ne manqueront pas...

Ce qui importe, pour le moment, c'est de préparer les cœurs au sentiment de cette unité dont les esprits ont déjà — nécessairement — l'idée, mais bien vague, bien froide et peu féconde. Rien ne sera plus propre à cet objet que les articles brûlants d'impersonnel amour en lesquels, depuis trois ans, Amo fit passer son ardeur véritablement prophétique.

Ces articles ont été groupés en deux séries. L'une comprenant les appels directs d'Amo en faveur du Congrès de l'Humanité; l'autre réunissant les études qu'il a fait paraître sur divers sujets généraux mais se rattachant tous à la grande idée de l'Unité humaine, dont le Congrès doit être une manifestation solennelle, unique jusqu'à ce jour en les annales de l'humanité. Cette seconde partie est donc, en quelque sorte, le commentaire de la

première ; elle développe les principales données
du problème et fournit une méthode générale pour
en réaliser la solution.

Çà et là, des lettres des premiers collaborateurs
d'Amo apportent de précieux encouragements
ou soulèvent certaines objections qui feront voir
la nature de quelques-unes des difficultés déjà
vaincues. D'autres, on le sait, plus formidables et
nombreuses, attendent les premières tentatives
de réalisation de l'œuvre. Le moindre des arguments déjà prêts sur les lèvres des contradicteurs
sera : « Ils sont fous ! » Oh ! vraiment, ce serait peu
de chose. En ce siècle très raisonnable, qui donc
n'est pas un peu fou ? Consultez les meilleurs médecins aliénistes ; écoutez-les nous enseignant que
le génie est une des formes de l'aliénation mentale.
L'on doit se croire très honoré d'être classé tout
auprès des plus grands hommes du monde. Mais
ce n'est pas tout ; il sera très difficile de faire admettre aux positivistes et aux libertaires, par
exemple, que l'on ne veut pas les ramener *aux
siècles de la superstition* ; et réciproquement, bien
des fervents catholiques resteront persuadés que le
Congrès est œuvre diabolique au premier chef ; tant
le véritable esprit d'indépendance reste peu compréhensible à ce siècle de prétendue liberté ! Beaucoup des uns et des autres ont déjà dit ces choses
et ont été convaincus de leur erreur ; le Congrès

leur est apparu, après explications, si fort au-dessus de toutes luttes sectaires, de toutes divergences d'opinions... qu'ils y travaillent aujourd'hui, tout en restant ce qu'ils sont par ailleurs.

Et c'est parce que nous avons, depuis les premiers jours, suivi ces choses de très près, c'est parce que nous avons jugé de la puissance des paroles d'Amo, que nous avons reproduit ses articles presque en leur intégrité, malgré la violence de certains passages. Mais cette violence rare est toujours suivie d'une note plus douce qui tempère l'effet des primitives ardeurs et remet les choses au point.

Nous n'avons cru devoir supprimer que quelques notes d'actualité sans intérêt en cet ouvrage, quelques passages se rapportant à des faits trop particuliers ; mais nous ne nous sommes permis aucune autre modification des textes recueillis que celles expressément indiquées par Amo. De courtes annotations soulignent seulement, parfois, ou développent certaines pensées de l'auteur.

*
* *

Vous qui lirez ces phrases hachées, ces exclamations impétueuses, ces cris passionnés, ces appels éperdus, si vous lisez avec l'esprit, vous sourirez, peut-être, et murmurerez : « Don Quichotte !.. »

Soit ! Don Quichotte aussi fut un amant de l'Idée
et, pour elle, souffrit et mourut ; mais il était accompagné de Sancho Panza, l'incarnation du bon
sens pratique. Vous qui rirez, voulez-vous être
notre Sancho ? Nous avons besoin de votre sage
pondération, de votre connaissance de la vie réelle;
comme nous, vous travaillez pour l'Humanité,
puisque vous êtes homme ; venez donc nous prêter
le concours de votre expérience et de votre raison.

Si le livre vous semble d'un rêveur, si vous n'y
trouvez pas, au premier abord, la précision des
faits tangibles au respect de quoi nous accoutuma
la civilisation occidentale, veuillez prendre sur
vous de la relire avec plus d'attention scientifique;
vous aurez la surprise de constater que ces rê-
veries, émanées du cœur d'un mystique, furent
épurées au cerveau d'un ingénieur ; aucune de
ces affirmations qui n'ait été contrôlée ; aucun des
phénomènes décrits qui n'ait été plusieurs fois ex-
périmenté, ou même, parfois, soumis au calcul
selon les méthodes polytechniciennes. Vous aussi,
venez donc avec nous, savant ; vous nous ensei-
gnerez à mieux parler le langage des faits dans
nos investigations au domaine du moral et de
l'intellectuel.

Oserons-nous espérer que l'ouvrage ne sera pas
trouvé dangereux ? Ou bien devons-nous craindre
d'exalter trop les imaginations enthousiastes ?

Mais en quoi ?.. Faut-il prévoir l'accusation d'émettre des doctrines subversives? Mais comment ?.. Un fait est un fait ; nous n'inventons rien de nouveau, nous ne cherchons à détruire rien d'ancien ; nous répétons simplement, après tant d'autres, une vérité vieille comme le monde et durable autant que lui. Ce serait donc en cette vérité elle-même que se trouverait le danger ? Mais pour qui ? Même pas pour les sectaires les plus intransigeants, puisque nous ne combattons même pas les sectes; nous venons seulement dire à chaque sectaire : « Voulez-vous reconnaître à votre ennemi la qualité d'homme de même essence que vous même ?... Si oui, venez avec nous ; nous avons tout-à-fait les mêmes idées que vous, et votre ennemi pense aussi de même ; venez vous le dire l'un à l'autre ; après, vous recommencerez à vous battre, si cela vous convient. »

Qui que vous soyez donc, pourvu que vous apparteniez à l'Humanité, les paroles d'Amo s'adressent à vous directement. Lisez-les du cœur surtout et vous serez convaincu ; vous viendrez à nous parce que, travaillant pour tous, nous avons besoin de tous ; et non seulement vous viendrez, mais vous amènerez avec vous tous ceux à qui vous aurez fait connaître ce livre que, pour l'humanité, nous vous prions de répandre le plus possible.

MARIUS DECRESPE.

I

ARTICLES

SUR

LE CONGRÈS DE L'HUMANITÉ

2

ARTICLES

LE CONGRÈS DE L'HUMANITÉ

LES ASSISES DE L'HUMANITÉ

Tous les hommes seront un jour réunis en une seule famille. La paix descendra sur la terre, et l'Amour de la Vérité et de la Justice dans tous les cœurs. En attendant la venue providentielle du divin parmi nous, tous les hommes de *bonne volonté* doivent diriger leurs regards vers cette époque bien heureuse, l'appeler de tous leurs vœux, la faciliter de tous leurs efforts.

C'est pourquoi, nous appuyant sur la magnifique réussite du Congrès des Religions de Chicago, *nous souhaitons la réunion, en 1900, à Paris, d'un Congrès plus large encore.*

Nous souhaitons un Congrès rassemblant toutes les religions, les spiritualistes, les humanitaires, chercheurs et penseurs de tous ordres, ayant pour but commun la progression de l'Humanité vers un idéal meilleur et la foi en sa réalisation.

Nous souhaitons que ces *Assises solennelles de l'Humanité* soient ouvertes et fermées par un appel à L'UNION DE TOUS LES HOMMES.

Pas de discussions contradictoires, mais chaque

représentant exposant ses idées et ses croyances librement, affirmant ses convictions devant l'auditoire attentif.

Le Congrès sera à tous et pour tous.

L'Esprit de vérité le présidera.

Notre rôle n'est pas d'étudier les détails de l'organisation. Le Congrès de Chicago peut servir de modèle. Une période suffisamment longue est ouverte pour la préparation.

Que l'idée émise par notre modeste feuille aille frapper tous ceux qui *aiment vraiment !* Que les chrétiens, juifs, mahométans, bouddhistes, etc.... occultistes, spirites, théosophes, altruistes, scientistes, et, en général, tous chercheurs de la sainte Vérité considèrent qu'il ne s'agit plus d'une utopie, *que la preuve de la possibilité du succès a été faite*, que tous peuvent figurer brillamment à la tribune où ils seront libres de travailler avec la plus grande force au prosélytisme.

Quel beau legs sera transmis aux générations futures! quelle belle promesse d'Avenir soutiendra les hommes à travers les luttes prochaines, et, hélas !.. peut-être inévitables !

Au nom de la Suprême Vérité,

Au nom de l'Amour,,

Au nom des célestes espérances,

Tous doivent entendre, tous doivent répondre !

(*Paix universelle*, 15 septembre 1894).

LETTRE A M. A. BOUVIER

Mon Cher Directeur,

Bravo ! pour l'appel libéral et vraiment spirite que vient de faire *La Paix universelle* dans le but de réunir un congrès humanitaire international en 1900. Ainsi que je l'ai dit maintes fois, il faudrait non seulement que les *spirites* et les *spiritualistes modernes*, tel que ces mots ont été compris en 1889, fissent partie du congrès au même titre, mais que le Pape et le matérialiste, s'ils sont *amis de la Vérité*, pussent en faire partie de *droit*.

L'homme n'est né ni méchant, ni hypocrite, sinon Dieu n'est pas... Aucun homme, à moins d'être « malade » ou « ignorant », ce qui revient au même, ne ferme les yeux à la lumière.

D'où vient le désaccord qui subsiste entre l'idée morale et l'acte ?

« Il vient le plus souvent, comme on l'a fait justement observer, de ce que l'idée n'est pas complète ni absolument démonstrative. Vous ne verrez jamais un géomètre enseigner que 2 et 2 font 4 et régler ses actes comme s'ils faisaient 5 ; vous ne verrez jamais un physicien enseigner que les corps sont pesants et se jeter par la fenêtre avec l'espoir de ne pas tomber ; c'est qu'ici les idées sont des certitudes[1]. »

---

[1] C'est bien pour cela que l'on cherche à faire plus *sentir* que *comprendre* la nécessité et la portée du Congrès de l'Humanité. — M. D.

Il n'y a donc pas à se faire d'illusion : pour que la grande solennité de 1900 puisse réussir, il faut que les spirites et les spiritualistes modernes commencent par donner le bon exemple au point de vue *moral*, ainsi qu'au point de vue scientifique.

La Paix Universelle en tant que *spirite* et M. A. Jhouney en tant que *spiritualiste moderne* viennent donner l'exemple *moral* en se tendant la main. Je ne doute pas que leurs amis ne les suivent dans cette belle voie.

Reste le côté *scientifique*... Qui va donner l'exemple ?

N'attendons pas la veille du congrès pour entreprendre une pareille œuvre, sinon les uns arriveront avec leur *brouillard*, les autres avec leur *empirisme*, et on nous dira : « *Médecins, guérissez-vous vous-mêmes.* »

Prenons garde, l'humanité est à la veille de revoir les plus mauvais jours de l'histoire. Si la guerre sociale venait à éclater, elle serait épouvantable. Notre culpabilité serait grande, nous mériterions le plus profond mépris, pour ne pas l'avoir empêchée.

La tâche est belle entre toutes, n'hésitons pas, nous vaincrons les plus opiniâtres, car il n'y a rien d'aussi opiniâtre qu'un fait. Le temps est passé où la neutralité avait une *apparence* de raison ! Ne pas s'unir ouvertement aujourd'hui pour éclairer les hommes serait plus qu'un crime, ce serait une lâcheté.

Elargissons jusqu'aux étoiles
Le geste auguste du semeur.

Car *certain* monde de l'*au-delà* n'est peut-être pas innocent du mal qui se prépare...

A l'œuvre donc pour qu'en 1900 tous les *amis de la Vérité* puissent se dire, comme les pèlerins de la première Pentecôte : « Quoi ! la plupart de nous ne se connaissaient pas, nous étions des frères ennemis ; chacun de nous parlait un langage différent, ne voyait la vie que dans son état d'égoïsme, et aujourd'hui nous nous entendons, nous nous comprenons, nous parlons une même langue, et nous sommes transportés de joie en découvrant que nous sommes frères, nous qui nous croyions ennemis ! » Alors, alors seulement, les hommes comprendront la puissance invincible de *la science unie à la fraternité*, que l'humanité devenue égoïste et intolérante connaît de moins en moins.

Cordiales poignées de mains.

J. BOUVÉRY.

(*Paix universelle*, 30 septembre 1894).

LE CONGRÈS DE L'HUMANITÉ EN 1900.

Le *Congrès universaliste* ou *Congrès synthèse* de 1900, pour lequel nous avons fait un appel intitulé *Les Assises de l'Humanité*, est en excellente voie de réussite, et nous remercions vivement, au nom de l'Humanité, les premiers adhérents : Spirites, avec M. Bouvéry ; Occultistes du groupe ésotérique, avec l'*Initiation* de septembre et le *Voile d'Isis* d'octobre ; Théosophes, avec le *Lotus Bleu* de septembre ; Magnétiseurs et Spirites du *Moniteur spirite et magnétique* du 15 octobre ; enfin les Messianiques de l'*Etoile*, avec l'apôtre de l'*Alliance universelle*, Alber Jhouney, etc.

Nous félicitons M. Ernest Bosc de son article de conciliation paru dans la *Curiosité* du 21 octobre, et nous sommes *de cœur* avec tous les hommes s'inspirant à un degré quelconque de la belle formule unitaire de Jésus : « Afin qu'ils soient tous une même chose, comme vous, mon Père, vous êtes en moi, et moi en vous ; qu'eux-mêmes ne soient aussi qu'une chose en nous... » (S. Jean, XVII, 21).

Le *Congrès de l'Humanité* sera le premier accomplissement de cette parole, comme il sera la première réalisation du désir *d'Unité*, *d'Amour*, *de Fraternité pure et sincère* des grands initiateurs dans tous les temps et tous les pays.

Nous ne doutons pas de l'adhésion de nos excellents amis et frères : Léon Denis, Delanne, Metzger, Sausse, etc.

Tous battront le rappel et rassembleront les *troupes spiritualistes* de proche en proche.

Chacun est convié à cette œuvre de rayonnance, car nul effort, si minime soit-il en apparence, n'est perdu.

D'autre part, nous comptons absolument sur

l'appui des organisateurs du *Parlement des Religions* de Chicago, dont le comité provisoire du Congrès de 1900 sollicitera le concours.

Les religions participantes au congrès de Chicago et les catholiques américains en particulier (dont le libéralisme si large a appuyé la politique chrétienne de Léon XIII) voudront collaborer au sublime *essai d'entente entre les hommes*, qui sera la continuation et la conséquence de celui qu'ils ont tenté avec tant de succès.

Ainsi toutes les religions du monde seront appelées[1] à une fusion sympathique sur les grands principes communs pouvant assurer le salut de l'Humanité et préparer l'Unité et la paix future sur la terre, constituer la grande famille dont les enfants s'entre-déchirent depuis de longs siècles, alors qu'ils pourraient si bien s'aimer, être heureux dans leur grande solidarité, et évoluer vers la Lumière.

Des régions élevées de l'esprit pur, les influences providentielles soutiendront les hommes de bonne volonté venus de toutes parts, pour combattre *la lettre qui tue* et appeler à la vie beaucoup de ceux qui sommeillent dans la plaine des morts.

Les socialistes, altruistes, humanitaires, économistes, libertaires, en un mot tous ceux qui, aimant sincèrement le progrès, la solidarité, la fraternité et l'harmonie, ne rentrent pas actuellement

[1] En même temps que toutes les doctrines non religieuses Voir les paragraphes suivants. — M. D.

dans les classifications précédentes, apporteront leur précieux concours à une œuvre répondant à leurs vœux les plus chers : amour, combat contre la misère, l'ignorance, la guerre et tous les fléaux qui désolent la terre en dépit de toute saine raison, de tout sentiment de justice, de toute promesse de rédemption.

Dès aujourd'hui, donc, nous ne craignons plus d'affirmer notre foi dans la réussite du *Congrès de l'Humanité*, en 1900.

Nous avons dès maintenant l'adhésion de tous ceux qui ne sont pas sourds à la voix de leur *conscience*[1].

A cette date solennelle, elle pourra être construite, l'ARCHE D'ALLIANCE qui portera à travers les déluges, hélas ! imminents, le germe précieux de la synthèse finale ; car le temps vient où les montagnes seront abaissées, les vallées comblées, où toutes les séparations, fruits néfastes des lettres mortes, seront abattues, où tous les hommes, harmonisés dans l'Unité, comprendront enfin les grandes vérités de l'éternelle évolution, la raison de la vie, aimeront ensemble et se réchaufferont ensemble au foyer de la *Sainte Vérité Une*, forts de la force de tous, riches de la richesse de tous.

Nous préconisons, avec notre frère Alber Jhouney, la formation d'un comité provisoire.

Ce comité, fonctionnant comme celui de Chi-

[1] Amo ne parle pas des adhérents actuels ; il escompte de futurs résultats dont il est certain. — M. D.

cago, auquel, il fera, d'ailleurs, appel pour la section des religions, rédigera l'adresse circulaire et recherchera le plus grand nombre d'adhésions dans *tous les partis.*

Plus tard, il opérera un classement approximatif et déterminera la formation du *Comité définitif* devant lequel il devra complètement s'effacer.

Un membre, au moins, de chaque classe, devra faire partie de ce Comité définitif qui aura mission de mener à bonne fin l'œuvre du Congrès de l'Humanité.

Sa besogne sera facilitée, par la présence en 1900, à Paris, des nombreux Congrès partiels réunis à l'occasion de l'Exposition.

Tous ces Congrès, à l'esprit forcément *unitaire*, seront appelés à se résumer ensemble pour donner, dans une note finale, LE GRAND CRI D'APPEL à l'Humanité.

Ce Congrès synthèse, n'excluant aucune aspiration sincère, quels que soient sa formule, son mode d'être et de manifestation, ne peut être confondu avec aucun autre Congrès international particulier.

Il faudra beaucoup d'impersonnalité, de dévouement aux organisateurs, mais, où les hommes méritent *une telle bénédiction*, il est certain que des frères dévoués, prêts à s'effacer en toute circonstance pour la bonne harmonie, se présenteront et s'uniront.

Car c'est UNE OEUVRE DE COEUR, avant tout, que celle dont il s'agit. .

Nous reproduisons cet extrait de l'article d'Alber Jhouney, paru dans l'*Etoile* d'octobre :

« Comme le dit la *Paix universelle,* nous pouvons prendre exemple sur le Parlement des Religions américain.

« Les Américains posèrent en principe l'admission au Congrès des représentants de toutes les religions, constituèrent un Comité général comprenant des protestants de confessions diverses, un archevêque catholique, un rabbin israélite et un swedenborgien.

« Ce Comité rédigea une adresse préliminaire et un exposé en dix articles des buts du Parlement des Religions.

« Le tout fut envoyé sous forme de circulaire dans le monde entier. Les adhésions dépassèrent l'attente du Comité.

« Les archevêques catholiques des Etats-Unis, dans leur assemblée de New-York, approuvèrent le projet et déléguèrent, pour s'entendre avec le Comité général, l'évêque John Keane.

« Ces adhésions recueillies, le Comité général eut encore un très long travail à accomplir pour distribuer les séances du Congrès entre les orateurs des religions diverses ; chaque orateur devait se borner à exposer la doctrine de la religion sur telle ou telle question, sans polémique et sans attaque aux autres religions.

« L'œuvre du *Congrès universaliste,* nous ne le cachons pas, est beaucoup plus difficile encore que celle du Parlement des Religions.

« Mais celle-ci, avant son achèvement, avait paru tout aussi invraisemblable à beaucoup de timides et de routiniers.

« Osons donc, pour l'amour de l'humanité future, l'humanité une !

« Voici quelques réflexions que je soumets aux promoteurs du Congrès sans aucun parti pris, disposé à modifier entièrement mon opinion, après entente mutuelle, car ce qu'il faut voir, ce n'est pas les idées de tel ou tel d'entre nous, c'est le succès de l'*Idée*.

« La *Paix universelle* a posé un principe plus large que celui des Américains : nous ne voulons pas réunir seulement des représentants de toutes les religions, mais de toutes les doctrines.

« Il me semble donc qu'il importerait d'abord de classer les diverses doctrines afin de pouvoir s'adresser à chacune.

« Pour les religions, le classement est fait : il n'y a qu'à reprendre celui du Parlement américain.

« Mais il y aurait à dresser la liste :

« 1° Des doctrines philosophiques plus ou moins officielles : philosophie universitaire, sciences (représentées par les diverses académies de France et de l'étranger), etc. ;

« 2° Des doctrines philosophiques indépendantes, depuis le Positivisme, jusqu'au Spiritisme et à l'Esotérisme (ce deuxième groupe embrassant tous les apôtres du renouveau spirituel : Théosophes, Spirites proprement dits, Occultistes, Spiritualistes, Messianiques, etc., etc.);

« 3° Des doctrines philosophiques soutenues par des groupes littéraires (ainsi, en France, pour ne prendre que les jeunes *Revues*, chacune d'elles pourrait déléguer un rédacteur au *Congrès universaliste)*; une subdivision de ce troisième groupe comprendrait les doctrines esthétiques;

« 4° Des doctrines sociales dans toutes leurs variétés : économistes, étatistes, libertaires, etc.

« Ce n'est là qu'une liste extrêmement abrégée et sommaire. Nous aurons à la reprendre et à la détailler; car il faut, autant que possible, n'oublier personne.

« La fée qu'on oublie d'inviter est celle qui, dans les contes, donne le mauvais sort et la malédiction.

« Et l'on pourrait trouver un sens profond à cette tradition légendaire.

« N'est-ce point parce que l'humanité a toujours oublié quelque fée, quelque idée essentielle, parce qu'elle a toujours réuni des conciles incomplets et servi des idéals fragmentaires qu'elle n'a pu échapper à la malédiction et au malheur?

« Nous ne sommes pas encore assez avancés pour constituer, comme les Américains, un Comité général définitif avec le lancement de la circulaire.

« Il me semble donc qu'il faudra constituer d'abord un Comité provisoire.

« Une fois la liste complète dressée, le Comité

rédigerait la circulaire (qui pourrait être l'appel de la *Paix universelle* un peu développé et expliqué).

« A la circulaire seraient joints, brièvement exposés, les buts du Congrès universaliste.

« On adresserait la circulaire aux représentants des diverses doctrines.

« Après *toutes les réponses reçues*, on constituerait alors, choisi parmi la totalité des adhérents, un Comité général définitif du Congrès[1].

« Nous avons le temps :

« Le Comité général des Américains ne fut constitué qu'en 1891, au printemps, et l'exposition de Chicago avait lieu en 1893.

« Or, nous sommes en 1894 (à la fin, il est vrai) et l'exposition où se tiendrait le Congrès n'est qu'en 1900.

« Mais il ne faut pas oublier que l'œuvre des *Assises de l'humanité* est plus complexe et plus vaste encore que le Parlement des religions[2].

« Nous n'aurons pas trop de six ans pour rendre

---

[1] « Ce qui simplifierait notre tâche, ce serait peut-être de nous entendre avec les organisateurs des divers congrès *scientifiques, économiques, esthétiques, féministes, de science psychique*, etc., qui se tiendront en 1900, et de demander à ces divers congrès de déléguer certains de leurs adhérents notre Comité, d'abord, puis au *Congrès universaliste*. Les *Assises de l'humanité* seraient donc la synthèse des divers congrès de l'Exposition. — A. J. »

[2] Il faut aussi tenir compte que le milieu de réalisation est tout différent, ce qui modifie grandement les procédés de préparation. — M. D.

possible la réunion pacifique, selon le vœu de Bouvéry, des matérialistes qui ont gardé l'amour des hommes et des catholiques qui se souviennent de la tolérance du Christ et de ce sublime enseignement : la parabole du Samaritain.

« Tel serait donc le programme de la préparation :

« 1° Liste des doctrines ;

« 2° Comité provisoire ;

« 3° Rédaction et envoi de la circulaire ;

« 4° Comité général définitif.

« Qu'en pensent nos frères Amo, Nicolaï et Bouvéry ?

« L'*Alliance universelle* est une œuvre possédée du même esprit que le *Congrès universaliste*.

« Les deux œuvres se prêtent un mutuel concours.

« Le *Congrès universaliste* est l'œuvre éclatante qui rayonne au milieu d'une exposition, la grande assemblée humaine visible au-dessus des hommes et les élevant pendant quelques jours à la réalisation de l'unité pour leur en laisser le durable souvenir et la conception divine.

« L'*Alliance universelle* est l'œuvre discrète et constante, la création, par le concours de toutes les doctrines généreuses et avec leurs *propres éléments*, d'un centre perpétuel¹ d'harmonie et de paix

¹ « S'il y avait un nombre suffisant d'adhésions au principe de l'*Alliance universelle*, les adhérents pourraient prendre le

entre toutes ces doctrines et entre les hommes qui les défendent.

« L'*Alliance universelle* pourrait contribuer à la préparation du *Congrès universaliste*, puis, le Congrès accompli, travailler à préparer de nouvelles assemblées de fraternité et d'union, et *dans l'intervalle de ces assemblées*, maintenir entre les diverses doctrines la continuité de la libre sympathie et de la paix qui, d'un congrès à l'autre, risquerait de s'altérer ou de s'affaiblir.

« J'associerai donc, dans l'*Etoile*, l'œuvre des *Assises de l'humanité* à l'œuvre de l'*Alliance universelle*. »

Nous nous associons, de notre côté, pleinement, à l'*Alliance universelle*, si conforme à nos propres aspirations et supplions encore une fois nos lecteurs de se bien pénétrer de l'importance capitale du *Congrès d'Humanité* et de nous appuyer de toutes leurs sympathies, de toutes leurs forces,

titre de *Correspondants de l'Alliance universelle*, avec une carte appropriée.

« Ces *Correspondants* ne seraient liés entre eux par aucun engagement *officiel; ils ne formeraient pas de comité*; ceux qui appartiennent à une association quelconque y resteraient attachés comme auparavant.

« Ils auraient seulement pour but :

« 1º D'être des agents de paix, d'harmonie et de SYMPATHIQUE INDÉPENDANCE entre leurs doctrines respectives.

« 2º De contribuer, librement et dans la mesure où le permettraient leurs occupations personnelles, à la préparation des œuvres telles que le *Parlement des Religions* et le *Congrès universaliste*. — A. J. »

de travailler pour l'Unité, la cessation des haines, l'adoucissement des rapports entre les hommes.

Que notre faible voix soit entendue, et nous nous effacerons avec bonheur devant de *plus dignes*.

Que la paix vienne sur la terre !

Que les hommes se plaisent désormais aux échos de la chanson du cœur !

Qu'ils confondent leur souffle dans le souffle de la vie une, qu'ils prennent conscience de leur vraie nature !

Qu'ils s'élèvent enfin et s'enlacent fraternellement dans une immence *Espérance !*

(*Paix universelle*, 30 novembre 1894).

CONGRÈS DE L'HUMANITÉ[1]

Correspondance entre M. Marius George et Amo.

Cher Monsieur,

. . . .

Le *Congrès de l'Humanité* est un peu votre œuvre. Et puisque, lancée par vous, l'idée a fait son che-

---

[1] Parmi les questions qui sont à l'ordre du jour dans plusieurs organes de libre-pensée immortaliste, en attendant de fixer l'attention de tous les humanitaires, — une des plus palpitantes est celle du *Congrès de l'Humanité*. Aussi, nous paraît-il bon que chacun de nous dise son mot sur ce sujet en toute indépendance.

Notre ami Marius George, qui représente ici la résurrection de la *Vie Posthume*, nous donne aujourd'hui l'exemple. Ayant

min et pris son vol, vous vous devez, par votre
présence, de veiller à ce qu'on ne lui rogne pas les
ailes.

Vous voulez bien espérer me voir me joindre
aux organisateurs. A parler net, je me trouve un
peu perplexe, et ne sais voir bien clair encore.

Quoique de vues divergentes, les membres du
Congrès spiritualiste du Centenaire avaient su
convenir sagement d'un mot de passe précis qui
leur tenait lieu de terrain de ralliement. Il consis-
tait en cette double affirmation : surexistence de
l'être — communication possible entre un monde
et l'autre. Après quoi chacun, à son gré, disposait
de sa pensée et de ses points de vue particuliers.

Espère-t-on agir de même pour le Congrès de
l'Humanité? J'ai entendu prononcer les mots
Amour, Charité. A force d'être sur toutes les lèvres,
ces deux mots, hélas! perdent beaucoup de leur
signification et de leur austère et poétique expression.

L'important, au fond, n'est pas tant, il est vrai,
en un mot de passe et d'accès, que dans les *desiderata* que l'on aimerait voir se dégager d'une telle
assemblée.

été amené, — dans une lettre-réponse à M. Amo, le sympathique initiateur du *Congrès de l'Humanité*, — à exprimer ses
vues à l'égard dudit Congrès, il veut bien faire de ces pages
sincères son article inaugural. Quelle que soit l'impression du
lecteur suivant ses propres tendances, il ne pourra se défendre
d'être frappé par l'accent loyal et l'ardente conviction de l'auteur. — *La Rédaction.*

Un *Congrès de l'Humanité* ne me semble avoir sa raison qu'à condition de justifier son titre, de faire œuvre humaine, *exclusivement* humaine ; à à condition, partant[2], d'être la contre-partie d'un *Parlement des religions* qui, lui, en raison de l'état d'esprit de ses adhérents, qui les porte à voir dans l'homme la chose rapetissée d'une entité supposée, nommée Dieu, est fatalement condamné, par là-même, à faire œuvre anti-humaine.

Permettez, cher Monsieur, que je m'exprime plus clairement encore, et ne veuillez voir dans le sentiment de complète franchise qui me fait m'ouvrir à vous qu'un hommage justement rendu à l'esprit d'inépuisable indulgence et de large tolérance dont, à votre trop court passage à Marseille, vous m'avez laissé la bonne impression.

Il n'est que deux façons d'envisager la raison d'être, le comment et le pourquoi des choses : ou toutes choses sont par nécessité d'existence, parce qu'elles ne peuvent pas ne pas être, ou elles sont parce qu'il a plu à une volonté toute puissante, extérieure à elles, qu'elles soient.

Telle est, en ce dilemme à l'*instantané*, la caractéristique des deux grands principes philosophiques antagonistes, antipodiques, peut-on dire, qui, à l'heure qu'il est particulièrement, séparent

___

1. Je ne comprends pas ce *partant*. Du moment que l'idée de Dieu (sinon Dieu lui-même) est accessible à l'homme, il est difficile de soutenir que cette idée ne fait pas partie du domaine de l'esprit humain. — M. D.

les hommés de pensée et tous les combattants de l'idée en deux camps bien tranchés; principes entre lesquels on ne peut pas ne pas faire un choix, l'un par rapport à l'autre, étant la négation l'un de l'autre.

Or, pour ce qui est du *Parlement des religions*, le principe incarnant l'idée d'arbitraire et de bon plaisir céleste devant en être la clef de voûte, pas n'est besoin d'attendre l'oraison inaugurale pour être absolument fixé d'avance sur ce qui s'y passera. Nul ne sera admis à élever la voix contre l'idée sacrée — non moins qu'absurde — de création miraculeuse[1]. On y gémira sur le souffle ardent d'indépendance et d'irréligion qui s'est déchaîné sur le monde, et grâce auquel — ce qu'on ne dira pas — le monde, que l'action captieuse, suborneuse et envahissante des religions contamine depuis si longs siècles, devra être enfin assaini et vivifié. On y discourra sur les beautés d'une Puissance vengeresse, justicière et coercitive de pusillanime et superstitieuse invention, sur la nécessité de placer un bandeau plus opaque sur les yeux de l'esprit d'obéissance qui, d'aveugle qu'il était, fait mine de soulever la paupière. Pour tout dire en un mot, on y fera œuvre morte, religion ou religions, au singulier ou au pluriel, n'étant

[1] M. Marius George semble oublier que des athées et des libres penseurs ont affirmé hautement leurs principes au *Parlement des Religions* de Chicago, et ont été écoutés avec autant de fraternel respect que les prêtres des divers cultes. — M. D.

plus, en vérité, que l'expression symbolique d'un passé vécu et cadavérique.

Et le *Congrès de l'Humanité*, lui, que sera-t-il ? Le terrain, ici, est vierge encore ; et j'estime que s'il ne devait en un fier battement d'ailes planer haut sur l'atmosphère alourdie et les cieux surbaissés des castes sacerdotales, mieux vaudrait qu'il ne naquît pas.

Titre oblige. A moins donc de trahir la cause qu'il ambitionne de représenter, le Congrès se doit de réhabiliter, de glorifier cette éternelle sacrifiée et vilipendée, l'Humanité ; il se doit de l'arracher aux gémonies, au mépris biblique et aux « grincements de dents » évangéliques. Il lui appartient, en réponse au credo de servitude du *Parlement des religions*, de faire entendre un vibrant credo d'intégral affranchissement[1] : affranchissement des corps par une répartition plus équitable des biens terrestres, affranchissement des âmes enchaînées dans la nuit sans aurore du vieux monde, et dont les angoisses prendront fin le jour où la mort, par l'effort puissant de la libre pensée, aura été définitivement débarrassée des mysticités et terreurs vaines qui l'enténèbrent encore. A l'idée, en outre, de suprême injustice, d'une personnalité d'ordre privilégié, dominante et omnipotente, immuable en ses perfections, qu'elle posséderait de toute éternité, le Congrès, ici encore, semble-

[1] Mais la liberté permet-elle d'affranchir même par la force, d'arracher aux gémonies même ceux qui s'y complaisent? —M.D.

rait tenu à opposer l'idée plus rationnelle et plus grande à la fois, d'égalité originelle et d'éternel devenir. Enfin, négligeant les considérations d'ordre secondaire, verrais-je d'enthousiasme, à la légende étrange d'un Dieu fait homme, substituer l'hypothèse plus concevable de l'homme fait Dieu, de l'homme ascensïonnant, atteignant et dépassant même la portée de ce mot, qui, n'étant plus une borne comme le veut son antique acception, deviendrait alors un acheminement[1].

La conception d'un état divin, qui serait le prolongement et la synthèse de l'état humain, n'est ni plus ni moins choquante, que la théorie, de moins en moins contestée, d'après laquelle ce dernier serait lui-même le prolongement et la synthèse de l'état d'animalité. Si la nature, d'un mollusque a su faire un homme, pourquoi se montrerait-elle impuissante à transformer un être humain en un être divin ? Ce n'est donc pas profaner, amoindrir l'idée de divinité que d'oser contempler en elle la floraison, l'épanouissement de l'idée d'humanité, c'est ajouter à son éclat et l'agrandir, bien au contraire, c'est briser les dernières entraves qui compriment encore la pensée, et lui permettre de s'élancer en des régions d'une telle sublimité, d'une telle inouïe perfection, qu'il se peut, à côté d'elles, que le Dieu des religions soit aux « hommes-

[1] C'est ce qu'en termes très semblables enseignent toutes les religions... mais non pas tous les prêtres. — M. D.

Dieux » qui les occupent, ce que la taupe est à l'« homme-animal » de la terre.

Paraphrasant une parole célèbre, j'ai dit une fois, et répété-je pour me résumer : Je suis homme et tout m'est cher de ce qui touche à l'homme, mais ce qui devrait s'accomplir en dehors de sa destinée ne saurait me toucher. S'il est un Dieu ou des dieux, des anges ou des archanges n'ayant jamais connu ni l'effort, ni la lutte, ni la souffrance, n'ayant jamais traversé la nuit angoissée de l'ignorance, ces êtres en dehors des êtres ne me sont rien, n'étant pas des êtres humains. Je ne veux et ne puis honorer comme frères, si haut soient-ils dans la gloire, que des aînés en humanité, que des êtres ayant vécu nos misères, et ne possédant plus de lumière, ne rayonnant de plus d'amour et d'harmonie que pour avoir, plus longtemps que nous, lutté, souffert et conquis.

. . . .

MARIUS GEORGE.

(*Humanité Intégrale*, janvier 1896).

CHER MONSIEUR[1].

Le *Congrès de l'Humanité* est une œuvre de *Sympathie Universelle*. Il doit, à travers les divergences du sentiment ou de la pensée, opérer le

---

[1] Le savant modeste, l'enthousiaste penseur qui signe *Amo*, et qui est l'initiateur du *Congrès de l'Humanité* répond à Marius George une lettre toute sympathique que nous publions avec

rapprochement des hommes de bonne volonté, troubler les *credo* de haine qui désolent notre petit globe.

Puisque toutes les sectes, religieuses ou non, prétendent vouloir le bonheur de l'homme, et ne se maintiennent que par cette affirmation, elle seront appelées autour de *l'idée humanitaire commune*. Leur empressement mesurera leur sincérité.

Le but du *Congrès de l'Humanité*, c'est de réaliser sur le plan idéal et de faire entrevoir, dès maintenant, sur celui de la vie pratique, l'Unification de la Terre, la. constitution de l'*Humanité Intégrale* (selon le beau titre, plein de promesses, de ce journal).

Si la France du moyen-âge, en particulier, a généré la France-une, notre mère-patrie, au grand avantage de la paix et de la richesse intérieures, il est raisonnable de penser que la Terre féodale actuelle se transformera en la Patrie-Terre, par une harmonisation semblable, respectant le tempérament de chacun dans la solidarité de tous, réalisant la sécurité, la prospérité générales. Pour imaginer quelles jouissances en pourront résulter, il suffit de penser aux douces joies de la véritable

un plaisir tout fraternel. Quelles que soient les tendances très précises de l'*Humanité Intégrale* en ce qui concerne la nécessité de faire *place nette à la rénovation*, nous n'ajouterons pas d'autre commentaire, estimant que la pensée chaleureuse et spontanée d'*Amo*, avec ses libres essors, est de celles qui doivent aller directement au public. — LA RÉDACTION.

amitié, indéfiniment amplifiées, aux délicieuses sensations que nous procure la Musique.

Celle-ci n'est autre que l'image matérielle de l'Harmonie des âmes, et, les âmes ne la goûtent aussi intense que parce qu'elle révèle leur véritable nature, leur procure momentanément un véhicule subtil qui les ravit dans les sphères des pures émotions. *L'Harmonie* est à la fois la Substance et la Loi des mondes supérieurs. En dehors d'elle, il n'y a plus d'expansion d'Amour, ni Lumière, ni Sagesse. Nous l'invoquons sur la Terre, atome déshérité *momentanément* de l'Être Universel.

Le Congrès de l'Humanité sera la clef de cette future Harmonie parmi nous, si notre malheureuse terre renferme aujourd'hui, assez *d'amour efficace* pour le réaliser. Selon votre expression même, il faut veiller à ce qu'on ne lui rogne pas les ailes.

Disons donc avec M. Bouvier, le sympathique directeur de la *Paix Universelle* :

« *Différents Congrès pourront avoir lieu simultanément, Congrès des Religions, Congrès de la Libre Pensée, Congrès Spiritualiste, Congrès de la Paix, etc..., mais il appartiendra au* Congrès de l'Humanité *de les réunir et dominer tous*[1]. »

Notre ardent Désir l'appuiera dans cette voie;

[1] Seulement au point de vue moral et intellectuel, bien entendu. — M. D.

tous ceux-là sont appelés, qui aiment l'Humanité, espèrent en son Avenir.

Avec une belle conviction, une grande clarté, vous élevez la voix en faveur de la Liberté humaine contre la Servitude divine et proclamez votre foi en nos radieuses et sublimes destinées.

Vous entrevoyez, vous sentez l'Idéal profond, sans limites, rêve et fleur de l'Humanité transfigurée. « Il faut bien croire que l'homme vaille quelque chose pour que Dieu et le Diable se le disputent avec tant d'acharnement. »

Je crois que nous sommes *éloignés* simplement de l'Eternelle Essence, de notre véritable *Individualité* qui est *une* avec l'*Etre pur*. Ne *nous* connaissant pas, nous ne pouvons *le* connaître. *Connais-toi*, disaient les Anciens, et tu connaîtras l'Univers et les Dieux.

Nous discutons dans la nuit, versant d'une erreur dans l'autre, imaginant le Divin Suprême soit anthropomorphe, soit universel, ou bien ne concevant d'autre réalité que celles qui impressionnent nos sens.

La Vérité n'est pas dans les Extrêmes, mais dans le *Milieu*, dit la vieille Sagesse.

L'Antagonisme profond que vous constatez entre la Libre Pensée et les Religions, me paraît surtout le fruit de l'ignorance générale ; je le crois donc très relatif. Les *deux adversaires*, dans une lutte multiforme, se combattent avec acharnement et se servent en même temps, car ils s'éclairent réciproquement, concourent au même but final, le développement conscient de l'Amour et du Savoir dans l'homme, son expansion totale, la naissance ou révélation du Dieu, en lui.

Je verrai donc, avec un égal plaisir, le Congrès de la Libre Pensée et celui des Religions, les jugeant tous deux *également nécessaires ;* les deux efforts synthétiques auront un jour, une résultante d'Equilibre, d'Harmonie. Apportons à la recherche de la Vérité, l'ardeur que d'autres réservent aux combats.

A ceux qui sont las des querelles sans fin, je conseillerai vivement l'étude du *Magnétisme* sous toutes ses formes : vitales, psychiques, mentales et spirituelles. On ne saurait trop la généraliser.

Un magnétiseur, qui exerce son action, à distance, pour la transmission de la pensée ou la guérison — *le fait est certain* — en sait déjà plus long sur la *Nature*, la *Parole*, les *Rapports* que par de laborieuses spéculations intellectuelles. Il s'avance vers le Centre, au lieu de rester à la surface. Il dédaigne souvent la discussion, car il *sait* des faits, il *peut* des choses que la masse ignore et nie, volontiers.

La Bonté, la Pureté sont le glaive et la cuirasse nécessaires. D'ailleurs, l'étude de la Science moderne, dite positive, complète heureusement la *Science magnétique*, sans la contredire.

Cette Science fut poussée fort loin, par les Anciens. Je ne crois pas que la Terre en soit jamais privée complètement.

Une hiérarchie intelligente semble réunir tous les plans de l'Univers ; chacun gravissant à son tour, par ses efforts et ses aspirations, les échelons de l'échelle de Jacob, *sans exceptions*, les frères aînés se dévouant pour les inférieurs, la *Causalité* régissant tout et ramenant *tout* à *l'Unité*.

Quand nous aurons retrouvé la *Science occultée*, nous parlerons plus sainement des aspects naturels, humains, divins de l'Existence, de l'Etre Universel. Notre *Amour* ne sera plus édifié sur la Peur, ou notre *Liberté* sur le Néant.

Soyons tolérants, cherchons à réaliser en nous-mêmes l'Harmonie entre le Sentiment et la Pensée ; dans notre vie, entre la Femme et l'Homme ; et dans la Société, entre l'Unité et la Multiplicité, les Collectifs et les Particuliers, l'Autorité et la Liberté, l'Amour et la Raison.

Si l'Harmonie est en nous, elle rayonnera hors de nous. Les désordres de la Société ne sont que la réalisation de nos schismes internes. Quand donc comprendra-t-on que tout s'enchaîne, qu'il n'est pas de choses indifférentes et que l'homme *vaut* en dehors, selon l'Amour qui règne en lui ?

Le *Congrès de l'Humanité* essentiellement humanitaire, — ce qui lui donnera son caractère à la fois *positif* et idéal, naturel et divin, — aura pour mission de rapprocher les hommes afin de leur faire vivement sentir, conclure et proclamer qu'ils sont de *même nature*, devant avoir même origine et même fin, sans distinction de couleurs, de races, de classes, qu'ils sont *tous solidaires*, que le bonheur et la paix des nations, des individus, ne sauraient descendre sur la terre qu'avec *l'Harmonie Universelle*. Tant qu'un homme sera lésé, les autres devront craindre.

Aux foules, le *Congrès de l'Humanité* donnera une nouvelle faim, une nouvelle soif, celles de la Vérité et de la Justice.

Battre en brèche la monstrueuse idole du Veau d'Or, dont le culte universel paraît aujourd'hui si solide, en détourner l'Amour des hommes, les émanciper des guerres sociales, internationales de toutes espèces, leur donner la notion de L'Humanité-Une, n'est-ce pas, en vérité, une œuvre magnifique de Réconciliation qui doit faire battre les cœurs généreux. Elançons-nous donc, en avant au nom de l'*Amour*, de la *Liberté.* Vibrons comme nos pères !..

Amo.

(Humanité intégrale, février 1896).

Cher Monsieur,

A vous voir gravir d'un si bel essor les hauteurs sereines de l'idéalité, à vous voir si naturellement enclin, sans nul effort, à l'inépuisable bonté, à l'inaltérable amour humanitaire, on ne peut se défendre d'une certaine gêne, à la pensée de for-

muler de nouvelles objections et réflexions. Il le
faut bien pourtant : car si le beau rêve entrevu de
« Sympathie universelle » est bien fait pour nous
attirer et nous captiver, il est non moins certain,
hélas! que le cauchemar vécu de la réalité nous
tient et nous étreint.

Est-il, en effet, cauchemar comparable à l'âpreté
avec laquelle, sous couleur de civilisation, une
minorité de parasites — religieux et laïques — se
cramponne à ses scandaleux privilèges ; draînant
et accaparant richesses et pouvoirs, ne laissant en
partage aux malheureux déshérités de l'immense
majorité, à tous les travailleurs et tous les producteurs, que la misère, la faim et l'hôpital pour
les résignés, le bagne, la relégation et l'échafaud
pour les révoltés, et pour les désespérés, le suicide.

Votre champ de bataille est plus haut ; vous
évoluez dans l'air libre, sur les pics inaccessibles
de la pensée pure. A cette distance, les cris discor-
dants de l'humaine lutte ne parviennent qu'atté-
nués, adoucis ; et tandis que l'esprit plane, rêvant
d'amour infini et d'idéale fraternité, en bas, au
plus profond, s'entre-croisent les revendications,
s'entre-dévorent les revendicateurs[1].

[1] Rien n'est, au contraire, plus pratique, plus positif et —
dirions-nous volontiers — plus terre-à-terre que la bonté sans
limites ni restrictions d'Amo. Tous ceux, *amis ou ennemis*,
qui l'ont vu *de près* le savent bien. Nous regrettons de n'a-
voir pas le droit d'en faire la preuve facile. Son pseudonyme :
Amo, symbolise et résume exactement sa vie de chaque jour,
et ses articles ne peuvent donner qu'une idée incomplète de
ses actes. — M. D.

Or, à quoi bon un *Congrès de l'Humanité*, s'il ne doit résolument prendre parti pour les faibles contre les forts, pour les victimes contre les bourreaux?

Il est des cas où hésiter, concéder, c'est trahir.

Ainsi, là où « l'antagonisme profond entre la Libre Pensée et les Religions » s'annonce pour vous comme devant se clore en un baiser de paix et de future entente, je le vois bien plutôt, ce même antagonisme, ne devoir et ne pouvoir prendre fin que par le triomphe éclatant et complet de la Libre Pensée.

Ce n'est pas d'aujourd'hui que la lutte est engagée, elle est née du jour où, pour la première fois, l'idée de liberté illumina le front de l'homme.

On ne peut donc voir se transformer en forces alliées et convergentes, deux tendances aussi profondément enracinées dans les âmes, aussi diamétralement opposées, que celles dont s'inspirent penseurs religieux et penseurs libres. L'une est à l'autre ce que la force centripète, ou compressive, est à la force centrifuge, ou expansive. Elles symbolisent l'éternel combat auquel disait assister Victor Hugo mourant, combat du jour contre la nuit.

C'est pourquoi je ne puis juger « également nécessaires » un *Congrès des Religions* — qui fait penser au Chêne-géant que l'on exhibe depuis quelque temps sur l'un des quais de Marseille, masse imposante, mais... bois mort — et un *Congrès de la*

Libre Pensée, rameau toujours verdoyant de jeunesse, de sève et de vitalité.

« Les désordres de la Société, dites-vous, ne
sont que la réalisation de nos schismes internes. »
Qui dit schismes dit encore et toujours libre pensée. Il est des mots qui valent mieux que leur ré-
putation : schisme, secte, sont de cet ordre. Jésus
le Galiléen, le parfait libertaire, fut lui-même chef
de secte[1]. C'est comme tel qu'il fut capturé et crucifié. Ce n'est pas de sa faute si son œuvre sublime
d'émancipation, de lumière et d'amour égalitaire
n'est plus, dans la main des prêtres, qu'un engin
redouté et détesté de domination en ce monde et
de damnation dans l'autre.

Quand la Société, soit dans le domaine politique,
soit dans le domaine philosophique, ne comptera
plus que des schismatiques et des sectaires, des
Barbès, des Lamennais, des Proudhon, des Cabet,
des Raspail, des Pierre Leroux, des Kropotkine,
des Louise Michel et, ajouterai-je, des Amo, c'est-
à-dire des êtres sachant aimer, se sacrifier, agir et
penser par eux-mêmes, les « désordres » de l'heure
présente auront tôt fait de changer d'aspect et de
se transformer en joies et en sourires, en vivante
harmonie.

« Quand nous aurons retrouvé la Science occul-

[1] Ou indépendant ?... Etre le serviteur *exclusif* d'une idée —
fût-ce celle de liberté — n'est pas faire preuve de liberté vraie.
— M. D.

tée... » Elle est si bien retrouvée[1] que, depuis un demi-siècle surtout, on pourrait dire d'elle, comme du Soleil, aveugle qui ne la voit pas. Toutefois, contrairement aux anciens occultistes, qui s'enveloppaient du mystère et d'ombre, les nouveaux chercheurs et explorateurs de l'invisible au-delà — car la Science occultée n'eut jamais d'autre objet — agissent, en quelque sorte, en plein jour et en plein public. On ne se contente même plus de converser avec les trépassés, on va jusqu'à les photographier. Le fait est non moins certain que la guérison à distance et les rayons Rœntgen. Et, circonstance étrange ! plus, dirait-on, les phénomènes, de jour en jour, se *miraculisent*, plus l'idée de miracle insensiblement s'amoindrit et s'efface.

Telle est du moins, l'impression qui se dégage des entretiens médianimiques avec les défunts éclairés, à vue élevée et indépendante. Quant aux autres, les défunts fanatisés, ceux qui meurent la conscience faussée par cette idée que, de l'autre côté, la vie est ou toute joie ou tout malheur, il arrive, pour ces derniers que la *réalité* — bien que relativement plus fortunée que leur dernier état d'existence charnelle — les trouve malheureux, *souffrants*, comparée à l'idéal rêvé et avorté. Aussi ne cessent-ils de réclamer, soit des messes, soit des prières, espérant par là voir s'ouvrir devant eux les portes du Paradis.

[1] Oh ! est-il donc vrai que nous sachions *tout*, spécialement dans le domaine de l'au-delà ? — M. D.

Voilà comment prêtres et pasteurs, qui ne peuvent plus guère, ici-bas, faire du mal au corps du mécréant, en font, dans l'au-delà, beaucoup encore à des légions de bonnes âmes, dévotes et confiantes, en les maintenant, effarées et craintives, dans la croyance enfantine et pussillanime en un Loup-garou céleste.

Depuis Adam que cela dure, depuis que sa compagne et lui, paraît-il, ayant péché, les innocents! l'Humanité traîne, haletante, sa misère, torturée et souffrante dans sa chair et dans son âme, en ce monde et en l'autre, ne pensez-vous pas, cher Monsieur, — devant les éternels « banqueroutiers » de son bonheur, Grands de la Terre et Dieux du Ciel — qu'il serait temps qu'elle entreprît de mettre fin elle-même à son calvaire, et qu'elle résolût d'être enfin, à elle-même sa propre Providence ?

On verrait volontiers un *desideratum* d'une telle importance figurer, comme mot de passe, au fronton d'un *Congrès de l'Humanité*. De la sorte, quelle que fût l'opinion, philosophique, politique ou sociale à laquelle ou appartînt, chacun y aurait libre accès. Seuls, les pseudo-humanitaires, les professionnels de l'odieux *sauve qui peut individuel*, se tiendraient d'eux-mêmes à l'écart[1]. Vues et aspirations y seraient variées à l'infini, sans doute, mais qu'importe ! si, en même temps et

[1] Mais ceux-là mêmes ne sont-ils pas hommes? Ne font-ils pas, malgré tout, partie de l'Humanité ? — M. D.

unanimement, l'idée d'humanité y était affirmée seule digne, et *sans partage*, d'amour universel.

« Proclamer que les hommes sont tous de *même nature,* doivent avoir même origine et même fin », ce n'est pas encore sortir des données admises et colportées par l'Eglise. Pour que l'équivoque cesse, il est indispensable d'ajouter qu'il n'est rien, dans l'universel ensemble, qui ne soit participant de cette même nature, qui ne soit, du brin d'herbe à l'homme, de l'homme à l'être le plus épuré, le plus idéalisé, toujours et toujours de *l'Humain.*

Le spectroscope révèle déjà que les éléments constitutifs du plus puissant soleil ne diffèrent aucunement de ceux dont se compose la plus infime planète. De même, l'analogie, cet autre spectroscope révélateur, démontre clairement à la pensée et à la raison, que nulle part dans la nature entière, il n'est trace d'une personnalité quelconque, d'un atome quelconque, qui ne demeurent tributaires et solidaires de ces deux grandes lois primordiales, éternelles, qui sont la loi de Fraternité et la loi de Progrès — Fraternité universelle, Progrès sans arrêt[1].

MARIUS GEORGE.

(*Humanité intégrale*, Mars 1896).

---

[1] Les notes dont nous nous sommes permis d'interrompre le texte de M. Marius George disent assez que nous n'approuvons pas entièrement la forme de ses idées ; mais nous souhaiterions sincèrement que le Congrès d'Humanité n'eût que des adversaires aussi ardemment convaincus. — M. D.

CHER MONSIEUR GEORGE,

Votre lettre ardente, sincère, envisage : 1° le Congrès de l'Humanité ; 2° votre opinion philosophique et sociale.

Ma réponse au sujet du Congrès n'engage que moi seul, tout petit chercheur *indépendant*, et laisse libres les membres du Comité de cette œuvre.

A mes yeux, c'est une idée de *Paix* et d'*Union* qui doit présider au *Congrès de l'Humanité*. Cette noble entreprise ne réussira qu'à la condition de réunir pour sa défense quelques hommes de *Paix* et d'*Union*, sachant réduire à leurs justes proportions les querelles humaines.

Est-ce que le Soleil splendide, lorsqu'il rayonne sa Chaleur, sa Lumière et sa Vie, sur la Terre, n'a pas une fonction aussi bienfaisante que les orages, les ouragans et les pluies qui concourent à sa fécondation ? Bien que ces phénomènes secondaires soient utiles, pense-t-on que tout irait bien ici-bas, si l'Astre du jour nous abandonnait ?

Le *Congrès de l'Humanité* doit précisément avoir un rôle solaire, par rapport à l'*Humanité*. Les religions prétendent aussi remplir ce rôle, mais, par le fait même qu'elles sont exclusives, qu'elles combattent, elles y ont fait faillite.

Tous les autres Congrès sont des armes de guerre, de l'aveu même de leurs partisans. Ne suffiront-ils donc pas à l'activité des *adversaires* de

3

tous ordres? Ah! ceux-ci ne chômeront pas, ils s'appelleront légion!

Mais les hommes d'Amour, où sont-ils?

Si le *Congrès de l'Humanité* devait, à son tour, renier l'idée généreuse qui l'a produit au regard de notre génération, il vaudrait mille fois mieux qu'il n'eût pas lieu.

Si le temps n'est pas venu, *l'idée pure* retournera dans les sphères de l'*Amour*, d'où elle émanait, jusqu'au jour où les hommes améliorés par la *Douleur Sociale* la rappelleront.

Celui qui aime la Vérité par-dessus tout, et contemple *toutes les choses dans l'Unité*, connaît la plus grande joie de l'âme qui se puisse éprouver. Il est affranchi du *Cauchemar des Antagonismes* qui pèse sur la Terre.

Il perce à jour la *Fraude* et démasque ses agents : l'*Orgueil*, l'*Egoïsme*, le *Sensualisme cupide* ; car l'homme vit habituellement dans la Haine et le Mensonge et, lorsqu'il combat pour la Foi ou la Liberté, il n'écoute souvent que ses passions.

Celui qui voit *toutes choses dans l'Unité*, ne peut *qu'aimer tendrement toute créature* et ne conçoit dans sa vie sociale que le rôle solaire : BONTÉ, SINCÉRITÉ. Il échauffe, éclaire et vivifie ; il laisse à la Loi d'éternelle Justice ou *Causalité rigide,* Raison parfaite, le soin de conduire chaque être à ses fins, selon son Tempérament.

Or, si nous nous efforçons vers cet Idéal d'*Amour* et de *Vérité*, nous aimerons l'*Harmonie* et pour ne pas la compromettre, nous serons d'abord, avant tout, *justes pour nos adversaires. C'est la première vertu fraternelle ;* c'est une *tolérance* du Cœur. D'ailleurs, celui qui sème la guerre, récolte la guerre ; celui qui sème la Justice, récolte la Justice et la Paix.

Pourquoi ne pas respecter les cœurs chauds et sincères, qu'on rencontre dans tous les partis : religieux ou non ; dans toutes les sectes : Eglises ou non ? Pourquoi ne pas respecter la liberté d'aimer et de penser, chez tous nos frères ?

Enfin, faut-il le dire tout haut : les Religions n'ont-elles fait que du mal, n'ont-elles pas eu leur *raison d'être* tutélaire, si aujourd'hui, je le reconnais, elles sont vieillies et ne répondent plus à notre Cœur, à notre Pensée ?

Elles chantèrent la vieille chanson qui berçait la misère humaine, — selon la gracieuse image de Jaurès ; — il y a, de ci, de là, quelques *braves gens* qui l'aiment encore, cette douce chanson. Elle les grise assez pour leur faire *prendre patience,* parce qu'ils croient à la *Justice* finale, au Ciel du Repos et du Bonheur.

Si nous pensons que les autres se trompent, il est très logique de penser que nous pouvons bien nous tromper aussi. Combien n'est-il pas plus simple de croire qu'*aucune chose n'est sans quelque bien,* qu'il ne faut vouloir rien anéantir, mais tout *harmoniser,* que la *Paix Sociale* ne pourra venir sur la Terre, que lorsqu'elle trouvera des cœurs pacifiques, où se reposer, d'où rayonner.

Combattons, selon notre conviction, mais ne portons pas de coups mortels. Ayons plus confiance dans le Bon Exemple et la Douceur, que dans la polémique brutale et les cruelles meurtrissures.

La meilleure manière de réformer la Société, c'est de se réformer soi-même.

Le *Congrès de l'Humanité* a pour but de générer l'*Amitié* entre les peuples, les sectes, *l'individu et le collectif,* harmoniser l'intérêt particulier et l'intérêt commun par l'*Equité Sociale* et la Pitié des forts pour les faibles.

Comme tout cela semble du Chinois aux hommes d'aujourd'hui !

Chinois ! la Science antique ; Chinois ! l'Unité de la Terre...., et pourtant, *c'est la Vérité* ; mais, pour la comprendre, il faut un cœur pur, un esprit simple.

Je reconnais volontiers ici, cher Monsieur et frère, que l'Amour et la Pensée de l'homme doivent être *libres.* Mais ils doivent être libres de toute haine et de tout parti-pris ; c'est alors seulement qu'on peut adorer en Esprit et en Vérité.

L'Eglise Catholique n'a pas encore su prêcher la *Paix entre peuples ;* elle pactise sans cesse avec César et le Veau d'Or, (Léon XIII, l'Eglise américaine, l'abbé Charbonnel semblent pourtant entrevoir *le Progrès)* ; ceci n'empêche pas qu'elle ait

eu de grands saints, ainsi qu'un véritable rôle ci-
vilisateur.

Je ne puis donc que souhaiter, au moins pendant quelques jours, une paix relative, à l'occasion
du *Congrès de l'Humanité*, sur le fronton duquel
sera inscrit ce mot : *Humanité*.

Ce mot plane au-dessus de toute idée préconçue,
sur l'origine des choses ou la voie qu'il faut suivre.

Ce mot est *divin*, universel, *international*,
social ; il est comme le drapeau de ralliement des
vrais hommes qui, groupés autour de lui, marche-
ront à la conquête du vieux Monde et le renver-
seront[1].

Humanité, cela veut dire Amour et Justice Sociale, *Fraternité Universelle* et *Progrès*. C'est aussi
l'homme qui se lève courageusement pour se connaître et s'émanciper des Ténèbres, de la Haine et
des misères sociales.

Aussi, chose curieuse, ceux qui répondent à
notre appel, sont des laïques, en *grande majorité*.

Le Congrès se caractérise de plus en plus, dans
ce sens, de lui-même, sans qu'il soit nécessaire de
s'en préoccuper.

C'est bien le Peuple qui recueille la parole
d'Amour et de Liberté, de Jésus.

Il semble qu'une Loi divine veuille humilier tous

---

[1] Le jardinier très âgé d'un séminaire entendant un profes-
seur enseigner à ses élèves qu'il fallait « tuer le vieil homme, »
s'imagina qu'on voulait l'assassiner. Gageons que, de même,
beaucoup trouveront à cette phrase un sens destructeur. — M. D.

les docteurs et les pontifes du genre humain, il semble que *l'âme du Peuple* seule recueille et accompagne l'impulsion providentielle qui conduit la Terre à son Unité.

Je n'ai qu'une fierté : c'est d'être un enfant de ce Peuple et de n'appartenir à aucune Eglise.

La *Vérité* doit être inséparable de l'Amour et de la Sincérité. Nul ne la monopolise ; nul ne la canalise. Elle fuit la Vanité ; elle s'établit dans le cœur pur qui, d'un Amour ardent, l'implore.

Qu'on sente donc bien que le *Congrès de l'Humanité* n'est et ne peut-être qu'une OEuvre d'*Union* et de *Paix*.

Des hommes de tous les pays, réunis *au nom de l'Humanité-Une*, échangeront leurs vues, sans discussion contradictoire, et se sépareront après avoir émis un vœu unanime de *Fraternité Universelle*.

A travers les futures douleurs sociales, ce Congrès sera l'*Etoile d'Espérance*, et le signe de ralliement pour tous ceux qui aspirent au *Règne de l'Amour sur la Terre*.

J'aborde ici la question philosophique et sociale.

Tout ce qu'on a dit sur Dieu ou mieux, sur l'*Unité suprême*, est de pure fantaisie.

L'Immuable et l'Infini, l'Eternel Présent, la Chose unique, la Réalité, *Ce* qui était, *qui est*, et qui sera, est au-dessus de toute conception.

La Tradition, la Science Antique et toujours jeune, l'Intuition nous enseignent qu'il n'y qu'*une nature*, depuis l'Etre le plus infime jusqu'à l'Etre le plus pur, depuis l'atôme jusqu'au Divin Suprême. (L'Humain est un mode de l'Etre Universel; mais dire, inversement, que tout est humain serait trop amoindrir les plus hautes possibilités ; c'est en tout cas, prématuré et puis, il faudrait savoir ce qu'est l'*humain en soi*).

Le Moi actuel n'est que l'ombre du *vrai Moi* ou le *Soi-Un*, et ce *Moi actuel* rapporte à travers d'innombrables existences, *dans tous les règnes de la Nature*, un bagage d'expériences qui sert à l'acquisition de la Soi-Conscience, et procure la Béatitude et l'Omniscience, au Soi qui primitivement est dans l'Innocence, inconscient, mais éternel. Rien n'est créé, mais tout évolue, progresse, et tout ce qui vit ainsi est soumis à la *Causalité* ou Loi de l'Effet et de la Cause qui est la Règle dans tous les plans de l'Univers.

Le processus s'accomplit suivant la double phase évolutive-involutive (en partant du Centre fixe, c'est-à-dire en considérant les choses à partir du haut).

Les rayons du Soleil spirituel éclairent toutes les choses de l'Univers, et ses rayons arrivent au centre de chaque être.

Tout n'est qu'aspects de l'*Etre*. En s'exerçant, on peut en savoir plus long. Nier est enfantin, en telle matière. Sous peine de retomber dans la pitoyable erreur des Savants, il nous faut, tout en procédant positivement, en nous étayant sur le fait, il nous faut comprendre que nous n'apercevons qu'une minime portion de l'Univers, aveuglés que nous sommes par la *mince couche des vibrations qui impressionnent nos sens actuels.*

Notre Science est une Science fort incomplète (je ne dis pas une *Science d'enfant,* . car ce mot est réservé à quelque chose de plus sacré). Nous ne savons à peu près rien, et ceux qui parlent de Dieu n'en savent pas plus long. *Mais tous, nous sommes appelés à savoir tout* ; il y a une grande solidarité, une grande fraternité de tous les règnes de la nature, soumis à une seule loi, ayant même origine et même fin. (Est-ce le cas de parler ici du double astral des plantes, etc...?) .

Ce n'est pas de mon propre fonds que je tire ces choses ; mais, c'est mon imperfection et mon indignité qui les déforment et les souillent peut-être.

Comme je veux *respecter votre Liberté,* qui est là chose la plus sainte pour moi, mettez que je vous expose une simple fantaisie d'imagination, et cherchez vous-même.

Mais quel meilleur guide que l'*Amour de la Vérité,* que le Désir de connaître l'Être dans lequel nous baignons, qui est la seule *Réalité,* à travers tant d'illusions, le vrai *Nous-mêmes,* le principe de l'homme et de toutes choses !

Heureux donc, le disciple assez prêt, pour jeter bas toute entrave, toute affirmation ou négation téméraire, pour rentrer simplement en soi-même, et, *dans le Silence,* offrir à l'action fécondante d'une

Lumière pure qu'il ne voit pas, mais *qu'il peut sentir*, son âme brûlante d'Amour pour la *très-sainte Vérité*. Nulle autre UNION n'est désirable.

Je souhaite donc qu'il vienne, parmi nous, des hommes libres (et *tolérants !* c'est la même chose) ; ils accompliront le Bien, uniquement, et rayonneront la Lumière qui dissipe toute obscurité.

Savons-nous seulement ce que c'est qu'*un homme libre ?* nous tous, rongés par la Vanité, l'Individualisme et les bas Instincts.

Ils connaîtront la *Science admirable*, dont on ne peut guère parler d'ailleurs, parce que le vulgaire la nie, insulte ses adeptes, et, surtout, parce qu'elle ne s'enseigne pas à la manière ordinaire et que chacun doit la retrouver en soi-même.

Ce qui prouve la Vérité de cette Science du *Haut Magnétisme*, et ce qui fait sa *Beauté*, c'est qu'elle est identique à elle-même, à travers tous les temps et les pays.

Elle est la *Source commune* de toutes les religions, mais elle ne participe pas à leur déchéance.

Pardonnez-moi, cher Monsieur, d'insister un peu trop. Vous possédez une telle puissance d'aspiration vers l'infini que j'ai voulu marier la mienne avec la vôtre, sans malheureusement pouvoir être plus clair.

Il me reste à envisager le point de vue social de votre lettre. Ici, je parlerai comme membre actif de la Société, ou plutôt de *l'humaine Cohue* à laquelle nous appartenons et vous allez me voir tout à fait de votre avis.

La Société actuelle est condamnée ; elle est égoïste et méchante, rapace et lâche. Elle est la féodalité financière et la médiocrité bourgeoise ; elle est l'asservissement de toute intelligence et de tous bras, aux Seigneurs de l'Or, de père en fils.

On décore le produit du travail du nom de *Capital*, afin d'avoir un prétexte pour l'accaparer.

La Révolution n'a pas été faite pour cela ; elle n'a pas été faite pour que des *voleurs de haute marque* gagnent des millions par centaines, en tripotant sur les objets de première nécessité (sucres, blés, etc...), tandis qu'elle n'assure pas vingt sous par jour au pauvre vieillard qui peut mourir de faim, après avoir employé toute l'énergie de sa jeunesse et de son âge mûr à l'accumulation de ces richesses[1].

(La retraite nationale devrait commencer, au plus tard, à 60 ans).

Cette Société est condamnée ; la hache est à la base. Elle ne vaut rien. Elle est un perpétuel combat de la Fraude contre la Vérité (ah ! les honteuses guerres de peuples à peuples), de l'Iniquité contre la Justice.

Ceux qu'on traque auront un jour des statues ; ceux qui ont des statues seront voués à l'oubli.

---

[1] Ce passage ne doit pas être séparé de celui qui, plus haut, dit : Pourquoi ne pas respecter les cœurs chauds et sincères qu'on rencontre dans tous les partis...? etc. — M. D.

Mais si je donne raison à ceux qui se sont élancés en avant, au nom de l'Amour sincère de la *Communauté de la Terre*, je leur crie aussi :

Aimez, et soyez justes envers vos ennemis. Prêchez par l'Exemple et la Douceur ; car la violence, toujours condamnable, *appelle la violence*, lui sert de prétexte, la perpétue.

Aimez, sinon vous tomberez plus bas encore et c'est une désagrégation sans précédents, qui serait le fruit de vos maladroits efforts *pour l'Union*.

Aimez, c'est l'unique secret de toute force, de toute vie, de toute paix, de toute harmonie.

A ceux qui dominent encore, je dirai : Hâtez-vous ! car une évolution, même douloureuse, vaut mieux qu'une *effroyable Révolution*. Que les meilleurs d'entre vous ne renient pas le Peuple dont ils sortent.

Aussi, cher Monsieur et frère, je le répète encore :

Les paroles de Paix et d'Union, que nous dictent l'Amour et la Sincérité, sont les seules armes que nous devrions employer pour la réalisation de l'*Humanité-Une*.

Le Congrès de l'Humanité est une *œuvre pacifique de fraternité universelle*. Qu'on ne lui fasse pas perdre ce caractère !　　　　　Amo.

(*L'Humanité intégrale*, avril 1896).

L'UNION IDÉALISTE

L'œuvre de concorde et de synthèse générale qu'a entreprise notre généreux frère Amo semble marcher de mieux en mieux vers une heureuse réalisation. La *Paix universelle* et le *Lotus Bleu* indiquent fréquemment les étapes de ce chemin. Ce dernier, au mois de mai, prophétisait, par la plume sincère du Dr Pascal, un succès éclatant au Congrès de l'Humanité, si les « personnalités, c'est-à-dire les passions mauvaises qui étouffent les nobles inspirations de l'homme, disparaissaient. »

Dans la même revue, ce mois-ci, un Martiniste, M. Bruni, proclame la nécessité de la même entente entre les disciples des deux traditions, l'orientale et l'occidentale ; depuis des mois, M. Bruni propage les mêmes doctrines dans la revue italienne *Lux*. Aux États-Unis, le docteur Blitz a porté la semence de l'ésotérisme aryen, sous la forme illuminative ; raconterai-je les premiers battements d'ailes de l'âme espagnole qui commence à secouer ses chaînes ? Faut-il enfin indiquer la mystérieuse fermentation qui couve chez d'autres Celtes, au centre de l'Europe ?

— Enfin, puisqu'il faut ramener tous les détails vers un seul Orient, j'indique ici comme expression doctrinale et vision principielle de ces mouvements de réunion, les renseignements qu'Amo

vient de donner sur le Vide[1]. C'est une révélation
du Grand Arcane, adaptée aux besoins de l'âme
contemporaine, simple comme un dogme et féconde comme une lueur de la Lumière incréée. Je
sais qu'Amo avait conçu depuis longtemps ces su-
blimités ; peut-être, l'aube approche-t-elle où va
retentir l'appel des silencieux et des inconnus.
Ecoutons-le ensemble et dressons nos cœurs vers
la communion universelle dans l'Eternité du présent.   SÉDIR.

(*Voile d'Isis*, 3 juin 1896).

LE CONGRÈS DE L'HUMANITÉ

Le *Congrès de l'Humanité* sera un acte solennel,
sans précédents depuis les temps historiques.
Nous désirons avec ardeur une TRÈVE D'AMOUR,
nous désirons avec ardeur cette *Communion de
tous les hommes*.

Frères !... nous vous supplions de consentir à
une *Tolérance* réciproque de quelques jours : nous
vous supplions, pendant ce court intervalle, d'oublier vos querelles, d'échanger vos idées de Fraternité universelle, de marier vos désirs d'Entente, d'Union, d'Harmonie, respectant chaque foi,
chaque liberté.

Ensuite, vous retournerez à vos guerres, vous
assouvirez cet étrange besoin de haine qui désole

[1] *Lotus Bleu*, juin 1896. — V. plus loin. — M. D.

la Terre, qui repose dans le cœur de tout sectaire, quel que soit son habit. En un mot, vous serez libres de vous entre-déchirer, de perpétuer l'effroyable lutte pour la vie aux dépens les uns des autres.

Ce que nous vous demandons est donc bien peu.

Pourquoi refuser ? De quel droit ?

Est-ce au nom du *Dieu d'Amour* ? Ah !.... vous n'oserez pas blasphémer ainsi.

Est-ce au nom du Progrès social, de la Liberté humaine ? Mais c'est précisément le but de notre œuvre ; vous devez donc l'approuver.

Le *Congrès de l'Humanité* ne s'opposera à aucun autre Congrès, alors même qu'il en recevrait opposition. Voilà qui est nouveau, dira-t-on. Oui, répondons-nous, et c'est précisément ce qui constitue le caractère divin autant que le caractère humain du *Congrès de l'Humanité,* dont l'inspiration émane de l'*Esprit pur* aussi bien que du *Cœur de l'Homme.*

Que l'Ame de la *Paix Universelle* reçoive donc précieusement, en lui accordant tout son amour, toute son âme, tout son être, le germe du *Congrès de l'Humanité,* qu'elle la porte avec douceur, qu'elle la féconde. Le germe deviendra un arbre magnifique dont la tête touchera le Ciel, dont les racines atteindront les profondeurs de la terre, et dont chaque branche servira d'asile, de refuge, de lieu de bonheur, de repos et de paix, pour toute créature.

Voilà notre rêve ; voilà ce que nous avons vu
dans le lointain, voilà le bonheur que nous annonçons aux hommes, avec le règne de l'amour.

Nous adressons un appel suprême à toutes les
puissances de l'Unité, à toutes les âmes de la terre
qui aspirent à la *Bonté*.

C'est une œuvre de Bonté pour tous les êtres
que nous voulons accomplir, c'est pour tous les
hommes que nous parlons.

Puissent des apôtres, des soldats du grand
combat pacifique s'élancer *à travers tous les
partis*, venir à nous, s'unir entre eux.

L'ère des cauchemars sera proche de sa fin ; les
rayons du Soleil d'Amour, se lèveront enfin. sur
la terre.

(*Paix universelle*, 15 juin 1896).

ADHESION DES OCCULTISTES
ET DES THÉOSOPHES AU CONGRÈS DE L'HUMANITÉ

Les numéros de mai 1896 du *Lotus Bleu* et de
l'*Initiation*, organes respectifs des Théosophes et
des Martinistes français, renouvellent, en termes
chaleureux et fermes, leur adhésion au Congrès
de l'Humanité.

Le concours de ces deux grands mouvements
spiritualistes qui rayonnent sur la terre entière
suffirait déjà pour communiquer une vitalité
intense au Congrès.

Nos frères spirites, dernièrement encore, par MM. Bouvéry, Metzger, etc., lançaient d'éloquents appels pour ce même Congrès.

Les sectes religieuses qui auraient dû, si elles étaient logiques, répondre tout d'abord, hésitent davantage. On sait pourtant bien que nous nous plaçons sur l'unique terrain de l'Humanité proprement dite, en *communion fraternelle de tous les hommes*.

Une considération fort simple a fait naître le Congrès de l'Humanité dans l'esprit des initiateurs.

Ils ont pensé qu'un Chinois et un Français qui prétendraient que le soleil matériel qui les éclaire n'est pas le même, seraient profondément ridicules.

Ils ont pensé qu'il était, de même, tout aussi absurde de supposer que le *Soleil spirituel* qui éclaire toutes les âmes de la Terre, n'est pas le même.

Le commandement de Jésus, comme la voix du cœur nous ordonnent l'Amour de tous nos frères de la Terre entière.

Au point de vue social, c'est la paix universelle que nous entrevoyons.

Au point de vue individuel, c'est la sécurité, la reconstitution de la famille et la renaissance de l'Amour, en dehors duquel toutes les sources de la vie tarissent.

Nous voulons le règne de l'Amour qui est l'illuminateur, le consolateur et le fécondateur. Pour élever nos âmes vers l'Amour le plus pur, nous pensons que l'acte fraternel pratique, ou *Trève*

pacifique du Congrès de l'Humanité, serait véritablement efficace et rayonnant.

Devant le peuple tout entier, nous posons donc
le problème si simple de la *Fraternité Universelle*.
Qu'une lumière vive puisse ainsi dissiper toutes
les influences ténébreuses, les mensonges, la politique, la mauvaise foi et les intérêts bassement
cupides qui seuls pourraient s'opposer à l'*Union
des hommes*.

Nous avons une gratitude toute particulière pour
M. Albert Jounet et l'abbé de l'Etoile, les premiers
adhérents catholiques.

D'ailleurs, de toutes parts, nous avons reçu des
encouragements. Ce n'est donc pas une énuméra-
tion que nous faisons ici ; il nous faudrait citer
bien d'autres noms et autres *Revues*.

Nous avons l'adhésion de M. Albin Valabrègue ;
il a pressenti beaucoup d'autres sympathies pour
le Congrès de l'Humanité.

Nous sommes à l'heure de la première action,
précédant la formation du Comité provisoire.

Ce comité prendra la direction, puis s'effacera
devant le comité définitif, vers 1900, de même que
nous nous effacerons devant le comité provisoire.
Ainsi, l'œuvre revêt le cachet d'impersonnalité
nécessaire pour la réussite d'un projet grandiose,
sans exemple dans l'histoire. Répétons d'ailleurs
qu'il fut inspiré par la magnifique réussite du
Congrès des Religions de Chicago.

Nous terminons en formulant nos vœux les plus

intenses pour l'Union harmonieuse des fraternités
diverses du Spiritualisme moderne : Spirites, occultistes, théosophes, etc.

(*Paix universelle*, 30 juin 1896.)

LA VISITE DU TZAR

La nation française vient de s'unir à la nation
russe par des fêtes magnifiques et des élans incomparables.

Tous les courants d'*Union* qui sillonnent la terre
nous font goûter une joie profonde, parce qu'ils
sont la consécration de notre idéal, la promesse et
le prélude de l'*Humanité-Une*.

Les peuples comprendront un jour que leur intérêt suprême est la *Paix Universelle*. Ils entendront enfin la parole du sublime Galiléen : *Père,
faites qu'ils soient* Un.

Oh ! divin maître ! Pourquoi faut-il que ceux-là
mêmes qui prétendent t'honorer par un culte divin
soient précisément ceux qui s'opposent à l'*Union
des hommes* par l'ostracisme de leur doctrine ?

Mais ils ne prévaudront pas contre ce souffle de
vie qui agite les profondeurs du cœur et de la
pensée des hommes.

Ce courant, invisible encore, lorsqu'il paraîtra
sur la surface, renversera tous les obstacles.

Ceux-là mêmes qui jadis affirmaient que la
science est l'œuvre du diable, ne disent-ils pas, au-

jourd'hui, que le *Spiritualisme* moderne est l'œuvre de Satan, de l'Antéchrist.

Ils se croient les disciples du Christ, et leur cœur n'est pas ému, ni leur vue charmée, par ce merveilleux élan qui porte aujourd'hui nos frères de l'Orient vers ceux de l'Occident, et nos frères d'Europe vers nos frères de l'Inde et de la Chine.

Ne sait-on pas, et faut-il le répéter sans cesse, que les maximes fondamentales du boudhisme sont les mêmes que celles du christianisme : *Amour, Pureté ?*

Ne sait-on pas que la morale chinoise, basée sur l'amour familial, a donné quinze cents ans de paix sociale à ces peuples qu'on nomme des barbares ?

Ne sait-on pas que la *Science ésotérique* (secrète) est *une* à travers tous les temps et tous les pays, depuis l'extrême antiquité ?

Mais voici qu'un nouveau *fait* s'est introduit dans l'histoire.

Ce qu'on jugeait impossible hier est réalisé désormais.

Le Tzar Nicolas II, continuant l'œuvre du grand *Tzar de la Paix*, Alexandre III, son illustre père, a salué la *République française.*

La République française, dans la personne de son président Félix Faure, puis par les acclamations enthousiastes de tout le peuple, a salué l'autocratie russe.

Les deux principes extrêmes de la *Liberté* et de

l'*Autorité*, ces deux aspects opposés de la Vérité, se sont unis, se sont équilibrés.

LE FAIT NOUVEAU, C'EST LA POSSIBILITÉ DE L'HARMONIE ENTRE DISSEMBLABLES, ÈRE D'UNE POLITIQUE NOUVELLE.

Ainsi, les doctrines dissemblables s'uniront dans les siècles futurs.

La France respecte l'autocratie russe.

La Russie respecte la République française.

Aucune dignité n'est sacrifiée. Les deux gestes sont égaux et réciproques.

Les deux nations s'allient, *se complètent,* et se féconderont mutuellement.

La licence et le scepticisme de notre patrie recevront une influence bienfaisante de la discipline et du caractère religieux de la Russie.

L'Autocratie et la Foi primitive des Russes seront influencées dans un sens favorable au Progrès humain par la Liberté et la fière pensée qui sont les conquêtes de la *Révolution française.*

La Tolérance, qui est la première forme de l'Amour et de la Justice, entre sur la scène du Monde. Puisse-t-elle, dans son cours glorieux, terrasser enfin l'esprit sectaire et l'*égoïsme criminel* des individus, des peuples, des races et des *doctrines,* sur les ruines desquels s'élèvera, radieuse et sublime la *déesse* HARMONIE.

Au centre de toutes les doctrines se cache la même Vérité; aucune doctrine particulière ne peut s'en prévaloir.

Au centre de toutes les Eglises : judaïque, catholique, bouddhiste, brahmanique, brille le même Soleil, notre Père céleste, unique.

C'est ainsi que l'Amour nous enseigne.

Sachons donc, par l'*Amour et la Pensée*, nous relier à tous nos frères de la terre, sans distinctions de couleurs, peuples, races ou croyances.

C'est la source d'une joie sans fin et d'une lumière surabondante.

Sachons accorder notre cœur et notre raison.

Fuyons les enseignements étroits des sectaires religieux ou laïques. Ils sont aveugles ; ils ne sauraient nous conduire.

Le fait d'une part, *l'aspiration idéale* de l'autre, sont les deux modes de la *Connaissance* qui doivent s'harmoniser et s'éclairer réciproquement.

Tous les êtres sont les aspects d'un seul être, toutes les choses sont le déroulement d'une seule chose.

Une immense solidarité enveloppe les mondes innombrables qui peuplent l'infini de l'espace et du temps. Ainsi que l'enseigne la *Bhagavad Gita*, jamais l'être ne nous a manqué, jamais il ne nous manquera.

Nombreuses sont nos existences successives ; merveilleuses sont les profondeurs de la Nature. Divine est notre origine, divine est notre fin.

La Justice absolue est la règle inviolable.

L'Amour suprême nous appelle.

Aimons-nous tendrement. Aimons par-dessus tout l'UNITÉ DIVINE qui plane, *immuable* et sereine, au-dessus de tous les Univers.

(*Paix universelle*, 15 novembre 1896).

L'AMOUR UNIVERSEL
Lettre ouverte à Amo

Très modestèment, cher frère Amo, vous vous dites « aspirant » à l'initiation. A mon avis vous êtes plus et mieux que cela, puisqu'au lieu de vous confiner dans le silence prescrit, vous prodiguez votre généreuse parole, puisque vous justifiez si bien le beau nom que vous avez adopté pour exercer votre apostolat.

Vous avez, paraît il, voyagé dans l'Inde, où vous avez étudié, sur place, la sublime doctrine des premiers brahmes. Il me paraît vraisemblable de supposer que vos méditations sur ces hauts enseignements ont eu pour résultat de vous faire comprendre combien sont vaines toutes les disputes humaines, combien sont criminelles les dissensions et les haines qui divisent les frères en humanité. C'est pourquoi, sans doute, vous vous êtes imposé l'auguste mission d'enseigner la loi d'amour universel en le Dieu « un », « l'Identique ».

Or, cette communion des âmes en Dieu, l'une des conceptions les plus sublimes qu'ait enfantées l'esprit humain, voilà plus de dix ans qu'une noble femme, la Directrice de cette Revue, l'enseigne, presque seule, avec une vaillance infatigable, d'autant plus méritoire que, malgré son abnégation, son dévouement, son remarquable talent d'écrivain, et peut-être en raison même de ce talent, elle n'a rencontré que de rares auxiliaires parmi ses correligionnaires les plus qualifiés pour s'associer à sa haute mission.

La *Lumière* était donc l'organe tout indiqué pour m'entretenir avec vous d'une question dont l'heureuse solution serait pour l'humanité l'ère du bonheur et de l'harmonie.

Que vous écriviez dans l'*Initiation*, dans la *Paix universelle* ou dans les revues spirites, j'admire la merveilleuse éloquence et le tact parfait avec lesquels vous vous appliquez à faire ressortir la concordance sur tous les points fondamentaux, qui existe entre des doctrines différant seulement sur des nuances accessoires, et votre mission, toute d'union et de conciliation, justifie pleinement les sympathies dont, de toutes parts, vous recevez l'expression. En vous apportant mon tribut personnel d'admiration émue et sincère, j'oserai pourtant vous soumettre quelques réflexions qui ne me semblent pas dépourvues d'utilité.

J'estime, tout d'abord, que votre enseignement, en raison même de son élévation et de son envergure, s'adresse surtout à une catégorie d'esprits déjà préparés à recevoir ces hautes vérités. Certes, c'est une tâche éminemment louable que de déve-

lopper chez eux le sens profond de ces vérités dont
ils possèdent déjà une part essentielle : la croyance
en la pérennité de l'être ; de leur enseigner les
devoirs que leur impose cette connaissance et,
avant tout autre, celui de la solidarité universelle.
Mais, ne pensez-vous pas, cher frère Amo, que
notre souci doit être surtout de travailler à l'évolution de cette innombrable collectivité encore
plongée dans les ténèbres de l'ignorance en ce qui
touche ses destinées, et aussi, hélas ! il faut bien
le dire, courbée sous la sombre anankê du mal
social[1] ?

Il y a bien aussi la phalange réfractaire, inen-
tamable, des lettrés, extraordinairement intelli-
gents, mais non moins superficiels — l'intellectua-
lité, même développée, n'impliquant nullement
la profondeur de l'entendement — pour qui le
brahamanisme ésotérique et la kabbale, Platon et
Pythagore, Claude Bernard et Pasteur, Descartes
et Leibnitz, Hugo et Vacquerie, Crookes, Aksakov
et Russell Wallace, Paul Gibier et le colonel de
Rochas, pour ne citer que ceux-là, méritent tout

[1] Voir plus haut notre note à une semblable objection de
M. Marius George. En fait, Amo parlant le langage du cœur,
s'adresse surtout aux grandes masses qui comprennent bien
mieux son appel que la minorité plus cultivée ; ou, avec plus
de vérité, il frappe à tous les cœurs ; ceux-là seuls que
l'égoïsme des instincts ou de l'orgueil ne tient pas fermés
accueillent sa parole et y répondent, à quelque rang social
qu'ils appartiennent, en quelque catégorie particulière qu'ils
soient classés. — M. D.

juste leur éclat de rire ; sceptiques aimables et gouailleurs qui, sans avoir jamais daigné se donner la peine de rien scruter, renvoient, en bloc, aux petites maisons, les personnalités négligeables ci-dessus dénommées. Il est bien évident que cette catégorie d'incroyants, parmi lesquels on compte nombre de bons écrivains, (l'excellence du style n'implique pas nécessairement l'excellence de la pensée en matière de philosophie), ne trouveront leur chemin de Damas que le jour où la survie sera devenue une science courante, à moins qu'ils ne soient alors désincarnés, ce qui simplifiera pour eux la solution. Donc, passons.

Quoi qu'il en soit, nous nous trouvons en présence de ce problème ; trouver un moyen pratique de préparer efficacement tous les esprits de bonne foi à la compréhension de la loi de solidarité et d'amour universel. Pour chercher la solution de ce problème, force nous est d'envisager l'humanité telle qu'elle est.

Or, si nous regardons autour de nous, que voyons-nous ? Une minorité d'heureux et une innombrable multitude de déshérités. Parmi les heureux (au point de vue matériel s'entend) la catégorie des esprits éclairés, soit en possession d'une part de la vérité, soit pratiquant le bien et le juste en dehors de toute croyance, forme le très petit nombre ; l'immense majorité n'a pour règle et pour mobile que l'égoïsme. Quant aux déshérités qui croient la vie circonscrite entre deux néants, chez qui la misère et les souffrances endurées n'ont pas éteint toute énergie, ils n'ont et ne peuvent avoir d'autre sentiment que la haine de l'ordre social, cause de leur détresse ; qu'un vœu ardent, celui d'un bouleversement total qui, pensent-ils, rendra leur sort plus heureux, grâce à une répartition plus équitable de la fortune. De là l'esprit de révolte à l'état latent, n'attendant qu'une occasion favorable pour traduire en fait ce vœu de cœurs aigris par l'injustice sociale.

Il s'agit donc de rechercher la voie la plus sûre pour atteindre ce triple but : détruire, ou tout au moins atténuer dans une large mesure, l'égoïsme profond de la classe possédante ; calmer l'irritation légitime de la masse des malheureux et leur prêter assistance matérielle et morale ; convaincre tous de la nécessité d'observer la grande loi de solidarité des êtres.

Or, pensez-vous, cher frère Amo, que l'enseignement théorique, à lui seul, aura la vertu nécessaire pour atteindre ce triple but dont la réalisation présente, à *priori*, des difficultés presque insurmontables ? Ne pensez-vous pas que cet enseignement, si éloquent, si sublime qu'il fût, s'adressant aux misérables, aurait quelque vague ressemblance avec la harangue du magister de la fable à l'enfant qui se noie ? Ne leur semblerait-il pas une ironie amère et ne risquerait-il pas d'irriter davantage ces misérables à qui, pour les persuader, vous n'offririez que des hypothèses, à coup sûr très séduisantes, mais rien que des hypothèses?

Et d'ailleurs, comment pourrions-nous prêcher la pratique de la loi d'amour au paria si nous ne le mettions au préable, en état de comprendre cette loi et de s'y conformer? Autant d'arguments, qui, à mon sens, démontrent qu'en matière de philosophie, les théories générales ne sont, en réalité, applicables qu'à une partie très restreinte de la collectivité humaine.

Et puis, vous demanderai-je encore, quel droit aurions-nous d'exiger la réciprocité d'amour du deshérité, ou souffrant, de celui devant qui se pose chaque jour le terrible problème du lendemain? Le devoir rigoureux d'amour, de solidarité effective, incombe surtout aux privilégiés de la fortune et de la santé. Ici intervient la justice qui délimite les devoirs et la responsabilité de chaque être, devoirs et responsabilités s'accroissant en raison du bien-être moral et matériel. Cette justice qui détermine le classement des êtres dans le monde astral, selon leur « Karma[1] », leur mérite ou démérite, le degré de leur avancement moral et de leur connaissance ; qui proportionne l'expiation à la faute commise, aggravée ou atténuée selon le degré de responsabilité, remplit,

---

[1] Les Indous désignent par ce terme l'inéluctable destin généré à chacun par ses actes. — M. D.

dans le monde psychique, le même rôle que l'harmonie dans l'univers physique. La notion précise et, au besoin, l'appréhension de cette justice inéluctable, pourront seules, triompher, au moins en partie, de l'égoïsme, le grand et réel despote de l'espèce humaine qui, depuis l'origine des temps, lui est asservie. Donc, enseigner, proclamer la religion de la justice, c'est travailler à l'avènement de la religion ou communion d'amour universel. Mais pour proclamer cette justice, pour la rendre obligatoire, il faut lui donner sa sanction indispensable : la certitude de la survie ; or, le fait spirite permet, seul, d'acquérir cette certitude.

Les religions dogmatiques peuvent-elles nous être de quelque utilité ? Hélas ! par leur intolérance elle n'ont guère engendré, au moins en Europe, que les divisions, les haines et parfois les hécatombes humaines. Bien plus, le dogme est, en réalité, le pourvoyeur assuré du néantisme.

Le processus de l'incroyance est, en effet, facile à établir... Si le prêtre, à l'exemple des premiers brahmes et des apôtres du Christ, se bornait à enseigner la religion dans sa pureté originelle, il est de toute évidence que, réduite aux admirables préceptes du christianisme, elle n'eût subi que bien peu de défections. Par malheur, il n'en est plus ainsi ; le prêtre hiérarchisé, obéissant à des prescriptions inexorables qu'il ne saurait enfreindre ou même critiquer sans s'exposer aux foudres épiscopales, sans risquer de se voir enlever ses moyens d'existence, le prêtre, dis-je, fausse les jeunes esprits dont l'éducation religieuse lui est confiée en leur enseignant comme vérités divines (ô profanation !) des dogmes barbares ou grostesques tels que l'enfer éternel, le purgatoire, etc... Il leur représente le Dieu de mansuétude et d'amour infini sous l'aspect d'un Dieu vengeur, impitoyable, à qui il faut des massacres et des fleuves de sang...

Les conséquences de cet enseignement se déduisent aisément : une faible partie des jeunes catéchistes reste enlisée dans une orthodoxie despotique, courbée sous la foi d'un dogme qui rejette aux gémonies tous ceux qui n'ont pas la foi ; le reste, l'immense majorité insensiblement s'affranchit, à mesure que la raison s'éveille, de l'affreux cauchemar qui lui a été imposé. Grâce aux acquis antérieurs, à un nouveau milieu intellectuel, aux études personnelles, l'esprit, chez les jeunes gens, par degrés s'émancipe ; transgressant l'injonction du prêtre, il examine, il scrute, puis il s'insurge, estimant non sans raison, le dogme des peines éternelles abominable et destructeur de toute justice. Alors se produit chez ces âmes incapables de réflexion vraiment sérieuse, une réaction irraisonnée et d'une intensité telle que, sans se demander si dans le dogme éliminé de l'enseignement religieux qu'ils ont reçu, il ne reste pas de sublimes vérités, ils rejettent en bloc, passent tout d'un coup dans le camp adverse et deviennent enfin les matérialistes, néantistes que nous connaissons. Qui de nous, plus ou moins, n'est passé par là?

Dans les conditions morales et matérielles que je viens d'exposer imparfaitement, comment pouvons-nous traduire dès à présent, notre amour pour l'humanité tout entière, et en même temps, l'enseigner *efficacement à tous* sans que les dissemblances variées à l'infini, d'intelligence, d'instruction, de moralité, de conditions sociales, créent un inconvénient, un obstacle quelconque? *En prouvant à tous que l'âme est immortelle.* C'est là *notre devoir urgent* parce que cette preuve constitue *un bien immédiatement réalisable*, une consolation, un réconfort pour tous les déshérités, pour tous les souffrants de la collectivité sociale. Ce premier point acquis, point essentiel, capital, chacun selon ses aptitudes intellectuelles, ses acquis, sa valeur morale, tirera de la certitude de son immortalité, une croyance, une doctrine, une fin personnelle plus ou moins élevées et son esprit se développera plus ou moins au point de vue de la connaissance, mais tous y puiseront l'espérance, bien inaliénable des parias de l'humanité. Or, je ne saurais trop le répéter et le proclamer, le fait spirite, seul, peut faire la preuve de l'immortalité. et le témoignage de plus en plus fréquent d'illustres savants, en Amérique comme en Europe, confirmant les affirmations des spirites, donnera à cette preuve un caractère de certitude scientifique tel que tout esprit sans parti pris finira par l'accepter.

En résumé, la survivance du « moi » démontrée, éclatante pour tous, c'est, dans le domaine psychologique, la découverte ultime, le radieux couronnement de toute science humaine ; devant cette découverte, toutes celles dont se targue la science officielle, si merveilleuses qu'elles soient, n'apparaissent plus que comme de pâles et falotes lueurs. C'est l'ancien monde s'écroulant et faisant place à un monde nouveau ; c'est la Justice Eternelle recevant sa divine sanction et proclamée sur notre planète, qui émerge enfin de ses ténèbres, sort de sa période d'incohérence, et glorieusement, prend place parmi les mondes plus avancès... La survivance, certitude scientifique, c'est la question sociale dont il est permis d'entrevoir la solution aussi heureuse qu'inattendue ; c'est, encore une fois, la consolation et l'espoir rendus aux misérables, les haines adoucies, le sentiment profond de l'humanité, de la solidarité et du dévouement se substituant à l'orgueil et à l'égoïsme, s'imposant aux heureux de la terre dans la conscience desquels se posent soudain ces questions : « As-tu « rempli toute ta mission ? As-tu été pitoyable « pour tes frères infortunés. Leur as-tu prêté aide « et assistance efficacement et selon tes moyens ? « As-tu, enfin, mérité la continuité de ton bon- « heur dans les étapes ultérieures de ton exis- « tence ?... » La perennité de l'être, devenue

science courante, c'est, à bref délai, la fin des
guerres fratricides, des hécatombes humaines et
l'avènement définitif de cette ère rêvée depuis l'o-
rigine des temps, de l'ère de Justice, d'Amour et
d'Harmonie.

Oui, certes, le fait spirite est l'initiation première, l'a, b, c, comme on a accoutumé de le dire ;
mais cet a, b, c, en donnant à l'immortalité de
l'âme un caractère de certitude définitive, est la
pierre angulaire sur laquelle repose tout l'édifice
de la sublime science ésotérique de l'Inde et de
l'Egypte, qui doit à cette certitude de répandre ses
éblouissantes clartés sur tous les esprits suffisamment évolués, et, sans elle, fût restée, jusqu'à la
consommation des siècles, l'apanage de quelques
rares initiés ; seul, enfin, j'ai essayé de le démontrer, le fait spirite, vérité scientifique, permettra
d'instaurer, dans l'avenir, cette religion d'amour
universel et de Justice absolue que nous appelons
de tous nos vœux.   · AUR.

(*La Lumière*, novembre 1896.)

RÉPONSE D'AMO A AUR.

CHER FRÈRE AUR,

Votre lettre, toute expansive, est un fruit véritable de l'AMOUR.

L'*Amour* et l'*Unité* sont une même chose, à mes
yeux ; c'est la plus haute expression du Divin.

L'expansion ou rayonnement est la grande caractéristique de l'Amour.

Combien je vous félicite, bien cher frère, de posséder cette qualité, si rare de nos jours.

Faute d'expansion, les plus belles intelligences s'immobilisent et les hommes ne s'unissent pas. Ne s'unissant pas, ils ne peuvent réfléter l'*Unité divine*, recevoir ses pures influences, pénétrer *ses merveilles*. Vous avez donc accompli un acte d'*expansion fraternelle* dont je vous bénis de tout cœur.

Je ne suis qu'un tout petit étudiant de la Science divine que nous cherchons tous.

Votre lettre me réjouit d'autant plus, qu'elle ne peut s'adresser à ma personne que vous ne connaissez pas, et que, par suite, vos éloges retournent droit à la source de tout Bien, vers l'Essence divine, dont le culte seul m'a permis de parler quelquefois avec Amour.

Le véhicule n'est rien, l'Essence est tout.

Aux Indes, je n'ai pu faire aucune étude ; les fièvres paludéennes m'y accueillirent, le jour même de mon débarquement, à Pondichéry ; mon heure pour le grand voyage n'avait pas sonné pourtant. Au bout de quelques mois, guéri, je dus revenir en France, afin de tenir la promesse faite aux miens. Vous voyez que mon rôle s'est réduit aux plus mesquines proportions.

A d'autres, plus heureux, plus dignes, plus forts, incombera, sans doute, la noble mission de rapprocher l'Orient et l'Occident, ces deux grands tronçons épars de l'*Humanité-Une*.

Parlons maintenant de l'idée généreuse qui est le fond de votre bel article.

D'accord avec vous, *je reconnais au Spiritisme un rôle fondamental*, et prééminent pour le temps que nous allons traverser.

Par un Synchronisme remarquable — étant donnée l'absence de liens terrestres entre nous — j'ai remis à *M. Gabriel Delanne*, il y a quinze jours, un petit article : *La Fonction du Spiritisme*, qui semblera copié sur maints passages du vôtre que je lis aujourd'hui.

C'est la même idée, parfois, la même tournure.

De même que vous, cher frère, je pense souvent, avec grande tristesse, à la foule innombrable des misérables de corps, d'âme et d'esprit, à ce peuple dont je suis d'ailleurs l'enfant.

Il faut opérer le *Salut social* à brève échéance. Comment ? Car c'est le moindre souci de la bande égoïste et jouisseuse qui gouverne (?) à cette heure.

La seule voie me paraît, comme à vous-même, la démonstration publique, officielle, de *l'immortalité de l'âme*, par les *faits spirites*, qui en permettent aujourd'hui, *la preuve scientifique*.

Par *les faits* du Spiritisme, la Science officielle sera bientôt contrainte, sous peine de verser dans *l'odieux* et le ridicule, à creuser les vastes problèmes de l'Invisible. Elle sera contrainte, à vérifier tous les faits spirites, à ne pas s'arrêter aux étroites hypothèses qu'elle affectionne, — amoureuse de sa propre myopie —; et devra proclamer, enfin, *l'immortalité de l'âme, la survie*, devenue, cette fois, *une certitude* et non plus l'objet d'une croyance vacillante à laquelle l'Enfer éternel porta les derniers coups.

Dès que la Science officielle, sous l'irrésistible influence du Spiritisme, aura parlé, la Foule toute entière se convertira par la voix de ses pontifes modernes.

Le journalisme pourra rendre quelques services véritables à l'âme de nos contemporains.

On saura partout que l'âme est immortelle, que des faits innombrables résultent du contact des deux mondes visible et invisible.

Tous les systèmes sociaux et philosophiques seront bouleversés de fond en comble.

Mais quelle douce et sainte Révolution, illuminée cette fois, par les chauds et clairs rayons du Soleil de l'Espérance !

Car la notion de *Justice absolue*, si conforme à l'esprit scientifique de la *Causalité*, deviendra la clef de tous les courages, de tous les relèvements et des plus sublimes transformations.

Oui, c'est la grande notion de *Justice absolue*, ou *Causalité*, qu'il faut, avant tout, inscrire dans le cœur de l'homme.

Quand le mauvais riche saura, à n'en plus douter, que le châtiment l'attend, qu'il tisse *sa future misère*, dont aucune absolution ne saurait le ga-

rantir, alors, sûrement il fera, les plus sages re-
tours sur lui-même et s'améliorera ; ainsi, de l'é-
goïsme, en général.

Le règne si doux de l'Amour deviendra possible.
Il est facile de prévoir que la Science officielle et la
Masse populaire à sa suite, s'achemineront nécessairement vers la *Philosophie universelle*, antique
et jeune éternellement, dont les trois bases fondamentales sont : *Fraternité universelle* , *Karma* ,
Réincarnation.

Le Spiritisme, auquel incombe cette fonction
magnifique de rétablir, devant la Science, le fait de
l'immortalité de l'âme, est en même temps, nous
le savons tous, une belle *Religion d'Amour*, puisqu'il est fondé tout entier, sur les communications
possibles et réalisées, entre notre Terre et l'Au-
delà, entre les Incarnés et les Désincarnés, puisqu'il *s'appuie sur la grande , réelle et vivante*
Solidarité des ames *à travers les barrières, désormais illusoires, de la Tombe.*

Enfin, le *Spiritisme* apporte à la Mystique même
un précieux témoignage, puisqu'il confirme ses
propres faits. Formant le trait d'Union entre la
Spiritualité pure ou Mystique divine et l'Esprit
scientifique moderne, dit positif, son importance
ne peut plus être discutée.

Le temps qui s'approche est le sien.

Plus tard, il subira des transformations ou transfi-
gurations merveilleuses, dont il est inutile de parler
pour l'instant, suivant votre judicieuse remarque.

Je veux seulement faire observer que dans *la Lumière de l'éternelle Vérité*, de *l'Identique*, dans lequel *tout* baigne, vit et s'unit, les fossés infranchissables aux yeux du monde qui paraissent séparer les doctrines et les sectes, n'existent pas.

Prenons un petit exemple. Comparons le Catholicisme et le Spiritisme. Ces deux mouvements, antagonistes en apparence, ont les mêmes fondements : la Fraternité universelle, la Communion entre morts et vivants. La simple nuance consiste en ce que le Catholicisme préconise les *moyens spirituels* de communications avec les *âmes pures* des Saints ; tandis que le Spiritisme préconise les communications avec toutes les âmes par des moyens matériels, plus accessibles.

Ajoutons que la Mystique catholique est l'histoire même des communications, visions et phénomènes dits surnaturels, attribués aux entités invisibles.

Ajoutons que le Spiritisme recommande le discernement des esprits et tient en grand honneur la médiumnité spirituelle, et nous finirons par entrevoir *la même Vérité* sous les deux rideaux.

C'est le règne définitif de l'Amour radieux que nous entrevoyons dans le lointain ; c'est l'*Union* parfaite des hommes ne formant plus qu'une famille heureuse et pacifique ; c'est le triomphe de l'*Harmonie universelle* ; enfin, c'est l'ère de la RÉCONCILIATION. Alors, se développeront avec intensité les facultés de l'âme latentes jusqu'à ce jour,

— sauf les rares exceptions, — qui rendront les hommes semblables aux dieux, qui doteront l'Humanité-Une d'une puissance et d'une gloire incomparables. Reconnaissant avec vous, cher frère *Aur*, la nécessité de rendre tout d'abord à la foule entière la croyance en l'immortalité de l'âme, j'ai donné mes plus vives sympathies au *Spiritisme*. Qu'il marche hardiment à l'assaut de la Bastille officielle où pontifient les derniers savants matérialistes.

Leur auréole déjà pâlit : qu'ils se hâtent, s'ils ne veulent bientôt sombrer sous l'indignation publique, *quand le peuple saura*.

Cependant, il est bon que la divine échelle qui va des profondeurs de la Matière, jusqu'au sommet des sphères divines de l'Esprit pur, ne soit pas rompue.

Il faut travailler à la base de la pyramide sociale sans perdre de vue le but sublime qui est *l'ineffable* UNION.

Il est bon que des hommes cueillent dans l'*Amour idéal*, la Contemplation spirituelle et l'Union mystique (ou *Yoga*) des *fruits de Vie* pour les offrir à leurs frères.

Il est utile de puiser parfois à la Source éternelle, le FEU qui doit animer tous les systèmes, les organismes et les formes.

On parvient jusqu'à ce foyer suprême par l'*Amour intense* et l'*Abstraction* (des choses sensuelles). Certainement, bien cher frère, de telles hauteurs ne sont guère permises à notre misérable nature, avant qu'une profonde évolution l'ait transfigurée.

Pourtant, nous ne devons pas cacher les rayons du *Soleil d'Amour* resplendissant qui luit sur tous les Mondes. Elevons en un mot, très haut, nos aspirations, nos désirs, *c'est la condition de notre croissance;* mais, aussi, penchons-nous vers la grande Mer des humaines Misères. *C'est notre premier Devoir.*

Travaillons donc, par tous les moyens possibles, à répandre la connaissance du *Fait spirite.*

Unissons toutes nos forces, nos cœurs, nos âmes, nos pensées, dans une tension sans limites, vers l'atteinte de ce But simple, précis.

Par le fait spirite, la Science peut établir la certitude de l'immortalité de l'âme, *de la survie du « moi »,* et c'est à bref délai, suivant votre conclusion que j'aime à répéter : « La fin des guerres fratricides, des hécatombes humaines et l'avènement définitif de cette ère rêvée depuis l'origine des temps, de l'ère de Justice, d'Amour et d'Harmonie. »

Aimons-nous pour rayonner l'Amour.

(*La Lumière*, décembre 1896.

LE CONGRÈS DE L'HUMANITÉ.

L'heure décisive approche ; mais *nous savons, maintenant*, que l'OEuvre grandiose se fera.

Sur l'appui chaud de quelques *braves cœurs*, nous avons pu fonder notre Action ; par eux, nous avons pu garder la *divine Espérance*.

Rappelons le but du *Congrès de l'Humanité*.

Il planera par-dessus toutes les sectes ; il ne sera ni matérialiste, ni spiritualiste, mais avant tout *humanitaire*, mais avant tout *unitaire*.

Toutes les opinions s'y manifesteront librement, au milieu d'une sympathique atmosphère générée par *l'Amour qui saisira* chacun.

Devant le Flambeau de l'Amour universel que nous voulons allumer en 1900, toutes les lumières des systèmes artificiels pâliront, toutes les haines s'épouvânteront.

C'est la sublime parole du Christ qui nous a guidés : Qu'ils soient UN !

C'est elle qui resplendira, sur le Fronton du Temple de l'*Humanité-Une* que nous voulons édifier.

Nous convions donc tous les hommes de bonne volonté, de tous les partis, sectes et opinions, *à s'unir pendant quelques jours*, à l'Exposition de 1900, *dans une fraternelle assemblée, par leur désir commun de* Paix et d'Amour Universels.

De tous les parties du Monde, nous appelons

nos frères, les Indous, les Australiens, les Chinois, les Persans, les Boudhistes, les Mahométans, les Juifs, les Européens, les Américains, les Allemands, les Russes, les Chrétiens, les Protestants, etc.

Nous les voyons tous dans la même Lumière. Ils sont tous solidaires, tous, les membres précieux de l'*Humanité-Une*.

De notre Cœur, aucun d'eux ne doit être exclu.

Oh ! qui comprendra cette Merveille, *cette réalité suprême !*

Jamais, il n'y aura Paix, Joie, Bonheur sur la Terre ; jamais de Justice sociale, jamais de Sécurité, jamais d'*Illumination véritable*, tant que les hommes resteront séparés, ennemis, roulés sans trêve dans les Boues immondes de l'*Egoïsme mortel*, du Mensonge assassin, de la Discorde criminelle.

Nous évoquons donc le règne de l'Harmonie *où tous vivront pour chacun et chacun pour tous.*

Ces hommes venus de tous les Pays de la Terre, appartenant à toutes les religions, les philosophies, les sectes sociales, pourront exprimer librement leurs vœux de Fraternité, les Moyens qu'ils préconisent.

Tour à tour, ils auront droit à la respectueuse attention de tous, *sans discussion contradictoire.*

L'identité de tous les cœurs humains s'y manifestera vivement.

La même aspiration ne se cache-t-elle pas sous les divers langages de la Terre.

Les fossés paraîtront moins profonds, les montagnes moins élevées.

En vérité, ce sera le prélude solennel du grand Nivellement et la Préparation de la grande Famille humaine, redevenue pacifique et consciente de son *Unité*.

Les puissances de l'Eternel Amour assisteront cette Assemblée des hommes, si belle, si touchante.

Oui, c'est l'Ère nouvelle que nous annonçons.

Nous sommes quelques-uns seulement.

Eh bien, qu'importe !

La Foi soulève les Montagnes. *Nous aurons cette Foi.*

Nous sentons que par la Beauté du Combat, par la Splendeur de l'Idéal poursuivi, nos forces seront centuplées.

Les Cœurs ne resteront pas insensibles à nos appels pressants.

Le Congrès de l'Humanité est une œuvre impersonnelle ; nous nous effacerons devant le Comité provisoire qui, lui-même, disparaîtra devant le Comité définitif en 1900.

Jamais l'occasion ne fut plus favorable à cette tentative immense. La France, qui fut si longtemps la généreuse Terre du Sacrifice, arrive à son apogée.

Ne doit-elle pas faire ce Legs suprême au Monde?

Ce Congrès de l'Humanité ne serait-il pas le fruit incomparable de son Génie et le plus beau titre de Gloire que jamais peuple dût acquérir ?

Que notre Phalange aille donc grossissant et toujours plus unie ; que le Peuple nous entende ; que les vrais socialistes, ceux du cœur, viennent à nous, et nous serons l'Armée de la Paix universelle que tous les siècles futurs béniront.

En 1897, nous donnerons la liste du Comité provisoire.

Ce Comité, par la nature même des choses actuelles, sera *hétérogène* ; que personne ne s'offusque des noms contradictoires qui pourraient s'y rencontrer.

Les adhésions sont libres ; libres aussi les retraits.

Mais nous avons le ferme Espoir que tous les soldats de l'Humanité resteront fidèles à leurs postes.

La Clef de voûte de l'Edifice sera le Bureau du Comité provisoire.

Ce Bureau, composé d'une douzaine de membres, *sera homogène. Les personnes qui le composeront devront être dans un rapport de sympathie réciproque.*

Toute la réussite dépendra de leur parfaite Communion, au nom de l'Idéal commun.

Dès maintenant, la formation de ce Bureau est possible.

On peut comprendre ainsi le Pourquoi de notre grande confiance.

Mais il faut que des renforts nous arrivent de toutes parts.

Nous adressons aujourd'hui un suprême appel, *au nom de l'Humanité*, à tous nos confrères, à tous les partis, à tous les hommes.

Nous sollicitons le concours de tous ceux qui éprouvent une véritable sympathie pour le *Congrès de l'Humanité*.

Que tout homme de bonne volonté se propose franchement ; qu'on adresse toutes les propositions pouvant intéresser le Congrès, qu'on signale les noms, les Revues, les groupes susceptibles de collaborer à cette OEuvre magnifique.

La petite graine que nous semons aujourd'hui deviendra un grand arbre dont les branches couvriront toute la terre.

Ce qu'on méprise, peut-être, sera glorifié par dessus tout.

Nous livrons le plus sublime des combats en faveur du triomphe de l'Amour universel.

Devant la très sainte Vérité, nous affirmons que l'AMOUR le plus ardent, la plus parfaite SINCÉRITÉ ont enfanté cette œuvre.

Et nous la plaçons désormais sous leur divine et toute puissante protection.....

Sans préjuger des événements futurs, nous pouvons dire à nos frères que l'œuvre immense de *Paix et d'*AMOUR *universels* que nous préconisons s'annonce grandiose au-delà de tout ce que nous espérions.

Que les *Cœurs* ardents nous soutiennent avec *force* et *constance*, et nous remporterons la victoire décisive la plus éblouissante que jamais âme généreuse ait pu rêver.

L'unisson de tous ces cœurs généreux à travers les frontières est bien fait pour entretenir la divine espérance d'*Amour universel.*

Au-dessus des plus sombres nuages brille toujours le Soleil radieux.

Tous les troubles de l'heure présente ne sauraient nous empêcher de contempler la sublime Harmonie des temps futurs.

(*Paix universelle,* 31 janvier 1897).

L'HUMANITÉ-UNE

La Terre féodale deviendra la Terre-Patrie, de même que la France féodale devint la France Patrie. L'*Harmonie* des peuples se fera sans nuire aux individualités, aux libertés réciproques, de même que se fit l'Harmonie des provinces féodales sans nuire à leurs individualités, à leurs réciproques libertés.

Le Sentiment d'Humanité se développera comme s'est développé le Sentiment du Patriotisme.

Il est inconnu de nos jours, de même que la Patrie était chose incompréhensible aux premiers siècles de notre histoire. Simple affaire d'échelle on le voit.

Vous rendez-vous à la claire vérité ? Préférez-vous la marche sous l'impulsion d'un idéal divin, ou préférez-vous, incapables de progrès, ressasser les vieilles formules, mortes et fausses aujourd'hui?

Ne voyez-vous pas que la même. *Loi d'expansion*, qui fit la Patrie avec les morcellements innombrables d'autrefois, fera l'*Humanité-une* avec les morcellements d'aujourd'hui. Nous trouvons sublime celui qui meurt pour sa Patrie.

Sublime au-dessus de tout, sera plus tard celui qui mourra pour l'*Humanité-une*, la grande Patrie le *Gen* (qu'on peut traduire *genre humain intégral*), comme disent les Chinois.

Un *grand patriote* est mort déjà pour cette *Humanité-une* ; vous le connaissez tous, c'est *le Christ*.

Notre voix n'est qu'un écho timide de la sienne, si forte, puissante, éloquente.

Dix-huit siècles ne l'ont pas affaiblie ; mais les hommes commencent seulement à l'entendre.

Les 400,000,000 de Chinois doivent à cette notion magnifique du Gen, de l'Humanité-une (constituée, dans leur pensée, par l'*Ensemble des générations passées, présentes et à venir, toutes solidaires*) 1,500 ans de paix sociale ; et pendant ce temps nos 350,000,000 d'Européens se sont massacrés avec rage et préparent de nouveaux massacres.

Oh ! la belle civilisation !... de *bêtes brutes* et orgueilleuses. Pourquoi, direz-vous, la Chine se ferme-t-elle au reste de l'Humanité, puisqu'elle a le culte de l'Humanité-une (avec celui de *la Famille*, ce sont les deux fondements de la Chine:

amour de la petite famille, amour de la grande famille, harmonie des deux amours) ?

Leur réponse est bien simple.

Nous sommes prêts à vous accueillir, à vous aimer, disent-ils. Mais que nous apportez-vous ? Des canons, la guerre sociale, le règne de la force brutale qui préside chez vous. Alors que nous avons le culte de l'*Intelligence*, vous adorez l'or. En Chine, l'humble fils du peuple peut obtenir, par le travail intellectuel et la conduite, les plus hautes fonctions gouvernementales. (Elles sont le fruit du concours, non des intrigues et des corruptions de la basse politique, dans laquelle nous croulons, particulièrement en France.)

C'est notre Mandarinat dont vous riez tant, vous, *qui vous hiérarchisez par l'or* (dont la Bourse est le sanctuaire)?!

Devenez pacifiques ; venez à nous dans un esprit de paix ; nous vous accueillerons à bras ouverts, car vous êtes des membres du *Gen* ; et nous savons que le bonheur et la paix universels ne peuvent être réalisés, dans la sécurité, que par la constitution intégrale du Gen. — Que les cœurs chauds, les pensées larges n'hésitent donc pas à considérer la terre dans son ensemble. C'est ainsi qu'ils apercevront les lumières de la vie divine.

Les hommes sont tous solidaires. Ils le sont aujourd'hui par la douleur, la guerre, la lutte commerciale ; ils le seront un jour dans le bonheur, la paix, l'harmonie (des aptitudes diverses et productions variées). Déjà, le système nerveux de la terre se constitue : télégraphes, téléphones, etc... qui la rend sensitive et consciente.

Le règne de l'amour viendra, nécessaire, fatal, puisque *tout le monde souffre* de son absence.

Affaire de temps !

Les oscillations sociales tendent vers l'état d'équilibre qui est l'*Harmonie*.

Harmonie ! secret sublime ! que par le cœur seul on pénètre.

Le Congrès de l'Humanité, en 1900, a pour but de faciliter aux hommes la compréhension de ces merveilles ; c'est un tuteur, une étoile d'espérance.

Nous édifierons l'*Arche d'alliance*, que la providence guidera à travers les déluges sociaux.

Et, lorsque les hommes, brisés par la douleur, le désespoir, la honte, mais avides de vie quand même, jetteront bas leurs armes, alors, de l'arche sainte sortiront les précieux germes de la nouvelle et définitive synthèse.

La synthèse d'amour !

Et lorsque les hommes seront UN, *le voile qui leur cache le divin deviendra transparent.*

L'Union rapproche de Dieu.

La Division éloigne de Dieu.

C'est la loi simple de l'éternel amour.

Courage donc ! Espérance !

(*Revue scientifique et morale du Spiritisme*, février 1897).

LE CONGRÈS DE L'HUMANITÉ

L'extrême anarchie, vers laquelle nous sommes entraînés comme par une marche irrésistible, devait fatalement, à la longue, amener un mouvement en sens contraire. L'homme ne vit pas de dispersion. Indéfiniment s'éparpiller, c'est courir à la mort. Or, quoi qu'on fasse, ni les peuples, ni les sociétés, ni les individus, en général, ne veulent mourir. A la division, il fallait dès lors opposer l'union ; à l'éparpillement sans fin, des groupements de plus en plus considérables. Le salut était à ce prix. Depuis un certain nombre d'années, nous avons la satisfaction profonde d'assister à ce réconfortant spectacle. De toute part, des sociétés se créent dans le but, excellent, de mettre en commun les efforts d'un grand nombre en vue d'une fin déterminée. L'étude de l'univers, de la nature, de l'homme, fait comprendre, un peu mieux chaque jour, l'étroite solidarité qui, inéluctablement, relie les mondes aux mondes, l'homme à l'homme, et, les uns aux autres et à lui-même, tous les êtres qui se meuvent dans sa sphère. Nul n'est isolé, nul ne se suffit à lui-même. Comme tous dépendent de tous, tous aussi ont besoin de tous. Pas de bonheur personnel absolu et définitif en dehors du bonheur universel.

Cela bien compris, il devenait fatal que les individus se réunissent en groupes, d'abord, sui-

vant leurs plus grandes affinités ; ensuite, que ces
groupes eux-mêmes se constituassent en d'autres
groupes d'un ordre plus élevé ; que ceux-ci, enfin,
en raison d'analogies plus lointaines, mais réelles,
cependant, s'entendissent pour la formation d'un
groupement supérieur à tous les autres...

Ainsi, nous avons vu, en 1889, les diverses
écoles du moderne spiritualisme se former en un
congrès qui, malgré des luttes ultérieures éminemment regrettables, n'en a pas moins été le
signal d'une sérieuse marche en avant. Les questions alors soulevées sont restées à l'ordre du
jour. De nouveaux adhérents sont venus se joindre
aux anciens. En même temps, d'habiles et nombreux investigateurs sont entrés dans la lice pour
la découverte et le triomphe de la vérité.

Quelques années s'étaient à peine écoulées, qu'un
autre congrès, plus vaste, réunissait à Chicago les
représentants des principales religions de la terre.
On sait quel en a été l'éclatant succès. De hardis
esprits, appartenant au jeune clergé de France,
voudraient renouveler cette épreuve, réunir une
fois de plus les hommes qui, de tout le monde ci-
vilisé, avaient répondu à l'appel qui leur était
adressé. Mais la réunion, cette fois, aurait lieu en
notre Europe, plus routinière et plus esclave de la
tradition. Qui l'emportera, de l'abbé Charbonnel ou
de l'épiscopat français, qui lui fait une sourde mais
redoutable opposition ? Mais qu'il réussisse ou ne
réussisse pas, l'œuvre de l'abbé Charbonnel ne

sera que l'exacte répétition de ce qui s'est vu une première fois aux États-Unis.

Aussi comprenons-nous que des esprits plus hardis, hantés de plus vastes rêves, aient songé à élargir les cadres des Congrès de 1889 et de 1893. Ils veulent mettre en présence, non plus seulement les adhérents de telles ou telles croyances religieuses ou philosophiques, mais, autant que faire se pourra, les représentants de l'humanité entière dans son infinie diversité, sans distinction ni de la couleur de la peau, ni de la forme du crâne. Montrer que tout homme appartient, au même titre, à la grande famille humaine, qu'il a des droits et des devoirs qui sont ceux de tous, poser enfin, non plus seulement théoriquement, mais pratiquement — pratiquement dans la mesure du possible actuel — l'*humanité une* : c'est là une idée grandiose, tout ensemble vraiment humaine et vraiment divine. Ceux qui l'ont conçue, et qui, sans se laisser rebuter par les obstacles, travaillent à la réaliser, ont droit à la reconnaissance de tous les hommes de cœur. Certes, l'idéal entrevu et le but poursuivi sont loins, bien loins, perdus dans les brumes d'un avenir incertain. Mais c'est beaucoup que l'idée ait germé, et, qu'ayant germé, elle ait réussi, sans trop de peine, à grouper autour d'elle un certain nombre d'hommes, assez larges d'esprit, assez désintéressés des petites chapelles et des mesquines coteries, pour oser, par-dessus toutes les barrières religieuses, philosophiques ou nationales, tendre la main de fraternité à tout ce qui porte le nom d'homme, et par cela seul qu'il porte ce nom. La base qu'ils ont posée est la seule qui soit suffisamment large, la seule aussi qui soit de nature à élever l'homme à la dignité et à l'universalité de ses destinées.

Mettre l'idée en avant, c'était bien. Cela ne suffisait pas. Il fallait, il faut tâcher qu'elle reçoive une première, une partielle réalisation. Or une œuvre ne s'accomplit pas spontanément, toute seule. Il y faut le concours de l'homme, sa persévérante énergie. La victoire est le fruit de la lutte. Ce n'est pas tout. Des efforts isolés, sans lien entre eux, quels qu'ils fussent, d'ailleurs, seraient en pure perte. Autant vaudrait exiger d'un homme qu'il remplît à lui tout seul l'immense bassin de la mer. Pour être fructueux, les efforts devront donc être tous reliés entre eux, aboutir à un centre commun. Ce centre, quel sera-t-il? Le congrès devant se réunir à Paris, le siège du comité chargé de le préparer et de l'organiser, aura nécessairement son siège dans la même ville. De quels éléments se composera-t-il? Je l'ignore et le veux ignorer. Mais une chose est évidente. C'est qu'il devra avoir à sa tête un homme de grand cœur, d'esprit large et de haute science ; un homme dont le nom fasse autorité, qui s'impose par la noblesse de sa vie, la pureté de ses intentions, point sectaire, ni fanatique. Je sais bien que par le vent d'anarchie qui souffle actuellement, on se défie des individualités trop fortes. On n'en veut plus. Il semble qu'un président, homme supérieur, soit un danger public. Mais quelle est l'œuvre vraiment grande qui n'ait eu besoin, pour réussir, de quelqu'une de ces puissantes volontés? Sans doute, elles ne sont pas tout. Elles sont elles-mêmes comme portées par le milieu qui les a produites. L'homme que nous supposons ne sera donc pas tout non plus. Il ne s'agit pas de nommer un dictateur, mais un esprit qui sache et qui veuille diriger. Un comité, composé d'un nombre de membres à déterminer, l'assistera de ses conseils et de ses lumières. Ce comité lui-même, pour pouvoir rendre les services que l'on est en droit d'en attendre, devra être en grande partie recruté parmi les Parisiens. On ne fait œuvre nettement utile que si l'on est sur les lieux. Plus la tâche est considérable, plus il importe que ceux qui y travaillent se sentent les coudes, puissent se voir et s'entendre directement pour discuter ensemble, de vive voix, les questions à élucider, les mesures à prendre. A attendre les avis du reste de la France ou de l'étranger, à compter sur des concours éloignés, on risquerait de perdre sa peine et son temps. Une correspondance, surtout quand elle a rapport à des objets graves, est toujours longue, et, quelque développement qu'on lui donne, d'ailleurs, on ne dit jamais ce qu'il faudrait dire, surtout on n'est pas là pour réfuter les objections. Autant de circonstances défavorables à l'intervention utile et constante du dehors. Pour agir, il n'est pas besoin — et peut-être il n'est pas bon ! — qu'on soit bien nombreux : ce qui est essentiel, c'est de prendre sa tâche très à cœur et de s'y appliquer tout entier.

Après cela, qu'on nomme des correspondants étrangers pour renseigner le comité sur les conditions spéciales de l'opinion en chaque pays, sur les difficultés auxquelles on s'y heurte, sur les moyens les plus propres à en triompher, rien de mieux. Sous ce rapport et dans ces limites, leur activité et leur concours pourront grandement faciliter l'œuvre du comité de Paris. Ce sera, d'autre part, une légitime satisfaction donnée à ceux qu'on invitera que de faire figurer parmi les organisateurs du congrès des membres choisis un peu partout.

Mais qu'il demeure bien entendu que la tâche principale, comme la responsabilité la plus grave, incombent à ceux qui sont sur les lieux et qui devront être, tout ensemble, et les architectes et les maçons du grand monument qu'il s'agit d'élever à la glorification de l'humanité. Peu de têtes, mais de bonnes têtes ; peu de cœurs, mais des cœurs bien placés. C'est ainsi que l'œuvre rêvée et voulue aura le plus de chance de réussir, et d'être le point de départ d'une nouvelle marche en avant vers la réalisation de la même loi de justice et d'amour dans l'humanité entière, sans distinction de peuples, de races ni de croyances.

DANIEL METZGER.

(*Paix universelle*, 31 mars 1897).

L'HARMONIE ORIENTALE-OCCIDENTALE

L'Harmonie est la source de toute lumière et de toute joie pour l'âme, pour le couple humain, pour la Société toute entière.

Tous nos efforts doivent tendre vers la constitution de l'Humanité-Une, car les hommes ne pourront goûter un bonheur véritable et s'illuminer universellement qu'aux heures futures de Paix, d'Amour et d'Harmonie.

Pendant que s'épuise, par ses propres excès, le règne de la Division, nous devons préparer le règne de l'Unité.

Pendant que le sectarisme, sous les masques variés, dont il se pare, perpétue ses haines et ses colères, nous devons préparer les voies de la Douceur et de l'Amour.

Nous devons dire aux hommes que *vaines sont leurs querelles*, que la divine tolérance est la Fée bienfaisante, qui seule peut apaiser nos âmes, rendre lucide notre intelligence et nous faire entrevoir les merveilles du *tout*.

Toutes les choses, les êtres, les doctrines, etc..., font partie d'un *Ensemble*. Elles ont toutes leur raison d'être ; *cherchons la raison d'être de chaque chose* et les rapports des choses entre elles. N'excluons pas ceci ou cela ; mais contemplons *l'admirable solidarité* qui fait concourir toutes les Vies à la *Vie-Une*. Admirons la *Vérité-Une* que chaque

Doctrine-Véhicule reflète à sa manière, suivant une forme qui ne saurait exclure d'autres formes ; sinon ce serait prétendre qu'une seule plante doit subsister, que les animaux différents sont incompatibles.

Ne voit-on pas, au contraire, que la richesse des formes variées atteste la Splendeur et la Fécondité de *l'Essence Divine, Une, Omni-présente* qui les vivifie toutes.

Ainsi, nous ne devons rien détruire, mais tout compléter (chaque chose par les autres), équilibrer, harmoniser.

D'ailleurs, l'Etudiant qui abandonne les fondrières sectaires pour marcher dans cette voie simple de l'Universel amour est récompensé de suite par la *Paix infinie du cœur* et l'air spirituel pur, *qu'il respire enfin* !

Ainsi par un décisif effort de volonté, par la maîtrise de notre *âme animale,* par la discipline sage de Notre Mental, nous devons fuir toutes les étroitesses et tous les conflits pour n'avoir plus qu'un ardent amour, celui de l'HARMONIE DIVINE !

Ceux qui auront le courage d'escalader cette Montagne sublime, sentiront enfin, ce qu'est la *Vie Eternelle*, comprendrons enfin, ce qu'est la *Lumière incréée* !

Ils discerneront *le Réel*, brillant et radieux, de l'*Illusoire* qui aveugle aujourd'hui notre *Moi.*

Les principes éternels de toute Vie, de toute santé sont *l'Ordre* et *l'Amour*. Ces principes sont tellement nécessaires qu'ils s'imposent même aux sociétés dégradées.

En effet, les Hommes fuyant la domination de l'Esprit sont tombés dans la domination de la force brutale ; ils subissent un nouvel esclavage affreux, implacable : *celui des armées !*

Or, l'armée s'appelle *Hiérarchie parfaite, Ordre* et *Soumission aveugle.*

Voilà pour le premier principe. Voudrait-on s'en affranchir, il s'impose, nécessaire et dominateur.

D'autre part, les hommes n'ont détruit l'ancienne féodalité que pour en constituer une nouvelle : celle de l'*Or*. Le règne de l'or que nous subissons est tout naturellement celui de la Boue. (Le Philosophe ne s'étonne donc pas de la corruption actuelle *toujours croissante*).

Les Rois de l'Or, les seuls qui gouvernent aujourd'hui l'Europe, se sont vus contraints, dans une peur commune, à réaliser dernièrement l'*Internationale* Européenne, la *Solidarité*, en présence des événements d'Orient.

Ainsi le second principe d'Union : l'*Unité* s'impose encore. Mais cette union fondée sur l'*Intérêt*, non sur l'amour, n'est pas durable ; car des *Intérêts* s'opposent entre eux fatalement, à l'heure voulu (attendue qu'ils sont tous *égoïstes ou séparateurs*) et la guerre Universelle s'en suit.

En tous cas, point n'était besoin de bafouer l'Internationale des peuples, pour en venir à l'Internationale des financiers !

De ce qui précède, retenons bien ceci : c'est que la Société future (après les épreuves nécessaires) sera fondée sur l'*Ordre* et l'*Amour* ; sur l'*Harmonie* qui les contient tous deux.

Laissons passer les événements.

La terre est l'Ecole primaire de l'harmonie ; mais les écoliers ne sont pas bien forts : aussi la dissonnance est universelle dans les âmes, les couples et la Société.

Que doivent faire les disciples de l'Eternelle Vérité, les amants de l'Eternel Amour, au milieu des tempêtes effroyables, nécessaires, qui vont assaillir l'Humanité pour l'instruire, la purifier, éveiller sa conscience endormie aux sublimes possibilités ?

Leur devoir est évident.

Ils doivent s'unir à travers toutes les frontières spirituelles ou matérielles pour réaliser l'*Internationale Spirituelle*, l'*Interdoctrinale* que rêvèrent les maîtres anciens, mais qu'il ne pouvaient effectuer, ne disposant pas de moyens extraordinaires de propagande et de communications.

Répétons-le, toutes les *Doctrines-Véhicules* reflètent la même *Vérité-Une*, sous leurs formes variées qu'on peut fort bien *harmoniser*, au lieu de les opposer ; elles témoignent de l'admirable fécondité, de la splendeur de cette *Unité Divine qui est le centre des Univers et de toutes les choses qu'ils renferment.*

Que ces disciples se tendent la main, considèrent ce qui peut les unir, éloignent ce qui les divise (ou *distingue* serait mieux dire).

Qu'ils se sentent vivre dans tout ce qui vit ; qu'ils aient le culte ardent, exclusif de la divine Harmonie !

Le plus beau programme que nous puissions soumettre au cœurs généreux, aux esprits larges, *aux hommes impersonnels et désintéressés de notre époque*, est celui de l'*Harmonie Orientale-Occidentale* ; des *Indes-Chine* d'une part ; de l'*Europe-Amérique*, d'autre part.

Comment les hommes se comprendront-ils, s'ils ne *consentent tout d'abord à s'entendre* réciproquement ?

Si nous aimons véritablement la vérité, nous devons accueillir à bras ouverts, ceux qui transmettent la pensée Indoue (les Théosophes et autres), la pensée chinoise. Cette pensée orientale facilitera l'évolution de notre pensée occidentale ; elle aura surtout *l'immense avantage*, d'être un obstacle insurmontable par la nouveauté de ses formules et de ses enseignements *aux reculs de la seconde*, aux rechutes toujours à craindre de celles-ci dans les vieilles ornières. — Nous n'abdiquons, d'ailleurs, aucunement notre droit de *libre examen*.

D'autre part, nous féconderons par notre vie puissante, ces autres races, nos sœurs antiques devenues jeunes à force d'être vieilles.

L'Harmonie Orientale-Occidentale est le prélude

nécessaire et la condition de l'*Humanité-Une.*
C'est évident.

Enfin ! disons-le franchement : LES INDOUS SONT
NOS MAITRES EN SCIENCE OCCULTE.

Et pourquoi ? Parce que l'Inde est la terre clas-
sique des phénomènes extraordinaires (des yoghis
des fakirs, etc.), que les penseurs de là-bas valent
certes les nôtres, et qu'ils ont pu expérimenter,
vérifier longuement pendant des siècles ; alors que,
dans nos longues guerres, nos temps d'épaisse
ignorance et de fanatisme religieux, nous perdions
les clefs même de la Kabbale.

Or, ce n'est pas en quelques années que *nos intellectuels* peuvent reconstituer de toutes pièces la
Science antique, qui d'ailleurs n'ouvre ses arcanes
qu'aux hommes très évolués *spirituellement* par
des efforts en des longues années d'une pure contemplation, d'une ascèse formidable.

Les Indous sont nos maîtres en science spirituelle, comme nous sommes les leurs en science
matérielle.

Quoi d'étonnant ? Chaque fraction de l'humanité
a ses dons, ses aptitudes propres ; la Chine nous
apprendra le socialisme, etc. ; son vieux *Lao-Tseu*
nous parlera lui aussi de la haute science de
l'*Esotérisme-Un.*

Allons Frères de tous les pays mettons en
commun nos cœurs et nos pensées ; nos sciences
et nos aptitudes diverses !

Isolés, nous sommes impuissants. Unis, nous

serons riches de la richesse de tous, illuminés
enfin par la *Lumière éternelle* qui rayonne de la
seule *Unité-Divine*, qui se donne à ceux qui
aiment et s'unissent. — Fuyons donc ceux qui
sèment la division. Désirons avec toute l'ardeur
de notre âme l'*Harmonie et l'Amour Universels* !

(*La Curiosité*, 11 avril 1897).

POUR L'HARMONIE

Je reçois de l'*abbé de l'Etoile*, dont nos lecteurs
ont pu souvent admirer le cœur généreux, la
haute pensée, cette lettre magnifique :

« BIEN CHER FRÈRE,

« Oui vraiment, je sens l'*Universel*, et sous ses
deux aspects de *un* et de *divers*, de *Etre* et de *Non-
Etre*, de *Créateur* et de *Créé*, d'*Absolu* et de *Relatif*, de *Parfait* et d'*Imparfait*, je sens la *Vie
infinie* qui coule ou jaillit en *moi*, et je sens
comme ce pauvre *moi* étrangle, étouffe et déforme
la *Vie infinie* qui vibre en cette limite étroite. Et
je me sens uni en cette *Vie infinie*, en ce *Parfait*,
en *Dieu*, avec toutes les âmes de vie qui conféssent
de même, en toute et humble sincérité, le vice de
leur *moi*. A chacun de ceux-là, qu'ils soient de la
Théosophie, de l'Occultisme, de quelle race, de
quel culte, de quelle philosophie que ce soit, je dis
sincèrement : « Mon frère ». A tous je dirais,

s'ils pouvaient m'entendre : « Mes frères, travaillons, chacun en notre *moi*, qui est évidemment divers, en notre *milieu*, qui est différent aussi ; travaillons, au lieu de nous opposer, chacun à chacun, ce qui nous différencie, à comprendre d'abord et à faire comprendre que cette différence est la condition même du créé ; travaillons ensuite, en respectant ce qui nous *différencie*, à écarter ce qui nous *divise* et à sentir ce qui nous *unit*. Dieu est Unité, Satan est Division. Tout ce qui nous divise est de Satan, non pas de Dieu. Quiconque s'attache à ce qui divise : opinions, préjugés, habitudes, et s'en fait le champion au détriment de ce qui unit, celui-là est de Satan, sans le savoir, et se fait, fût-ce au nom de Dieu, le Chevalier de Satan. Catholiques ou libres penseurs, spiritualistes ou matérialistes, tous sont d'infirmes et aveugles sectaires, de naïfs ou odieux tyrans, dès qu'ils prétendent imposer leur *moi*, la pensée et la volonté de leur *moi*, comme le *moi universel. Il n'y a pas de* MOI UNIVERSEL. Chacun de nous sent cela, s'il a conscience de son *moi*, auquel, il le sent, tant de choses échappent, même de son propre corps, de son âme, de sa vie. LE MOI DIVIN sent, avec son infini d'Etre, l'infini du Non-Moi, l'infini du Non-Etre, qu'il transforme indéfiniment en l'ÉTERNEL DEVENIR. Sentons du moins, nous, pauvre atôme du Non-Etre, que nous ne sommes pas l'Etre et que, s'il Est en nous, nous poussant au Devenir, il est dans les autres aussi, et que nous sommes incomplets, nous aussi comme les autres. infimes et infirmes. Il est ainsi : Vérité, humilité, charité ne sont qu'un. Quiconque n'a pas la charité et l'humilité n'a pas la VÉRITÉ. Il peut connaître *une vérité* ou même plusieurs. un ou plusieurs faits partiels, une ou plusieurs fractions de ce qui est ; mais il ignore l'Etre Un. Absolu, Universel, et plus encore l'Universel Non-Etre. Dieu seul est Dieu, et Dieu est Charité ; et l'homme-Dieu est humilité, bonté et bienveillance pour tout et pour tous ; même pour Judas, au moment du baiser infâme, il eut l'accueil de l'amitié ; combien plus l'aurait-il pour le baiser fraternel de Çakya-Mouni ?

« Continuez donc, bien cher frère Amo, votre effort d'Unité et de Charité, votre prédication d'humilité. Je suis avec vous dans cet effort, et, de toute ma foi chrétienne, je bénis cette prédication sur vos lèvres et sous votre plume, comme, de toute ma foi, je me la fais à moi-même.

« Je me demande à quelle *hauteur d'ignorance* se sont donc exaltés les théologiens qui s'imaginent avoir pris pour toujours et *ne varietur* l'exacte mesure des possibilités de la nature, l'exacte limite de la religion, de la science et de la puissance. Savent-ils, ces savants, même toutes les doctrines de nos docteurs scolastiques, même seulement tout saint Thomas d'Aquin? Ce ne serait pourtant que peu de science au prix de LA SCIENCE ; que peu de théologie au prix de LA THÉO-

LOGIE ! Un peu plus d'humilité leur révélerait plus de vérité, et qu'*Opinion* n'est pas *Vérité*.

« A Dieu, frère très cher ! et à vous en Dieu !

          « *Abbé de l'Etoile.* »

Ces belles paroles se passent de commentaires.

S'il y avait dans les diverses fraternités de la Terre quelques âmes aussi nobles et sincères, l'*Harmonie* se ferait vite entre les *doctrines-véhicules* qui, sous des formes multiples, contiennent et reflètent l'éternelle *Vérité-une*.

La Terre ressemblerait à un magnifique jardin, où les plantes et les fleurs les plus variées, vivant sous les rayons d'un même Soleil, rayons qu'elles assimilent, chacun suivant sa qualité particulière, témoignent, soit par leur diversité même et leurs innombrables richesses de formes, parfums, et coloris, soit par leurs fruits aux sucs divers, de l'admirable Fécondité, de la Splendeur de Vie que renferment les rayons simples et purs du Soleil radieux. Ainsi que le dit *Philalèthe*, « Dieu est le centre, et le point d'émanation et de retour de toutes les lignes de l'Univers. »

Pourquoi veut-on que deux doctrines diverses s'excluent ?

Voilà le grand Mensonge proféré depuis les siècles par le grand criminel, l'*Egoïsme*.

Est-ce donc que chaque Moi ne puisse subsister en présence des autres et doive les détruire ?

Ainsi la querelle des doctrines se ramène à la querelle des Moi.

Entre ces *Moi*, il n'existe que deux sortes d'Existences possibles : l'*Harmonie* ou la *Dissonance*. Et la vieille querelle humaine se résume encore une fois, ainsi :

S'aimera-t-on ? Ne s'aimera-t-on pas ?

Actuellement, l'Europe semble préférer la politique des Brutes ; aussi pouvons-nous sans hésitation lui annoncer les pires destins. Car la seule Paix véritable est celle de l'*Amour Universel*.

La ligue des intérêts est éphémère. Il vient un jour où ces intérêts s'opposent ; alors, c'est la Guerre.

L'Egoïsme étant plus effroyable qu'il ne fut jamais ; nous ne pouvons donc annoncer la *Paix Universelle* avant le passage des grandes épreuves.

Mais nous pouvons parler d'Idéal aux quelques âmes fidèles qui subsistent.

Elles réaliseront la Paix, l'Harmonie en elles-mêmes et entre elles, et constitueront le Réseau d'Amour et d'Espérance, qui, dans les siècles futurs, réalisera l'*Humanité-une*, ère de magnificence, de lumière et de joie, dont l'*Harmonie orientale-occidentale* est le Prélude nécessaire.

Prouvons, donc aujourd'hui même, à ces âmes, que leurs espérances furent celles de toutes les grandes âmes ; prouvons-leur que la *Loi d'amour* est la *Loi de la Vie* ; que les événements actuels sont la conséquence naturelle de son abandon.

Une Société qui se fonde sur le *Désir* matériel et exclusif s'écroule fatalement dans la Haine et la Boue.

Voici d'abord Eliphas Levi : « LE CIEL EST L'HARMONIE DES SENTIMENTS GÉNÉREUX.

« L'ENFER EST LE CONFLIT DES INSTINCTS LACHES.

Quand l'humanité, à force d'expériences sanglantes et douloureuse aura bien compris cette double vérité, elle abjurera l'enfer de l'égoïsme pour entrer dans le ciel du dévouement et de la charité chétienne. »

Il est impossible de mieux résumer en quelques mots l'essence du problème social et du problème spirituel, *qui sont inséparables*, en dépit de toutes les affirmations orgueilleuses contraires.

Écoutons maintenant le divin *Paracelse* nous chanter les douceurs de l'Unité : « La hache est au pied de l'arbre, le sang coule sur le sang, et, comme dit le prophète, il n'est personne qui s'inquiète de Dieu parmi les hommes, il n'en est pas un qui le cherche. Mais les prophètes et les évangélistes ont maintenant pour mission de nous rappeler à la concorde et à l'unité ; l'unité est dans la triade divine, et la triade se résume dans l'unité ; c'est ainsi que, dans les sociétés humaines, l'unité, la paix et la tranquillité doivent se produire. Lorsque l'unité se brise, la pluralité des pouvoirs engendre immédiatement la discorde et la guerre ; il y a autant d'opinions que de tête, chacun veut faire triompher la sienne ; dès lors plus d'harmonie possible; dans l'unité! est le repos avec l'abondance de la paix. Oh! qu'il est délicieux qu'il est bon! à des frères de demeurer dans l'unité s'écrie le prophète David. L'unité est le bonheur de toutes les créatures. Les cieux n'ont qu'une seule loi pour produire, celle de l'amour, et elle donne toujours son fruit dans son temps. Tout obéit à l'unité, excepté Satan et l'homme....

« Quand les choses sont poussées à l'extrême, l'arc trop tendu se brise, et les hommes sont emportés par une loi fatale vers une extrémité contraire, puis l'équilibre se fait quand le mouvement se ralentit. Ainsi de crime en crime la corruption s'usera d'elle-même, et qui pourra s'en attrister? Voici venir le salut des multitudes, et la rédemption vaincra le royaume du mal. Qui ne serait impatient des jours meilleurs où l'unité nous sera rendue et où nous vivrons en paix sous un seul pasteur! Alors, plus de tourments, plus d'injustice, le baume descendra sur la barbe vénérable du grand prêtre; la bénédiction, la lumière, la gratitude envers le ciel, se répandront d'elles-mêmes sur les enfants de l'unité! »

Rappelons que Paracelse a vécu de 1493-1514.

Il prophétise clairement le règne de l'Unité qui sera l'Etre de l'*Amour universel* et de l'*Harmonie*.

L'orgueil caractérise tellement notre époque, qu'on ne saurait aujourd'hui tracer les lignes principales de l'*Ordre social* parfait sans provoquer les révoltes d'âmes sincères, mais ignorantes.

Nous nous tairons donc jusqu'à ce que le mauvais agent du *Désordre* ait épuisé sa monstrueuse et funeste progéniture.

Aujourd'hui, nous souhaitons avec ardeur l'*Harmonie* entre les disciples de la *Vérité une*, à travers tous les partis.

Oui, *cherchons ce qui doit nous unir* d'abord.

On verra plus tard combien superficielles sont les divergences qui proviennent surtout de la *diversité des langages* et de la mauvaise foi des hommes qui veulent imposer leurs interprétations personnelles ou leurs rancunes individuelles.

L'aspiration de l'âme spirituelle est la même dans tous les pays et les temps. Le même Soleil spirituel éclaire toutes ces âmes.

Qu'importe la forme du Culte et qu'importent les noms variés de la divine Essence et de ses manifestations ?

« Le Père en secret », le Rayon divin qui nous attache à l'Absolu, notre véritable Rédempteur, vers lequel notre âme doit se tourner, avec lequel *elle doit s'unir*, « le Père des Lumières », le *Soi* supérieur des Théosophes, le Christ des Chrétiens, le Seigneur *Krishna* de la sublime *Bhagavad Gita*, *est le même* pour tous et partout.

Quiconque adhère à cette Vérité primordiale est sauvé pour toujours. *La Paix infinie*, une joie vive et profonde rempliront son âme. Cette Paix, cette Joie témoignent de *l'éternelle Vérité*, de même que le Trouble et la Tristesse sont le fait des Ténèbres.

Que le *Moi* se garde de l'Orgueil, qu'il se garde de l'Impureté, car les Cœurs purs, les Esprits humbles peuvent seuls pénétrer les divines Merveilles. Tous les Sages du Monde l'ont affirmé. Ceux qui ne sont pas prêts se détourneront.

Que tous ceux dont, à l'exemple de l'abbé de l'Etoile, les regards s'ouvrent à la PURE LUMIÈRE INCRÉÉE, OMNI-PRÉSENTE, *source de toute vie, de tout amour*, sachent se tendre la main et s'unir de cœur, à travers tous les partis de toutes les races.

Hors de l'*Harmonie universelle*, les hommes ne goûteront que déboires et douleurs sans fin.

(*Paix universelle*, 30 avril 1897).

LE CONGRÈS DE L'HUMANITÉ

Le Congrès de l'Humanité est essentiellement le Congrès de la *Marche en avant* et de l'*universelle Solidarité*.

La *nouvelle Humanité* s'y formulera clairement pour la première fois.

Tous les vieux partis sont conviés ; mais, pour entrer dans cette *Synthèse d'Amour et de Lumière*, qu'ils abandonnent leur esprit d'antagonisme étroit !...

Ils pourront alors prendre leurs places respectives dans l'*immense Harmonie* vers laquelle s'acheminent les hommes, les peuples et les races.

Le programme du *Congrès de l'Humanité* est fort simple :

1° Ouverture des séances par un *Vœu unanime d'Amour universel*.

2° Exposition libre des doctrines et espérances, sans contradiction.

3° Fermeture par un *Vœu unanime d'Amour universel*.

Le règne de l'Amour est celui de l'Harmonie universelle, du Droit et de la Justice pour tous, fondé sur le *Devoir fraternel* et le *Dévouement* à l'*Humanité-une*. Puisse-t-il nous affranchir bientôt du *honteux despotisme de l'Or*, de ce règne monstrueux qui ne subsiste que par la Corruption !

Spiritualistes, matérialistes, philosophes, socialistes, croyants et positivistes, hommes ou femmes....., tous ceux que le Souffle d'Amour enlève et pousse invinciblement vers les jours radieux et si doux de la *Solidarité universelle*, pourront se faire entendre.

Des aspirations magnifiques, confuses jusque-là, se déploieront tout à coup.

Indous, Chinois, Musulmans, Européens de toutes nations, Américains du Nord et du Sud, les vieilles races et les jeunes, tous les aspects de l'*âme humaine*, toutes les variétés de l'*Intelligence humaine*, assemblées pour la première fois dans une *fête de famille*, se chercheront par le cœur se sentiront, se comprendront.

Si la *grande Unité* les enveloppe, les transfigure,

ce sera pour la plus grande richesse et vivification des *variétés mêmes.*

On verra qu'il ne faut rien briser, rien détruire ; mais TOUT HARMONISER. La multiplicité même des notes lorsqu'elles concourent à l'Accord, à l'Unisson, en constitent la Beauté, le Charme.

Quelle vive Lumière jaillira de tous ces échanges du cœur et de la pensée, quelles magnifiques possibilités viendront, innombrables, tisser les plus superbes programmes d'avenir, préparer les *travaux grandioses sur tous les plans,* enlever d'un bond formidable la Pensée humaine, loin des bas abîmes, vers les sommets étincelants d'un Savoir, d'un Pouvoir, d'un Bonheur sans limites et sans fin. Quelle Vie nouvelle, quelle jeunesse d'âme, quelle fraîcheur d'aspirations, quel renouveau, quel printemps !...

Quelle Ivresse universelle, *au temps de l'Amour !*

Quelle révélation, à peine soupçonnée des plus grands cœurs, jusqu'à ces jours bénis !

Le Rideau sombre sera déchiré. Toute l'Humanité contemplera la *sublime Beauté* qui la doit revêtir.

Notre siècle sera pardonné par toutes les générations futures ; il aura conquis l'Immortalité.

Il s'appellera le *Siècle de l'Aurore*... Il aura, malgré ses contradictions, ses erreurs, ses défaillances et ses brutalités, élevé pour toujours le *Phare du Progrès véritable,* de l'Espérance infinie pour tous les hommes...

Nous continuons l'œuvre des grands apôtres, des grands humanitaires, des grands penseurs de tous les temps et pays, de nos philosophes, de nos poètes nationaux, Victor Hugo, Lamartine, etc., l'œuvre des aspirations continues de l'homme à travers les siècles.

En route donc ! Que tous les hommes de cœur nous soutiennent.

Celui qui se voue au grand Idéal connaît les plaisirs les plus purs d'ici-bas.

Qui fait son Devoir, qui aime tous ses frères mérite seul le Bonheur véritable.

.(*Paix Universelle*, 15 mai 1897).

L'UNITÉ DES GRANDES AMES

Lorsqu'on s'élève hors des ombres terrestres jusqu'aux régions simples et divines de la Pensée pure, on s'aperçoit qu'en dernière analyse le *Moi*, quel que soit le temps ou le pays, se trouve en présence de deux chemins.

Ou bien il tourne son Amour vers lui-même ; alors, c'est l'Egoïsme, l'Orgueil, la Division, la Haine, la Guerre, le *Mal* sous toutes ses formes.

, Ou bien, il tourne son Amour vers le Rayon divin, « le Père en secret », qui le rattache à l'Unité suprême, au Centre radieux de l'Univers et des choses; alors, c'est l'Harmonie, l'Humilité, l'Union, l'Amour, la Paix, le *Bien* sous toutes ses formes.

Qu'un Chinois tourne son âme vers le *Dieu-un* ; qu'un Européen tourne son âme vers le *Dieu-un* : ils s'élèvent aux mêmes sphères spirituelles et divines et *s'unissent* dans le monde des âmes, puisqu'il n'y a qu'*une Unité*.

Qu'on fasse donc un ardent Effort du cœur et de la pensée pour s'enlever un instant vers ces Régions sublimes de l'Unité, vers cette *Patrie éternelle* de l'Amour pur et de la Lumière, on verra que *toutes les grandes âmes s'unissent nécessairement*.

Qu'importent les formulations externes dont la valeur est juste celle des ombres et des nuages terrestres !

Nous énonçons donc ainsi la VÉRITÉ SOLAIRE, que peu de regards, hélas ! contempleront, au contraire du Soleil physique, que tous les yeux aperçoivent :

TOUTES LES GRANDES AMES, ÉTANT UNE AVEC L'UNITÉ, SONT UNE ENTRE ELLES.

Elles sont une à travers le temps, l'espace et tous les mondes ; *elles sont une réellement*.

Notre siècle, mis en éveil par le vulgaire phénomène de la Télépathie, peut concevoir *la resplendissante Réalité, les divines Harmonies, la céleste Simplicité*, qui domine, à jamais immuable et sereine, toutes les apparences au milieu desquelles notre Ignorance se meut.

Le Christ est un avec l'Unité divine.

Les saints Yoghis de l'Inde, les Mystiques purs s'unissent partout à cette même Unité.

Donc, les grandes âmes indoues, Bouddha, etc., les grandes âmes chrétiennes, le Christ, etc., sont une dans la *Réalité divine*, qui dépasse infiniment toutes nos étroitesses de cœur et de pensée.

Le Christ a seul parlé publiquement *pour tous les hommes*, d'Amour universel ; prédication sanctionnée par le Sacrifice.

Les Temps de l'Humanité-une seront ceux de sa Glorification, en vertu même de son Témoin, l'Evangile.

Il fut un missionnaire particulier sur la Terre.

Mais, rappelons bien que son nom, son âme doivent servir à unir tous les hommes, non à les diviser.

Nous sommes trop ignorants, trop petits, pour apprécier la hiérarchie divine.

Nous savons que *toutes les grandes âmes appartiennent à la même* LOGE SAINTE, *qu'elles sont une dans l'Amour pur*.

Ne transportons pas nos divisions, nos classifications, *nos conflits* aux sphères suprêmes où règne la pure *Harmonie*, dans la Lumière et l'UNISSON.

Aspirons, nous-mêmes, à cette Union magnifique ; aspirons à cet *Amour*, à cette *Harmonie* qui sont la *Vie divine*, intense, adorable, éternelle.

Par la *Pureté-Abstraction*, par l'*Amour-Union*, nous nous y dirigerons.

Unissons notre Volonté avec la Volonté-une qui régit l'Univers

Alors, nos ténèbres s'illumineront ; alors, la Sagesse mystérieuse nous inspirera ; alors, nous retrouverons la Paix infinie, le Bonheur pur, le Ravissement sans fin qui est notre héritage et celui de tous les êtres.

Alors, nos existences, régies par la grande et bonne Loi de Justice parfaite, iront s'épurant, s'embellissant, s'illuminant.

Nous marcherons toujours vers plus d'Amour, toujours plus de Lumière.

Nous retrouverons nos privilèges perdus, les divines Richesses que nous pleurons.

Sauvés, unis, nous nous élancerons, à notre tour, au secours des Humanités naissantes, afin de participer en pleine conscience à la merveille éblouissante de la Vie éternelle, de l'*Amour sans limites.*

(*Paix universelle*, 15 mai 1897).

II

ÉTUDES DIVERSES

SE RATTACHANT AU

CONGRÈS DE L HUMANITÉ

ÉTUDES DIVERSES

SE RATTACHANT AU

CONGRÈS DE L'HUMANITÉ

LA BONTÉ

Parmi les sectes qui se disputent l'empire de la terre en se frappant réciproquement à grands coups de la *lettre qui tue* et qui sert surtout à désigner les ambitions humaines ou l'action *des forces des ténèbres*, il en existe peu qui ne reconnaissent pas *la bonté* comme attribut principal de leur Dieu. D'ailleurs, on ne saurait présenter aux hommes une face divine qui n'ait pas ce caractère de bonté, tant celle-ci est nécessaire au monde, la condition essentielle de la conservation et de la vie.

Combien, par suite, il serait plus simple d'adorer la *bonté*[1] ! N'est-ce pas elle qui est aimée uni-

---

[1] Le grand obstacle qu'on rencontrerait à la propagation des idées religieuses du genre de celles exprimées par Amo est que tous les grands systèmes théologiques, tous les cultes jouissant de quelque faveur des foules sont fondés sur des conceptions anthropomorphiques de la divinité. La grande majorité est peu susceptible d'abstraction.

A la lecture de l'article ci-dessus, une dame, qui passe pour instruite et intelligente, s'écria : « Mais comment veut-il qu'on

versellement, qui manque aux hommes et que les hommes cherchent, que les prophètes, les saints, les Bouddhas, les Christs, les Messies en général sont venus nous révéler ?

Ne suffit-il pas de la chercher partout, de la prendre pour guide, de s'y conformer intimement, et, peut-on penser que l'homme qui n'aura eu qu'un culte dans sa vie, celui de la *bonté*, soit dans l'erreur et mérite damnation ?

Il suffit de poser la question pour la résoudre : le fait répond *non*, le cœur répond *non*, la raison répond *non*.

Je dis : le fait répond *non*. En effet, tout homme bon dans tous les pays et dans tous les temps est considéré comme une *bénédiction*.

Tous l'aiment et aspirent à son approche. Tous sentent qu'en lui le divin est présent. Les pouvoirs magnétiques dont il dispose pour la guérison de

« adore la Bonté ?... çà n'a pas d'existence objective ! On adore « quelqu'un qui est bon ; mais adorer la bonté... je ne com- « prends pas !... Qu'en pensez-vous, mon père ? — En effet, « répondit le jésuite interpellé ; c'est de la philosophie, cela, « et non de la religion. »

Je jugeai d'autant moins utile de discuter que, peu de semaines avant, un prélat distingué de la Cour de Rome m'avait écrit : « Je ne sais pas ce que vous entendez par « *conception anthropomorphique* ; je connais bien des prêtres, « et je vous assure qu'aucun n'est anthropomorphiste, comme « vous dites ».

Il y paraît.

Mais tout ceci est accessoire. Qu'on adore Dieu sous une forme, n'importe laquelle, ou sans forme, l'essentiel c'est la sincérité et l'amour. — M. D.

ses semblables, qu'il soit chrétien, derviche ou yoghi, le prouvent surabondamment.

Adorez la BONTÉ SUPRÈME et tendez toutes vos forces vers elle ; parfois, elle s'incarne dans les médiums divins, et ceux-ci répètent tous : *Aimez-vous les uns les autres.* Sachez la reconnaître partout. Pensant que nous sommes tous enfants du même père, dites-vous que ce père ne doit abandonner aucun de ses enfants.

Il n'y a de vraie religion que celle de la *Bonté*. Elle est universelle.

Les cultes ou modes de culture sont d'autant plus parfaits qu'ils tendent davantage à la développer parmi les hommes, à rendre ceux-ci plus profondément *meilleurs*.

(*Paix universelle*, 15 octobre 1894).

ALTRUISME

Celui qui aime les autres, réellement, avec son cœur (et non seulement théoriquement), fait la volonté de Dieu, aime vraiment Dieu et aime vraiment soi-même. C'est là ce qu'il faut nettement *sentir*, car les discussions des mots ne servent à rien.

Celui qui est bon pour tous ses frères ne s'anéantit pas [1] ; il se divinise, au contraire, car il est comme un Dieu vivant pour les autres.

En soi-même, il conquiert la véritable individualité qui exige évidemment le sacrifice de sa personnalité extérieure.

Celui qui vit pour l'*Amour*, non seulement se sent envahir par une chaleur intense, et connait les plus grandes voluptés d'âme, mais il *se* ressaisit nettement, dégage sa conscience des vapeurs de l'illusion ; perçoit directement *les vrais*[2] ; voit la simplicité là où tout lui paraissait la complexité ; l'Unité où tout lui semblait division, et sent ses facultés d'adoration, ses aptitudes *à la vraie prière*, *à la réelle sublimation,* s'acroître de jour en jour.

Il vit de la vie universelle et divine.

Tout s'illumine à ses yeux, et *le pouvoir même* lui est donné, par surcroît.

L'altruiste NE VEUT RIEN ANÉANTIR MAIS TOUT HARMONISER. Il constitue le lien nécessaire pour tous les éléments épars, égoïstes, qui, par son intermédiaire, se trouvent solidarisés en un tout

---

[1] Réponse à une objection étrange ainsi formulée : « Sous le « prétexte de ne voir que les autres et de perdre de vue leur « propre personnalité, les altruistes ne visent à rien moins qu'à « anéantir l'humanité en détruisant ce qu'elle a de vivant et « d'éternel. » L'auteur de cette objection confondait évidemment la personnalité transitoire avec l'éternelle individualité. De même cet autre, craignant de *se disperser* s'il adoptait le mode d'action diffusif de l'amour ! — M. D.

[2] Et non le Vrai, qui demeure au-dessus de toute perception. — M. D.

harmonieux, *sans qu'aucun ait été sacrifié*, sans qu'aucune initiative ait été entravée.

Il lie les hommes comme la lumière lie les étoiles, conciliant leur liberté avec leur solidarité dans l'unité.

Que deviendrait l'organisme du corps, si les cellules n'étaient solidarisées par un intermédiaire plus fluide, plus homogène et plus pur, en quelque sorte, qu'elles-mêmes, quoique de même essence?

Celui qui aime réellement aime tout[1] :

Dieu, les autres et soi-même, l'Etre et la Vie, l'Intelligence, la Sagesse et l'Amour.

Gardons-nous donc des mots qui divisent, ne prononçons que ceux qui unissent !

Les mots engendrent tous les maux.

« La lettre seule particularise et divise, l'esprit « éclaire, anime et unit, » m'écrivait Alber Jhouney, qui, aujourd'hui encore, m'adresse les belles paroles suivantes :

---

[1] Chose presque impossible à faire comprendre et difficile à éprouver en notre siècle de particularisme à outrance ! — Comment, parce que je hais, pour trop de sérieuses raisons cet homme qui vola ma fortune et réduisit ma famille à la misère, vous prétendez que je n'aime véritablement ni ma femme, ni mes enfants !!.. — Hélas ! que répondre ?

Pour se consacrer à la retraite et à la méditation, le Boudha Shiddarta Çakya-Muni quitta sa jeune femme alors enceinte. Elle l'attendit fidèlement pendant de longues années ; et, lorsqu'il revint déjà glorieux par sa sainteté, elle lui reprocha tendrement son abandon. « O ! Yasôdhara, lui répondit le Seigneur « de Compassion, je ne t'ai jamais tant aimée que depuis que « j'aime toutes les créatures en toi ! » — M. D.

« Continuons donc nos efforts, en aspirant toujours
« vers une synthèse plus haute et plus large. Que
« l'union embrasse toute l'humanité et l'élève toute
« entière en Dieu !

« Les socialistes cherchent Dieu sous le nom de
« Solidarité et de justice, les matérialistes eux-
« mêmes le cherchent sous le nom de force et de loi.

« Les innombrables rayons poussés à bout con-
« vergent sur un seul centre. Plaçons-nous au centre,
« non pour nous y renfermer, mais pour nous y
« ouvrir à tous, en ouvrant à tous le centre divin ! »

Oui, donnons avant tout l'exemple de la fraternité,
car aucune théorie n'a l'éloquence du fait; unissons
nos cœurs en vue du salut commun, du triomphe
de la sainte Vérité parmi nous.

Tout se rapporte à l'Unité : Altruisme, charité[1],
Amour, c'est la même chose. Beau, bon, vrai,
c'est l'Unité divine conçue soit dans la forme, soit
dans le sentiment, soit dans l'intelligence.

Conservation de l'énergie, justice, raison, c'est
la même unique loi d'équilibre vue en aspect
matériel, soit par le sentiment, soit par la pensée ;
c'est par elle que s'opèrent les mises en équation
sur tous les plans.

Pour connaître l'Unité, vivons dans l'UNION.

[1] Nous faut-il, malgré le contexte, préciser qu'Amo ne parle
point ici de l'Aumône ?.. Certains ont défini la charité : orgueil
de pervers dilettantisme, de politique hypocrisie, permettant
d'humilier par un don d'argent. Hélas ! pour qui formula cette
définition. Hélas ! pour ceux qui la méritèrent ! — M. D.

Aimons. L'Amour toujours actif et expansif, enthousiaste et rayonnant, sera le divin magicien de toutes les transformations idéales en nous-mêmes et dans les autres, le céleste ouvrier du Grand Œuvre, le guide sûr qui nous conduira au port, à travers toutes les embûches et les précipices *des erreurs qui sont légion*, et nous déposera dans LA PAIX, au sein de la Vérité une, de l'éternelle Unité, suprême Bonté, souverain Bien, but de toutes les adorations, espérance, extase et volupté dernières, possession extrême que, dans le *profond* SILENCE, notre âme peut pressentir, cessation de tout désir.

(*Paix universelle*, 31 octobre 1894).

PEUPLES ET NATIONS

UNITÉ DE LA TERRE

La patrie des chrétiens devrait être L'HUMANITÉ; *leur apostolat*, LA PAIX. Puisque, par leur alliance avec César, beaucoup ont failli dans cette mission, menti à leur origine, disons quelques mots de ces graves questions : Patrie, Internationalisme.

Car, si nous avons le véritable amour de la Fraternité universelle dans le cœur, nous devons y conformer nos pensées, nos paroles et nos actes.

Patrie, pays père, c'est solidarité. La solidarité s'effectue autour du *foyer commun*, dans l'ordre matériel, d'où les assemblages qu'on nomme *peu-*

ples; ou bien autour d'un *principe commun*, dans l'ordre spirituel, d'où les organismes qu'on nomme *nations*[1].

On m'accordera, j'espère, que la spiritualité doit dominer la matérialité, que la liaison des cœurs et des intelligences est plus belle et plus précieuse que celle des corps, que la *nation* (solidarité autour d'un principe spirituel) est supérieure au *peuple* (groupement matériel).

Il y a des patries religieuses, séparées par des frontières religieuses, comme la Juive, la Mahométane, et il y des patries séparées par des frontières matérielles, comme la France, l'Allemagne, etc.

Les Juifs constituent une *nation* qui a des principes à travers des *peuples* qui n'en ont plus ; cette nation domine de toute son unité les peuples divisés et... en tire parti...

Ceux-ci ne voient plus en elle (naïvement étonnés cependant de sa conservation) que des débris dispersés et impuissants, ce qui est d'un jugement aveugle et superficiel.

Elevons-nous davantage, et nous verrons que la *nation juive*, restée *une*, représentée par tout fils d'Abraham auquel Jéhovah a promis la terre, s'est répartie dans son grand jardin où sont *parqués*

---

[1] J'ai lu, sur le même sujet, bien des volumes dont la totalité ne m'a pas donné tant de clartés que ce simple petit paragraphe, incisif et précis comme une formule algébrique. Que nous voici loin de l'art décadent ! — M. D.

les peuples. Que lui importe d'être patriote français en France, patriote allemand en Allemagne! Elle n'en reste pas moins la nation juive pour cela.

Pour le Musulman, la patrie est partout où flotte le drapeau de l'Islam, où se trouve un adorateur du *Dieu un*, dont Mahomet fut le prophète.

Croira-t-on que je vais blâmer juifs, musulmans, au sujet de leur conception de *patrie*, si différente de celle des peuples d'Europe ? Il n'en est rien. La nation, je le répète, est supérieure au peuple. C'est un pas en avant dans la vie de la spiritualité et de l'intelligence. Les questions de croyance, d'ailleurs, priment toujours les autres (les matérialistes mêmes *croient*, ils croient au néant). Aussi l'apparente solidarité matérielle est-elle loin d'avoir supprimé les guerres civiles, intestines (élle favorise, en outre, l'état de guerre générale en Europe). Catholiques et protestants français se sont déchirés jadis. Où était la patrie, là-dedans ? Deux patries religieuses se combattaient dans la même patrie matérielle.

Que l'unification se fasse dans les principes élevés, que l'amour de la Paix descende dans les cœurs de tous les hommes et, après la cessation des guerres d'idées, après l'harmonisation des patries intellectuelles et religieuses, viendra facilement celle des patries matérielles.

C'est donc la *Parole* qui sauvera les hommes, car tous leurs efforts sur le plan matériel n'abou-

tiront qu'à la ruine générale et à l'imminence de
guerres effroyables et interminables.

Le ventre est *mauvais conseiller*, ce ventre dans
lequel se résume le corps social actuel, réclamant
pour sa défense un bras monstrueux, et l'asservissement, sinon l'anéantissement de la tête et du
cœur.

Peuples, la Paix n'est pas où vous la cherchez,
ni la sécurité où vous l'espérez.

Gardez-vous du *faux patriotisme*, fermez l'o-
reille à ces voix lugubres qui, dans la nuit actuelle,
vous crient :

« Volez, mentez, souillez... au jeu ! à la débau-
che ! qu'importe !... Mais fondez des canons, des
fusils, entretenez les funestes malentendus qui
permettent de continuer l'écrasement des peuples
sous le poids des armées, de spéculer sur le travail de la masse au profit de quelques-uns, de
ruiner, tondre les mêmes moutons... marqués
pour l'abattoir, promis aux futures boucheries. »

Ohé ! chrétiens ! Est-ce que Jésus est venu vous
enseigner cela ? Vous disant que tous les hommes
sont frères, a-t-il ajouté : vous Allemands, il faudra exterminer ces gueux de Français ; vous
Italiens, rêverez l'anéantissement de ceux qui
vous ont délivrés ; vous Anglais, mon peuple
évangélique, bâtirez votre fortune sur les ruines
de la terre ?

L'Europe et la Chine sont en présence. Les
Chinois se sont constitués en *nation* sur un prin-

cipe, celui de la *famille*, propriétaire du sol qu'elle cultive (division de la propriété qui assure la conservation de la famille).

Tout Confucius, leur grand moralisateur, peut se résumer ainsi :

Lorsque la famille est unie, il y a de bons fils, de bons frères, de bons époux, de bons pères, de bons amis, de bons serviteurs, de bons magistrats, de bons ministres et de bons gouvernants, partout de la loyauté. Quand la famille est détruite, c'est la fraude et le désordre qui, de proche en proche, ruinent l'état social.

Sur cette simple morale, sur le culte de la famille, et, par suite, naturellement, sur celui des ancêtres, 500 millions de Chinois ont vécu en paix.

Qu'ils aient été divisés en peuples, par des frontières matérielles (comme les 450 millions d'Européens divisés en une trentaine de sociétés à intérêts différents, souvent opposés), c'était la guerre perpétuelle au lieu de cette paix dans cette grande amélioration.[1]

Nos maîtres modernes disent volontiers, dans l'intimité, que l'idée de patrie même est illusoire, *c'est le dernier culte forcé.* Ils ajoutent : Que deviendrons-nous si cette illusion disparaît ? — Mais

---

[1] L'histoire peu connue de la Chine semble, en effet, montrer que les troubles, assez rares, du reste, qui ont agité ce vaste empire n'ont été dûs qu'à des éléments étrangers vite assimilés. Tous les conquérants de la Chine ont fini par devenir Chinois eux-mêmes. — M. D.

alors ! leur répondrai-je, si cette illusion vous
paraît bonne, vous avez été bien téméraires en
détruisant toutes les autres dont quelques-unes,
peut-être, étaient bonnes aussi ; et, lorsqu'une
illusion est bonne, je ne sais pourquoi, il me semble qu'elle doit renfermer du vrai.

Il n'y a plus que de la matière, criez-vous, et,
d'autre part, vous refusez même cette matière
(avec ses basses jouissances) à la grande *masse*, et
vous vous étonnez que cette *ombre* de troupeaux,
d'ombres, fruit d'un étrange cauchemar du néant
qui la rappelle, vous vous étonnez, dis-je, que cette
grande masse bouillonne, enfin, pour tout de bon,
et menace !..

Que la patrie soit matérielle, intellectuelle ou
religieuse, dans tous les cas, je ne m'étonne pas
de la voir caressée par notre affection.

C'est la famille, c'est l'école du devoir. L'Angleterre prend sa force dans la famille ; mais, à côté
de la petite famille, il y a la grande famille.

A côté de la petite patrie, il y a la grande patrie,
LA TERRE.

Tous ceux qui rêvent de fraternité universelle
sont internationalistes ; nul homme de cœur ne
peut blâmer ce rêve.

Quand les peuples commercent ensemble, ils
font de l'*internationalisme*. Les expositions universelles ou *internationales* sont provoquées pério-
diquement. Quand les Congrès scientifiques ou
humanitaires se réunissent, c'est l'*esprit internationaliste* qui les rassemble.

L'internationalisme de l'argent !... Qui donc oserait le nier à l'heure actuelle ?

Il n'y a pas d'arbitrage entre peuples qui ne soit une conception née de *l'internationalisme*, épris lui-même du sentiment d'une solidarité supérieure aux solidarités locales, et les complétant.

La division en peuples, c'est la guerre perpétuelle.

L'internationalisme ou Fraternité universelle, c'est la Paix.

La *guerre* est fille de la division ; la *paix* est fille de l'Union.

Hommes, vous êtes solidaires. Vous vous battrez et souffrirez tant que vous ne connaîtrez pas cette *Loi* !

Faut-il donc qu'aujourd'hui encore la mauvaise foi et l'ignorance osent désigner à la vindicte publique ceux-là qui rêvent *Paix et Fraternité Universelles* ? Par quelle étrange aberration ne flétrit-on pas, au contraire, les agents de toutes les divisions qui ruinent et désolent notre globe ?

C'est l'esprit du mal qui maintient l'idée de la guerre et de sa nécessité. C'est la bête immonde et fraudeuse qui enveloppe depuis de longs siècles dans ses gigantesques anneaux l'humanité étouffée et désespérée.

Maudite soit-elle !... et puissent tous les hommes répéter le même cri avec moi.

Les Etats-Unis d'Europe donneront la Paix aux peuples constituants, de même que la France unifiée (ce fut l'œuvre d'une Monarchie jadis glorieuse), donna la paix et la sécurité relatives aux morcellements innombrables de la France féodale.

J'ai appelé l'attention sur la patrie religieuse ou nation, j'ai montré sa supériorité sur la patrie matérielle ou peuple ; enfin, je fais voir que l'idée même de nation, quoique supérieure à celle de peuple, est inférieure à celle d'internation ou *Nation Une* de la terre qui est l'organisation vers laquelle nous tendons actuellement.

Car il viendra un temps où toutes les fonctions *matérielles, intellectuelles, religieuses* (d'où résultent tant de multiples patries) s'entrechoquant, seront supprimées[1], où tous les hommes comprendront l'*Unité* et n'auront plus qu'une religion, celle de la *Vérité-Une*, religion éternelle, universelle, qui n'est, pour l'heure, que l'apanage de quelques uns (dont la chaîne est cependant ininterrompue à travers les temps et les espaces).

Dès aujourd'hui, aimons *avec tous ceux qui aiment*, prions *avec tous ceux qui prient*, et sachons que toutes les prières ardentes et sincères s'élèvent vers la *même pure région* et que tout s'y confond dans la divine Unité, dans l'*Esprit pur*.

Evitons les mots susceptibles de déchaîner les haines aveugles qui y sont attachées, toutes filles de l'égoïsme, qui est le mobile principal de tous ceux qui les cultivent.

[1] En tant que causes de divisions. — M. D.

Déclarons-nous franchement pour la *fraternité universelle de l'humanité, sans distinction de sexe, de rang ou de croyance* (formule des théosophes).

Les mots: patrie, internationale, perdront la force de leur magnétisme mauvais.

Désirons par-dessus tout le triomphe de la vérité et soyons, en toutes circonstances, ses chevaliers, prêts à lui sacrifier notre vie et nos intérêts terrestres les plus chers.

La bonté est la manifestation sensible aux hommes de l'*Unité-Divine.*

Cette bonté veut s'étendre à tous les êtres.

Elle nous défend d'être hypocrites en parlant de paix d'une part et en armant des canons d'autre part. (Je reconnais cependant que les peuples d'Europe ne pourront désarmer qu'*ensemble* et que la France doit rester forte, *conserver son homogénéité intérieure, mais en manifestant sans cesse le désir de paix universelle*).

Evoquons la NATION UNE, espérance commune de tous les hommes de bonne volonté.

Que toujours la sublime formule de la Bhâgâvad Gîta (le chant du bienheureux, poème hindou) soit la nôtre, notre épée flamboyante, notre bouclier magique, notre divin talisman :

QUE TOUS LES ÊTRES SOIENT HEUREUX !

Ceux qui n'aiment pas sont malheureux.

Parlons-leur d'Amour !

(*Paix universelle*, 30 novembre 1894).

L'ADORATION DANS LES FORMES
ET LA FOI PARFAITE

Ceux qui ne peuvent reconnaître le Divin en dehors des formes qui l'incarnent, sont semblables à ceux qui ne sauraient reconnaître l'eau en dehors de la carafe qui la contient.

La *grande Ame* alimente toutes les petites âmes.

Elle est à peine voilée chez les Christs, les Bouddhas, soleils de l'Humanité.

Elle est obscurcie chez le reste des hommes, cachée à nos regards au centre de tous les êtres ; mais elle est partout présente.

Heureux qui sait contempler dans l'Universel ; heureux qui pressent les courants d'*Amour* qui l'animent et dans lesquels se baignent et se vivifient l'atome le plus infime, l'étoile la plus majestueuse ! Heureux, mille fois heureux, qui entend à son oreille le doux murmure de la *Délivrance*.

Mais, par la *Raison d'Amour* qui préside à l'Univers, la *grande Ame* se manifeste discrètement ; la contemplation des océans et des courants d'*harmonie* qui l'enveloppent et sur lesquels repose tout ce qui est *manifesté*, ravirait prématurément la *céleste Psyché*. Les biens célestes, la joie des Anges, l'homme les doit conquérir librement ; c'est à travers des formes adaptées à la faiblesse de son regard et progressivement plus *pures*, que son *Adoration* s'exerce, que son *Amour* reconnaît son *Objet*, et se dilate à l'infini.

Le problème de l'Etre est le seul qui intéresse réellement l'Humanité, de même que la question sociale se résume ainsi depuis des siècles : *S'aimera-t-on ? Ne s'aimera-t-on pas ?*

Pour la solution de ce *problème, aucun fait n'est insignifiant* ; c'est fort témérairement que nos petits savants orgueilleux prétendent restreindre le domaine de nos recherches en n'acceptant que le fait physique pouvant être reproduit à volonté dans leurs laboratoires.

Dans leurs cornues qui génèrent surtout la sophistication, jamais ne descendra l'idéal ; sous leurs infâmes scalpels de vivisecteurs, ils ne trouveront jamais l'Ame, jamais l'*Amour*.

Les faits de l'ordre sensuel externe n'intéressent que le corps et son bien-être.

Mais l'âme, mais l'esprit, le sentiment et la pensée ont leurs domaines propres, et tout ce qui constitue l'homme véritable proteste avec indignation contre l'absurdité qui veut ravaler toutes ses merveilleuses facultés au niveau de la vile matière, et les asservir au profit de la bête immonde.

Il n'y a pas que de la boue dans le Monde, il y a l'admirable ciel étoilé ; pourquoi donc la pureté, au-dessus de nos têtes, dans l'espace infini, *pureté* sans laquelle rien n'y serait perceptible ? Pourquoi donc la Lumière ? Pourquoi donc la Bonté ?

Le cœur a besoin d'*aimer* autre chose que le mélange de terre et d'eau qui constitue notre enveloppe charnelle, notre vêtement extérieur, périssable et souillé ; c'est pourquoi la *Religion* qui prend ses racines dans le cœur de l'homme est éternelle.

La science n'a pas menti en affirmant chaque jour davantage notre domination sur la matière, en utilisant et transformant les divers modes de l'énergie, en asservissant les cours d'eau au profit de l'homme, en maîtrisant la reine des forces physiques, l'Electricité, etc. ; elle a tenu ses promesses, car elle n'avait promis que cela. (La médecine est loin d'avoir suivi la Mécanique et la Chimie dans leurs progrès qui, au fond, n'assurent même pas la *santé* du corps.) Ce sont nos savants qui, *médiocres penseurs* et moralisateurs nuls, se sont trompés en affirmant que ce triomphe assurerait le bonheur de l'Humanité.

Incapables de procurer la plus vulgaire fraternité à ceux qui en sont dénués et pour lesquels ces formules sociales : *répartition équitable des produits du travail, protection de la faiblesse,* n'ont plus aucun sens, nos savants assistent avec effarement à la *débâcle moderne,* entendent avec effroi les cris de la foule menaçante :

Menteurs, menteurs !

Ils sentent que déjà est proche la fin de leur *royauté éphémère,* que la marée monte, que rien ne l'arrêtera ; ils entendent les mugissements sinistres des flots déferlant avec rage, de la foule des affamés, des désabusés, de leurs victimes ; au prélude d'une terrible Révolution, quelques-uns s'écrient déjà en leur sens intime : *Croulez sur nous, montagnes ; cavernes, dissimulez-nous !*

Devant l'évidence d'une désorganisation sans remèdes, leur raison affolée se souvient de cette *foi* qui maîtrisait les hommes, et ils lui demandent anxieusement : *Qu'es-tu, ô foi ?* Toi que nous avons niée, comment se fait-il que nous t'implorions ?

' Frein puissant, *seul* capable de contenir les appétits de la bête humaine, de l'équilibrer, qu'es-tu donc ?

Toi sans laquelle rien ne se fonde qui soit durable, sans laquelle rien ne tient ici-bas, ne peut être stable, qu'es-tu donc ? *Illusion incompréhensible qui défies nos réalités !*

Oui, vous les regrettez déjà, ces balivernes, ces vieilles balançoires (pour employer votre langage), ces piliers robustes qui ont porté la société prête à sombrer aujourd'hui.

Vous avez libéré du fond de l'homme, tiré de leur sommeil les appétits sans limites, les élans irrésistibles vers l'immédiate jouissance, les forces ténébreuses ; vous avez rompu la barrière de leur prison et brisé les attaches, détruit le précieux ciment qui les contenait.

Et maintenant il faut tout refaire.

Le sens religieux de l'homme résulte de son besoin d'aimer, inné, sans limites, qui, trouvant ses plus grandes joies dans l'expansion, le rayonnement, se dirige vers ses frères les plus proches d'abord : famille, tribu, patrie, et vers l'*Incompréhensible* caché à ses yeux par le voile opaque de la Matière.

L'homme *simple*, doué du bon sens naturel, ne trouve pas dans le monde externe une raison suffisante de son *être*, de sa *vie*. Il perçoit en lui-même et dans l'Univers des régions plus profondes.

Sa raison et son intuition, son cerveau et son cœur sont d'accord pour lui affirmer la solidarité entre l'*Invisible* et lui ; et, par son adhésion, il se *relie* avec l'au-delà. La Religion *(religare)* prend naissance.

L'homme cherche à comprendre le *Mystère* par toutes les manifestations que ses sens perçoivent. Ses hommages s'adressent mi-amour, mi-crainte, à l'Être suprême ou aux êtres divins, invisibles, mais en tous cas supérieurs. Il cherchera à se les concilier par des offrandes, des prières. Ses conceptions au sujet du *Pourquoi* varieront à l'Infini.

Il adorera CE qui est ou *ceux* qui sont dans toutes les formes possibles ; il les imaginera de mille et mille manières ; mais, ce qu'il évitera à travers tous les temps et les pays, c'est de se croire, selon l'absurdité officielle de notre époque, le premier être de la création, le seul habitant d'un infni qu'il ne comprend pas.

Ajoutons à cela les phénomènes de voyance, transmission de pensée, connus des *peuples simples* et retrouvés partiellement aujourd'hui par quelques savants sous le nom d'*Hallucinations télépathiques*.

Ajoutons tous les merveilleux et *très réels* phénomènes du Magnétisme, de la *Mystique*, en général, qu'elle soit blanche ou noire, divine, naturelle ou diabolique (voir la *Mystique de Gorres* pour les temps chrétiens, voir les phénomènes spirites de tous ordres, ceux des fakirs indous, les pouvoirs des Yoghis et des *Maîtres*) ; et l'on conviendra que le besoin de crédulité que nos *esprits forts* raillent volontiers est solidement étayé sur le *fait*, tout en ne contredisant pas la raison, tout en donnant satisfaction au cœur, tout en ouvrant à l'esprit de l'homme des perspectives merveilleuses à l'infini.

L'ouverture du sens religieux en nous est une condition *sine qua non* de la *marche en avant*.

La *porte* de la morale naturelle (purification, ne pas nuire au prochain, etc.) et la porte du sens mystique (aspirations vers les réalités supérieures) doivent d'abord être franchies. En deçà, il n'y a que jeux d'ombres en lesquels peuvent se complaire les *non prêts*, mais dans lesquels aussi ils *chercheront vainement* la solution du problème de l'*Etre,* de la Vie.

L'homme, par sa *Communion* avec l'Univers et tout ce qu'il renferme, apprend à lire le *Grand Livre de la Nature* et se trouve en relations avec les influences les plus diverses ; tout s'anime à ses yeux.

Tout redevient lumière et vie pour celui qui croit, et cela dans *les sphères de sa croyance*. Tout ce qui sort de ces sphères est mort à ses yeux.

(Notre négation n'empêche pas ce qui est d'être, les possibles de subsister ; *cette négation n'atteint que nous-mêmes.*)

Pour qui ne *croit à rien*, tout s'anéantit dans une obscurité qui devient plus profonde, à mesure que les derniers restes de sa *foi*, de sa faculté d'adoration disparaissent.

On comprend donc quelle réaction intense exerce sur l'homme sa propre foi.

Il se CRÉE *à l'image de ce qu'il conçoit, de ce qu'il regarde, de ce qu'il aime.*

Il vit, s'il croit à la vie ; il meurt, s'il croit à la mort. Il se divinise en croyant au divin ; il se matérialise en croyant à la matière. Il s'anéantirait par la croyance persistante au néant.

L'homme tendant son amour vers l'idéal, exerçant son adoration *à travers des formes* plus ou moins parfaites, il en résulte les modes innombrables de la *Foi*, constatés sur la terre depuis les temps historiques. Tous d'ailleurs ont la même racine ; mais leurs manifestations, modulations multiples, dans l'infinie variété des formes, ont donné naissance à toutes les sectes religieuses, qui toutes *concourent* à l'illumination progressive des hommes, à leur évolution consciente vers la Lumière.

D'une manière générale, l'homme regardant l'être, en externe, à travers le voile de la nature, il en est résulté pour les formulations de sa croyance, des jeux aussi divers que les aspects mêmes sous

lesquels le monde extérieur impressionnait ses
sens.

Il n'y a pas de forme de la *foi* absolument mauvaise ; chacune est bonne à un degré variable, car,
dans sa relativité, elle est une condition de vitalité
pour les organismes sociaux auxquels elle correspond.

« Croyez. Il vous sera fait selon votre foi. »

C'est l'absence de foi qui est mauvaise ; elle
générerait la mort, si cette dernière était possible
(on confond vulgairement la mort avec la transformation).

Une foi commune à un certain nombre d'hommes les constitue en *organisme*.

Selon que l'objet de la foi est plus proche de
l'unité, l'organisme est plus parfait.

Ces organismes sociaux (correspondant aux diverses manifestations de la *foi*, à sa plus ou moins
grande extension, à sa pureté variable, à son ampleur) sont donc hiérarchisés et ont leur *utilité*
respective en concourant à la formation de l'organisation parfaite de l'humanité (correspondant à la
foi parfaite, la foi dans l'unité), de même que tous
les végétaux, animaux, ont concouru à la formation
de l'homme, qui est leur perfection, leur couronnement, leur synthèse.

Ainsi que les végétaux et les animaux subsistent
les uns par les autres et se portent un mutuel concours, toutes les formes de la *foi* doivent se transformer harmonieusement, s'échanger et concourir

à l'évolution d'ensemble (de l'humanité, du *Gen*, comme disent les Chinois) au lieu de se faire une guerre aveugle, acharnée.

On entrevoit ici l'état de paix entre les diverses confessions qui sera réalisé dans la société future. Non seulement il n'a rien d'impossible aux yeux du *penseur*, mais il apparaît même comme une condition d'harmonie sur la terre.

L'essentiel, je le répète, c'est la *foi*.

Lorsque le principe de vie se retire d'une plante ou d'un animal, la *Loi*, qui n'admet pas d'inutile, décompose le brin de paille, le corps mort ; sous cet aspect, dans cette fonction (*Siva*), elle reproduit la terre qui est *bonne* devant elle, comme étant la condition de nouvelles créations.

Lorsque la *foi*, qui est le principe de vie des organismes sociaux, se retire, la *décomposition sociale* s'opère.

Ce point est atteint lorsque, par l'abandon de tout idéal immatériel, l'amour de l'*homme* se retourne entièrement vers sa propre *forme extérieure* (son corps) ; alors, tous les liens qui le reliaient aux autres hommes sont rompus et se retournent sur lui-même.

L'amour de la matière libère ainsi tous les individus, atomes du corps social qui redevient terre sociale pour de nouvelles créations. La foi du Visigoth était restreinte, mais non mauvaise ; dirigée, elle devint la foi chrétienne.

En un mot, on peut construire, s'il y a *foi*. Dès

que la *foi* disparaît, la dissolution s'opère fatalement et providentiellement. *Nous sommes à ce point précis* ; et voilà pourquoi aujourd'hui seulement, pour la première fois, depuis les temps historiques, la *dissolution sera générale.* (Pendant que tout divin est absent du cœur et du mental des hommes, l'immonde presse pornographique redouble ses efforts pour la putréfaction générale, le regard de nos enfants des villes est souillé quotidiennement et *personne* n'entrevoit les conséquences affreuses de cette situation ; *personne n'intervient !* En avant pour l'orgie !... *Ah ! malheur sur nous !* Le réveil sera terrible).

La dissolution sera générale. Il le faut.

Espérance en avant ! La matière, c'est une ombre. Lorsque l'homme s'identifie avec elle, il veut accoupler dans une alliance impossible le réel et l'illusoire. Il mourrait, s'il pouvait mourir. Mais la *foi* veut la vie. La divine étincelle qui anime l'homme est éternelle ; la douleur vient l'avertir et le sauver.

La foi parfaite est la foi à l'unité. Aucune ne peut tremper l'homme comme elle.

Supposons, par exemple, un fervent chrétien *esotérique* et un fervent *mystique de l'unité.*

Pour le chrétien, son Église est la seule bonne, son Dieu est le seul vrai, le Tout-Puissant ; mais il reste quand même, à ses yeux, une région où son Église n'a pas pénétré ; *il existe des êtres damnés pour l'éternité.*

Cette contemplation d'une *obscurité lointaine*, il ne peut l'éviter ; elle limite son regard, elle limite son amour, elle limite sa force. Au contraire, le mystique de l'unité aime tous les êtres ; il les voit tous, *un*, à travers le temps et l'espace ; tous ont place dans son cœur. Son amour remplit l'infini, remplit l'éternité (dont les apparences mêmes s'effacent à ses yeux, par suite de l'évolution de sa conscience).

Il aime votre Dieu avec vous, fervents catholiques, reconnaît votre trinité et vos mystères.

Il aime le Dieu un avec le musulman.

Il connaît la *loi*, il aspire à *l'unité* avec le boudhiste. Il proteste avec ceux dont la raison s'oppose à la foi aveugle ; il aime avec la foi aveugle contre ceux dont la raison chancelante veut affirmer le néant, en s'anéantissant par suite elle-même. Il comprend tous les sectarismes, il sait leur origine ; il a le pourquoi de toutes les superstitions et de toutes les oppositions[1].

Le mystique de l'unité se sent donc pénétré par la force de toutes les forces.

[1] C'est que, s'identifiant à l'Unité de l'Absolu, le mystique ne peut être ému par aucune forme relative. C'est là une vérité de facile expérience mais qu'il est actuellement impossible de complètement démontrer.

Amo dit ailleurs : « Dieu, c'est la notion sublime qu'il faut laisser au dessus de toute discussion, sous peine de ne se battre qu'avec des mots. Ce que nul ne comprend, il n'y faut pas toucher.... CE qui est figuré par la croix, CE que la foi chrétienne ressent et aspire dans le mot *Dieu*, CE que l'Indou adore

Le trouble ne l'atteint plus ; son regard perce les ténèbres ; son amour est au centre de tous les êtres ; il se tient près de l'*unité divine*, dans la pure lumière ; son âme est ouverte à toutes les mélodies.

Il est frère de la création entière : Vérité perçue par *saint François d'Assise.*

La foi à l'unité est donc la plus parfaite. Elle n'est malheureusement accessible qu'à de rares élus, bien que tous les hommes y soient appelés et y *parviendront* à travers les cycles de la vie éternelle.

Nous ne savons pas comprendre ce qui est simple.

La *loi* et l'*unité* sont les notions suffisantes.

La raison perçoit la première (dans ses effets d'abord, non dans sa cause) et génère la sagesse ; l'*amour sent* la seconde.

La loi de l'effet et de la cause punit, par la tristesse, tous ceux qui s'éloignent de la vie universelle (égoïstes) ; elle procure la joie à tous ceux qui rentrent dans cette vie universelle (qui cherchent leur bonheur dans celui des autres).

par l'ineffable syllabe *OM*, CE que le rabbin juif nommé *Iévé*, l'Absolu insondable, la vie en elle-même, l'être et la raison suprêmes, CE qui est en dehors du temps, de l'espace et de toute figuration, sentez-le, si vous pouvez, mais ne le discutez pas. »

Voilà qui pourrait bien ne pas plaire à certains *théologiens*. Mais la *théologie* n'enseigne-t-elle pas que Dieu reste infiniment au-dessus de toute conception, et que l'on ne peut atteindre qu'à l'idée de Dieu ? — M. D.

Ainsi, *par le simple attrait de la* JOIE, *du bonheur, la* LOI *divine appelle tous les êtres à l'*AMOUR, *dans l'*UNITÉ.

Inversement, la matière exerce sur l'homme sa fascination par les vains plaisirs et les vaines jouissances ; mais elle ne procure que nausées et dégoût, et, comme *il est dans la nature de l'homme d'être heureux*, celui-ci finit par *se reconnaître*.

Il fuit l'ombre, il fuit l'ignorance.

Il a soif de RÉEL.

Il recherche le calme, le repos suprême.

Il choisit la vie divine ou la béatitude.

Il deviendra *sauveur* des êtres qui attendent leur ascension, ou bien *s'unifiera* dans l'ineffable foyer d'AMOUR, origine et fin des créations.

(*Paix universelle*, 15 mars 1895).

LA VOIE

Avoir le culte du *Réel*, ne pas se laisser séduire par les *apparences*.

Chercher à sentir CE qui est.

Dieu, c'est le Centre, l'*Unité*.

La Raison, c'est la Vibration, la Causalité.

Ne pas jouer sur les mots. Dans l'Univers reconnaître la Loi unique de l'effet et de la cause.

Au-dessus de l'Univers, du Manifesté, du Différencié, chercher l'Unité pure qui est le Divin par excellence d'où rayonne, où aboutit la parfaite Harmonie, l'éternelle Mélodie.

L'Amour nous oriente vers le Divin, la Raison dirige nos pas.

La *Religion*, fondée sur l'Amour, se préoccupe de l'Unité.

La *Science*, fondée sur la Raison, se préoccupe de la Causalité.

L'Amour universel est ce qui *relie* tous les Etres et les réunit à *l'Etre*, à l'*Un*.

La Raison ne relie pas, ce n'est pas sa fonction, elle est la *Loi* des existences, elle gouverne la Vie.

Une Religion ne saurait être basée sur la Raison unique, pas plus qu'une Science sur l'Amour.

La Religion s'élance dans l'Invisible par l'Amour qui renverse toutes les barrières, qui est d'autant plus puissant qu'on s'élève.

La Science étudie le visible, analyse et synthétise les *faits*, dont le domaine est restreint aux vibrations qui impressionnent nos sens[1].

Elle peut conclure par l'analogie à l'au-delà, en tous cas utilise largement l'Hypothèse, qui n'est jamais qu'une explication provisoire, vérité restreinte utilisable cependant.

La Science n'a pas à s'opposer à la religion, la première, étudiant le visible, agirait sottement en prétendant qu'il n'y a pas d'autres réalités que celles qui tombent sous nos sens, alors que d'autre part elle conclut à l'existence d'une échelle

---

[1] Mais y compris nos sens internes dont elle aborde seulement aujourd'hui l'étude encore timide. — M. D.

infinie de vibrations non perçues par nos sens actuels, résonnateurs accordés pour quelques vibrations seulement.

La Religion doit profiter des conquêtes de la Science pour rectifier ses propres spéculations ; elle ne doit jamais être en opposition avec la Raison ou *Causalité*.

La Science ayant conclu à l'*Unité* des forces physiques, la Religion peut triomphalement, plus que jamais, conclure à l'unité totale que l'Amour avait révélée tout d'abord.

La Science déclare que nos sens nous trompent, ne nous renseignent pas sur la nature exacte des corps ; la Religion peut s'en réjouir. Cet aveu de la Science lui était nécessaire et confirme son autorité sans infirmer celle de la Science.

L'évolution darwinienne est une des faces de la *Causalité*.

La conservation de l'énergie en est une autre.

Si l'atome demeure indestructible à travers toutes les combinaisons auxquelles il participe, nul doute que l'atome conscience, qui est notre vrai Moi, ne se conserve intact à travers les pérégrinations, les nombreuses existences.

Pour celui qui a le culte de ce qui est, les distinctions esprit, matière, s'effacent ou du moins restent dans le relatif.

Il y a la Vie partout, conséquemment l'Esprit partout, comme partout aussi la Matière, les deux adversaires étant, au fond, inséparables, puisqu'ils ne sont que deux aspects de l'Essence primordiale.

Double aspect qui sert à l'acquisition de la Soi-Conscience pour le rayon divin qui est nous-même, lequel, plongé dans l'insconscience, au sein de LUI, l'Etre des Etres, dut pour acquérir la Conscience, descendre dans l'obscuration de l'Individualisation jusqu'à son extrême limite, d'où il revient par sa rentrée dans l'Harmonie Universelle, vers LUI-MÊME.

Qu'on me pardonne ce qui a l'air obscur. Cherchez et vous trouverez. Le Royaume du Ciel se conquiert par la Violence[1].

En conduite pratique, il ne faut jamais cesser de s'appuyer sur l'Unité, de s'unifier à elle par l'*Amour*. On puise ainsi la flamme au foyer. Pour projeter alors, ne jamais se départir de la rigide Causalité de la Raison.

Que de confusions résultent de ce qu'on ne sait pas habituellement distinguer d'abord, pour les conjoindre ensuite : l'*Unité*, la *Causalité* (Dieu, Loi), ou l'Amour, la Raison.

La Raison, c'est la Causalité vue intellectuellement, de même que la Justice est cette Causalité vue sentimentalement.

La LOI de l'effet et de la cause ou CAUSALITÉ est, sans commencement ni fin, le moteur de l'U-

---

[1] Il n'est peut-être pas inutile d'affirmer que cette violence n'est pas celle des armes, quoique certains l'aient cru, dans le temps. — M. D.

nivers; elle tend à rétablir l'*équilibre* rompu par la *Liberté*.

Il résulte des deux effets (Liberté, Loi) l'Harmonie ou conciliation entre le repos et le mouvement, la Liberté et l'Assujettissement, la Multiplicité et l'Unité. Le Corps est une harmonie entre la cellule et l'ensemble des cellules qui constitue une nouvelle Unité, une nouvelle cellule d'un corps plus grand encore : l'*Humanité*, etc.

Là poésie est une harmonie conciliatrice de la forme rigide, le vers, le rythme, et l'inspiration, la flamme, le Verbe.

Tout le monde connaît l'Harmonie musicale dans laquelle le musicien est à la fois libre et assujetti.

Tout homme, par le seul fait de son apparition sur la terre, appartient à deux familles : la petite (père, mère, frères, sœurs, etc.) et la grande, l'Humanité.

Toute autre distinction est artificielle, temporaire.

Les patries avec leur tendance à l'agrandissement, à l'envahissement des autres, ne sont que le résultat de la marche inconsciente qui pousse l'homme, de sa petite famille à sa grande famille. Tout le problème social international consiste à réaliser l'*Harmonie* entre la petite famille et la grande et non à absorber l'un des termes par l'autre ou à chercher une identification impossible.

Il faut donc réaliser l'Harmonie des intérêts matériels, sentimentaux, intellectuels et spirituels

de tout individu et du corps social terrestre entier.
Voilà le problème. C'est en vain que les socialistes
actuels veulent le ramener à une simple question
de satisfaction des appétits inférieurs ; ils se bri-
seront entre eux, ils armeront l'homme contre
l'homme, rien plus. Tant qu'on excluera l'*Amour*,
l'élément liant, on aboutira à de piteux échecs.

Et, comme l'Amour ne sera régénéré dans le
cœur des hommes qu'avec leur reconnaissance de
l'Harmonie et de la solidarité universelles de tous
les règnes visibles et invisibles de l'Univers, cela
revient à dire qu'il n'y a pas de solution partielle
du problème.

Ceux qui parlent d'un socialisme soi-disant
scientifique, en excluant la plupart des conditions
du problème, se payent de mots et prouvent qu'ils
ne possèdent aucunement l'esprit scientifique[1].

Mais tant que les savants officiels refuseront
l'examen des phénomènes dits spirites et autres
non classés par l'Académie ; tant que les prêtres
refuseront de lever l'éteignoir sous lequel ils prétendent étouffer la Raison humaine ; tant que les
bourgeois-financiers refuseront une répartition
plus équitable de la fortune publique ; tant que
l'*Egoïsme aveugle* sera le Dieu universel, l'homme

---

[1] Il est bon de ne pas oublier que c'est un polytechnicien qu
parle, un électricien déjà connu par sa pratique industrielle
bien avant qu'aucun des secteurs parisiens d'éclairage électrique fût constitué. Il a donc quelque droit à parler d'esprit
scientifique. — M. D.

sera un loup pour l'homme, et le *socialisme* des ventres affamés fera des progrès d'autant plus rapides et plus sûrs que la corruption sera plus générale.

Pour les matérialistes néantistes, il n'y a pas de *Causalité*.

Pour les croyants occidentaux, catholiques, protestants, il y a un effort enfantin, un essai de compréhension, un germe de *Causalité*, le *Dieu* qui, après une éternité d'inaction, crée la Terre, le Soleil, les Etoiles ; c'est simpliste.

Allez dire aux matérialistes, comme aux catholiques, qu'il y a des terres innombrables dans l'Espace ; dites aux premiers que ces terres sont logiquement habitées (une seule Loi d'évolution dans le Kosmos), aux seconds que chacune exige à son tour un ou des *Messies* et que la personnalité de Jésus ne peut être la seule, qu'il doit y avoir des quantités innombrables de fils de Dieu (en leur centre, tous manifestation du Verbe unique) : les uns et les autres ne vous écouteront pas.

Ils sont décidés à ne voir que la lettre dans le temps et l'Espace.

Myopes volontaires, vous êtes de même race ! Tous campés dans vos parti pris, vous êtes les ennemis communs de la *Vérité*.

La Vérité, c'est *ce* qui est. Cherchez à connaître *ce* qui est ; pour cela, placez-vous sincèrement en face du Problème. Baignez-vous dans l'Etre, aimez-le, sentez-le et reléguez tous les systèmes incomplets, tous les parti pris, toutes les opinions préconçues.

Tout le monde : les catholiques (amour sans raison), les protestants (raison sans amour, d'où la croyance froide au salut individuel), les savants (non philosophes), les philosophes (néantistes, la plupart) ignorent ou feignent d'ignorer la *Causalité*, la Loi des effets et des causes dont la chaîne est sans fin dans l'espace et le temps.

Pas d'arbitraire, donc, pas d'interruption non plus.

L'Univers est soumis à des périodes d'action et de repos, mais ces périodes ne sauraient jamais cesser. Si l'on veut qu'elles cessent, on entre dans l'Illogique, dans l'Arbitraire ; alors, une bonne fois pour toutes, qu'on ne parle plus de Raison !... ou qu'on définisse ce qu'on entend par Raison.

Une chose n'est pas juste parce que Dieu la veut, mais Dieu la veut parce qu'elle est juste, disait saint Thomas d'Aquin, l'Ange de l'École.

Donc Dieu est soumis à la Justice absolue ; donc il ne saurait y avoir d'autre volonté que la Loi de Justice ou Causalité (car la Justice veut la rétribution exacte des actes, c'est-à-dire la succession, sans perte ni gain, des effets et des causes, à travers même toutes les transformations).

Mais disons quelques mots de plus.

Cette *Loi maintient* ou aspire tous les êtres dans l'Unité, car elle favorise tout rapprochement de l'Harmonie universelle, tout acte d'Amour universel, et punit l'Egoïsme, l'Individualisme dont l'extrême limite est l'anéantissement (dont le minéral offre l'image temporaire).

Car c'est un *fait ;* les égoïstes sont tristes, glacials ; les hommes dévoués sont heureux, gais, expansifs, réchauffants pour tous, dans la limite, bien entendu, que tolère la misère générale qui règne sur la terre.

Cette *Loi* qui enchaîne toutes les existences à l'*Existence unique* fait participer tous les Etres à la Vie Universelle et n'en saurait oublier aucun. L'homme abuse malheureusement de sa liberté pour ne pas entendre les avertissements providentiels. Il se trame des existences malheureuses que rien ne peut lui faire éviter, et retarde sa sa Libération.

Mais il y a mieux encore. Le Temps et l'Espace sont les conditions auxquelles sont soumis les Individus ; ces conditions sont relatives à notre état de conscience.

A mesure que celle-ci évolue, les conditions de temps et d'espace se transforment. Le *Voile* devient moins opaque, moins lourd, l'Illusion moins fascinante.

Le Passé, le Présent, l'Avenir s'enchaînent si étroitement, s'identifient tellement, qu'ils se confondent presque en une chose unique.

La conscience évoluée contemple enfin le *Tableau Eternel*, le Miroir de l'Unité, la démonstration divine du Beau et du Vrai ; mais elle n'est plus assujettie aux conditions de l'Espace et du Temps. Elle est rentrée dans CE qui est partout et toujours LE même et contient *tout*.

Elle contemple ce tableau, mais elle est identifiée dans l'Un fixe, dans l'Homogène pur ; elle ne confond plus la vague éphémère avec l'éternel Océan.

Cette Unité divine (Dieu) n'est jamais assujettie au Monde, à la Manifestation, qui repose entièrement sur les opposés (apparences) : lumière, ténèbres ; bien, mal ; plaisir, douleur ; bonheur, malheur, etc.

Ainsi nous ne sommes pas panthéistes dans le sens habituel du mot.

Nous disons qu'il y a l'Univers, la vie éternelle de l'Univers, la communion de tous les êtres visibles et invisibles, inférieurs ou déifiés ; au-dessus, l'Unité divine introublée, c'est le Dieu des Chrétiens, l'Omniscient. L'Univers est une ombre tirée de l'Essence pure ; mais ces choses ne tombent pas dans l'Intellect. Ce n'est que par la Spiritualisation qu'on les peut mieux comprendre ou sentir.

Nous n'avons pas atteint ici le point culminant ; je répète, notre intelligence actuelle, qui n'est que de l'intellect, ne saurait concevoir ce qui est au-dessus, l'Absolu.

Au-dessus même de toute conception, de toute intelligence, l'*Absolu*, l'Inconnaissable, l'Au-delà de Tout, Aïnsoph des kabalistes, Parabrahm ou Paramatma des Maîtres indous.

Ce que je désire surtout, c'est persuader les lecteurs de la *Paix Universelle*, au sujet de l'Essentialité des deux notions principes : Unité, Causalité, qui se rapportent respectivement à Amour, Raison, et Religion, Science ; et, en Socialisme, à Solidarité ou Fraternité et Justice sociale. Il n'y a pas d'antagonisme nécessaire entre ces deux aspects, choses distinctes ; il faut les harmoniser. La vibration manifeste le point vibrant, le centre des vibrations, centre des Ondes sonores qui sont le Monde.

Sans le centre de vibration d'autre part, point d'ondes sonores.

Sans l'Unité, pas de Loi : sans la Loi, pas d'Unité dans l'Univers.

L'Enfer éternel est une monstruosité qui ne répond ni à l'AMOUR ni à la *Raison*[1].

Dieu créé le monde ; il y a peu d'élus, dit l'Eglise : donc c'est le Diable qui récolte tout !... Quel manque de prévoyance divine, et comme il eût mieux valu que Dieu continuât à ne rien faire !

Fort heureusement il ne s'agit ici que de critiquer une conception humaine digne d'autres temps.

A nos savants, à nos philosophes, l'Inde offre ses trésors ; ils n'ont garde d'y fouiller. Si le géologue proclame l'antiquité de la terre, le monde officiel ne remonte pas au delà de six mille ans ; les gigan-

[1] Si l'acte créateur est éternel et si les êtres traversent d'abord les lieux inférieurs (littéralement les enfers) dans le processus évolutif, l'enfer est éternel, comme la création même, mais on n'y reste pas éternellement. — M. D.

tesques civilisations qui précédèrent leur sont in-
connues.

S'agit-il de la conception suprême des Bouddhistes, le Nirvâna ? Au même instant tous nos docteurs en Israël vous servent le vieux cliché : Nirvâna. c'est l'anéantissement.

J'accuse ceux qui disent cela d'être des menteurs
volontaires, ou d'inconscients automates.

Une bonne fois pour toutes, consultez les inté-
ressés, les Bouddhistes (les négations de quelques
sectes dissidentes ne peuvent supprimer l'affirmation générale) ; ils vous répondront :

Nirvâna est l'entrée consciente dans l'Omniscience ; c'est une notion de Plénitude analogue à
telle du Paradis des Chrétiens, mais supérieure-
ment développée. (Le Paradis des Chrétiens n'est
que le *Dévachan* incompris, situation de repos
bienheureux dans laquelle l'âme, fatiguée par une
vie terrestre, se repose après la mort, entre deux
incarnations ou périodes d'action). On n'entre en
Nirvâna qu'après une Divinisation, résultat d'innombrables existences et d'efforts vers la Vérité,
qui transforment la Conscience en l'universalisant.

Il n'y a pas deux natures humaines. On aime en
Chine comme on aime en France ; on rit ou l'on
pleure là-bas comme ici, autrefois comme aujour-
d'hui ; et dans nul pays, dans nulle époque, un
homme ne saurait s'extasier, s'illuminer par contemplation du *Néant*. S'il y a des saints bouddhistes par exemple, saints par la Bonté, saints par le

Divin qui rayonne à travers eux, c'est qu'ils ont regardé autre chose que la Nuit sombre du Rien, c'est qu'ils ont une autre espérance que celle de la mort absolue dans le sens d'anéantissement, de perte du fruit des efforts accomplis, des souffrances endurées.

Devant cette véritable ignorance des savants, des prêtres, que chacun cherche donc en lui-même, qu'il ait le culte du Réel, qu'il soit un RÉÉLISTE. Je lui promets l'acquisition rapide de la clairvoyance et du jugement. A ses yeux, l'Harmonie remplacera es contradictions désespérantes.

Unité, Causalité sont les deux colonnes sur lesquelles vous pouvez édifier, qui donneront à votre cœur le Pain d'Amour, à votre pensée celui de l'Intelligence pénétrante.

Toute larme versée veut rétribution ; tout désir appelle sa réalisation. *Veillez donc sur vos Désirs,* chassez les images impures de votre imagination, les pensées perverses qui, par vous cultivées, deviendraient un jour les actes pervers dont vous répondrez pour vous-mêmes et ceux qu'ils auront séduits, corrompus.

Le Désir d'Idéal, surtout, s'il ne correspondait pas à une Réalité, serait la plus affreuse duperie.

En vous donc, que le silence complet à tout parti pris s'établisse ! (Pour entendre la mélodie, il faut faire silence, qu'il s'agisse d'une musique de salon ou de celle divine de l'Univers) ; n'ayez qu'un culte, celui du *Réel*, désir ardent de connaître l'Être dont nous sommes les atomes.

Deux pratiques :

1° Se baigner constamment, par le Cœur, dans l'Amour universel ; par la Pensée, dans l'Unité ; par l'Aspiration et l'élévation totale, dans le Divin pur.

Plus votre conscience s'agrandira dans l'Impersonnel, plus les vibrations du Divin la viendront impressionner et solliciter facilement. C'est le rôle de l'*Amour*.

2° Ayant ainsi pris le point d'appui central, s'étant adossé au rocher qu'aucune tempête ne saurait ébranler, méditer profondément, le plus souvent possible, sur toutes choses, pour reconnaître et suivre l'action de la *Loi* unique dans le monde sur tout ce qu'il contient : êtres, corps, âmes, esprits, événements, sensations, sentiments, aspirations, tableaux de la nature, etc., et chercher de plus en plus à reconnaître l'*Harmonie universelle*, se sentir pénétré par elle, étant avec tout ce qui est, vivant avec tout ce qui vit.

L'investigation intelligente est la *Raison*.

S'habituer à devenir moins sensible aux vibrations qui nous affectent habituellement sur tous les plans, venues du monde extérieur, objectif, et chercher à s'éveiller aux profondeurs de notre être ; toutes les régions de l'Univers, visibles ou invisibles, nous traversent de leurs effluves sans que nous en ayions conscience.

Développer notre sens interne en écoutant au dedans de nous-mêmes, en nous efforçant.

Faire appel au *Père qui est en secret* au centre de tous les êtres et de nous en particulier.

Mais il faudrait parler longuement sur ces choses; d'autre part, on n'apprend pas les mathémathiques supérieures avant d'avoir appris à lire : avant de vivre en la compagnie des grands musiciens, par l'intermédiaire d'un fidèle instrument, il faut apprendre la gamme et faire souvent des exercices désagréables même, pour goûter un jour les charmes sans mélange des suaves mélodies, des harmonies enchanteresses.

Ainsi en est-il des choses divines. Aussi faut-il s'efforcer longuement vers la Perfection pour entendre un jour la voix douce, pour *sentir la présence de ce qui est.*

La Voie, c'est la pratique de l'Amour universel.

Heureux ceux qui sauront comprendre ce qui est la sainteté même !

(*Paix universelle,* 30 juin 1895).

LA TOLÉRANCE

La *Tolérance,* qui paraît une faiblesse, un abandon, une cessation, est au contraire une Toute-Puissance méconnue, malheureusement, parce qu'elle est rarissime en nos cycles de *confusion.*

La *Tolérance,* présente en notre cœur, y serait

l'image du *Silence* suprême, dans lequel baigne l'*Unité pure*, *Dieu*, *l'Etre des Etres*. Procédant à la fois de l'Amour, de la Justice, de l'Harmonie, de l'Equilibre, de la Simplicité, de la Pureté, elle est, en réalité, la reine miséricordieuse, bienfaisante, que la Terre méconnaît depuis des siècles, payant cet abandon insensé par des flots de larmes et de sang.

Pourtant, il fut dit : Bienheureux ceux qui sont doux, parce qu'ils posséderont la Terre.

Cherchez donc l'empire fondé sur la violence des soldats ou l'orgueil des prêtres, asservissant les corps ou tuant les âmes, qui ne soit écroulé aujourd'hui ou prêt à suivre l'effondrement de ceux qui le précédèrent. Devant la réponse de l'Histoire, il faut bien espérer qu'enfin s'affaissera le culte fanatique de l'Autorité des brutes ou des orgueilleux[1].

La Douceur, la Tolérance seules formeront un empire durable ; elles précéderont le règne de la Paix sur la Terre.

Il fut dit aussi : Bienheureux ceux qui sont miséricordieux, parce qu'ils obtiendront eux-mêmes miséricorde.

Mais la nature encore animale de l'homme

---

[1] Voyez l'œuvre de Jésus ou de Bouddha, et l'effort de César et de Napoléon. Moïse fit œuvre de force et de douceur à la fois ; son empire matériel ne se maintint qu'avec peine pendant quelques siècles, mais la religion qu'il fonda reste aussi vivante qu'au premier jour. — M. D.

étouffa cette parole; ou bien l'homme feignit parfois de la connaître, mais pour la démentir, par ses pensées et ses actes de haine, de cruauté.

La pure Beauté des Sphères divines ne saurait, certes, descendre sur la Terre, mais son reflet pourrait l'éclairer.

Nous pouvons appeler de tous nos vœux *l'Harmonie universelle* ; et, bien à plaindre sont ceux qu'abandonne une telle *Espérance*, une telle *Consolation*, une telle flamme de vie.

Ils crient à la Terre : Tu es maudite jusqu'à ta dernière convulsion, tu appartiens au désordre, au *Mal*, tu es le misérable paria des espaces stellaires.

Sur toi, la Haine, la Mort, la Guerre, le Malheur et le Désespoir; c'est notre vie, on n'en connaîtra jamais d'autres; à toujours, sur toi, les massacres et les rouges lueurs des gloires édifiées sur le charnier.

Soit ! Maudissez, si votre cœur est ainsi plein de fiel, si votre parole est une colère, si votre bras sert la vengeance. Soit ! c'est votre Liberté dont vous faites un triste usage.

Mais, nous aussi, qui rêvons un état meilleur, sommes libres de parler. Une grande Révolution desserra nos lèvres, elle permit à nos âmes d'exhaler leur parfum. Sans être assourdi par les clameurs guerrières ou sacerdotales, nous disons à tous nos frères de la Terre :

L'Humanité entière pourrait connaître autant de Bonheur qu'elle supporta de Misères.

C'est une force réconfortante, c'est un *Devoir* même de l'espérer, car cette Espérance, cette Foi sont créatrices, sont divines.

*La déesse que nous implorons, c'est l'*HARMONIE, *fille de l'*AMOUR.

Aimez ! cela suffit. Sans l'Amour, il n'est pas de solutions, pas de guérisons internationales, sociales ou particulières.

Efforcez-vous sans cesse vers la Lumière, l'Intelligence, la Justice et la *Miséricorde. Qu'une grande pitié descende sur la Terre.* Que le Ciel et la Terre s'unissent en vous. Ne rejetez aucun inférieur. *Ne maudissez jamais.*

Interrogez la Nature. Etudiez son grand livre. Consacrez à la dominer, pour la féconder, l'énergie gaspillée dans les guerres d'autrefois.

Faites la guerre à la Misère, à la Haine, à l'Injustice, à l'*Iniquité homicide* sous toutes ses formes, pourvoyeuse du Néant, blasphématoire de l'Etre.

La Terre vous prodiguera ses fruits ; vos âmes seront ravies par un perpétuel baiser d'Amour qui fera de tous vos êtres comme un seul Etre ; les larmes de joie, de reconnaissance couleront seules de vos yeux. Vous bénirez alors. Vous pourrez réaliser ces prodiges.

AIMEZ, C'EST LE SEUL SECRET. *L'Amour ordonne la Tolérance* ou *Fraternité pratique envers tous.*

Les intolérants manquent d'amour, ce sont des hommes de colère qu'on peut craindre, mais que

le cœur repousse, *Compassion pour eux, cependant.*
Ils deviendront meilleurs aussi, leur aveuglement
cessera.

Unissez en vous la Science et la Foi ; la Nature
ne saurait démentir le Divin ; elle le nourrit, le reflète ; il la féconde, l'inspire.

Dans le *plan universel,* chaque chose est utile :
chacune contient sa part de révélation, réfléchit
une lueur de vérité, chacune arrête un rayon que
d'autres laisseraient passer. *Rien n'est sans raison.*
Tout est morcelé, mais tous les morceaux doivent
être rassemblés.

Aux peuples enfants, il fallait des cultes, une foi
incomplète au lieu du Néant ; il leur fallut plus
tard de la Science, de la Raison et de la Liberté.

C'est pour *acquérir la Conscience* de notre Etre
que nous traversons la dure école des divers états,
des possibilités innombrables, des *nombreuses
existences* régies par la loi de *Karma, Causalité* ou
Loi de l'Effet et de la Cause, Justice absolue, Loi
suprême au-dessus de tout ce qui vit.

L'écrasant esclavage de la Matière est tempéré
par la joie des réalisations, les élans printaniers
de la jeunesse, les délices du véritable amour des
âmes.

Il faut aujourd'hui plus de Lumière. LA RAISON
nous est un guide sévère ; la foi aveugle, consola-
trice des myopes, ne saurait plus convenir à nos
yeux grand ouverts.

Ils veulent voir comme nos cœurs veulent aimer
librement : AMOUR — SAVOIR — LIBERTÉ.

Certainement ! l'exercice de la Liberté comme celui de la Foi ne se fait pas sans chutes et heurts fréquents. Quoi de plus naturel ?

Mais patience, rien n'est perdu. Entre l'Autorité et la Liberté, le Despotisme (Licence d'en haut) et la Licence (Despotisme d'en bas), la société trouvera l'harmonieux équilibre, de même que la Religion et la Science se réconcilieront dans les peuples ainsi qu'elles l'ont déjà fait chez quelques individus privilégiés.

La science ne vient-elle pas de trouver les rayons obsburs, dits de Rœntgen. Eh ! il y a donc des forces invisibles exerçant des actions réelles, objectivables ? La porte est ouverte.

La Science marche à grands pas, la Religion marchera aussi et la Terre future connaîtra la Religion Universelle démontrée par la Science-Une, la Science-Synthèse qui recevra, d'autre part, du *Spiritualisme rationnel*, ses plus fécondes inspirations.

Il n'y a, d'ailleurs, que deux sortes de cultes : *celui de la Force, celui de l'Amour*. Le premier dure encore. L'homme ignorant se prosterne devant ce qu'il redoute : d'abord les aspects physiques — adoration des forces naturelles —, puis les âmes ou les esprits dominateurs de ces éléments, puis les dieux conçus par l'esprit, *imaginés* mais terribles, vengeurs, redoutables dans tous les cas.

Enfin, les monothéismes modernes, antropomorphes ou spirituels, restent édifiés sur la Crainte.

La *Peur* de l'Enfer remplit encore les églises. Font exception, les saintes âmes qui, heureusement, fleurirent en tous temps et tous pays, trop rares, dans toutes les sectes. Mais l'homme finit par se libérer, hésite un peu, pratique souvent un Scepticisme d'arrêt, purificateur des vieilles scories et, soit directement, soit après cet intermédiaire, cède à l'immense besoin d'aimer, d'adoration (exaltation d'amour), qui est au fond de tout cœur.

Il naît à la Religion de l'Amour. Il aime le Beau, le Bien, le Vrai, parce que cela est seul *Bon*, parce que cela est *Un*, Immuable, Éternel, une source de ravissements sans fin, créant l'*Harmonie*, appelant la Rédemption générale, édifiant le Ciel sur la Terre sanctifiée, la rappelant à la pure Lumière. Car l'atome enserré dans l'infini, ne saurait éternellement lui résister, alors qu'en son Centre même il porte le feu de la Vie éternelle.

Le temporaire doit se fondre dans l'Eternel. Il n'y a qu'une nature, il n'y a qu'*une Loi*, à travers l'infini et l'éternité.

La Religion définitive, pure, est celle de l'*Amour*, c'est la Religion chrétienne, religion de l'Unité, telle qu'elle fut voulue par Jésus, car l'*Amour* est le *Tout* de l'homme. Que pourrait-il, en effet, ajouter au don de son cœur?

L'Amour, c'est donc l'Etre même, et la religion de *l'amour, qui est un appel à l'Unification, à l'Harmonisation parfaite de la Vie et de l'Esprit, est bien la* RELIGION UNIVERSELLE, *totale, imperfectible.*

Mais ce qui est perfectible, c'est notre conception de l'*Amour même*. Oh ! qu'il est loin du vil Désir ! Qu'il est loin du calcul égoïste, raffiné ou ascétique ! Pour le comprendre, il faudrait épouser *dame Pauvreté*, comme saint François d'Assise : il faudrait aimer tendrement toute créature ; avoir une immense pitié, un *dévouement sans bornes* pour les malades du corps et de l'âme, les infirmes ou les méchants ; puis, dans le parfum du sacrifice, dans l'extase du cœur et de l'esprit, au-dessus de la Nature *soumise*, réconciliée, on apercevrait enfin les Splendeurs de l'*Universel Amour* des Puissances infinies en formant le cortège, l'éblouissement de son trône irradiant la Magie de Feu et de Lumière sans fin ni commencement, foyer des âmes angéliques, Bonheur suprême, *Plénitude* !

La Vérité est dans l'extrême simplicité et dans le Sacrifice. A sa faveur, la *puissance divine contenue dans l'Homme*, peut doucement se dégager, embraser, transfigurer le corps, dissiper les nuages qui s'opposent à la *Présence Réelle* en nous, et faire, d'un être maladif, frêle, le sauveur des mondes de la Brutalité.

Aujourd'hui, il nous faudrait préluder à l'Harmonie future — qui révèlera des merveilles sans fin aux Hommes, — par la *Tolérance*. Elle n'est pas encore née. C'est un spectacle à la fois triste et comique, de voir s'élever perpétuellement des hommes qui disent *aimer la Vérité* et se conduisent comme de vulgaires soudards de la plume ou de la parole.

Il faut, paraît-il, être pour l'un ou pour l'autre, pour ou contre. Nous cherchons, la plupart du temps, un prétexte à l'assouvissement de l'orgueil, de la haine ou de la cupidité qui nous dominent réellement, bien que notre hypocrisie ne veuille pas se l'avouer.

Des hommes d'intelligence remarquable, des collectifs religieux continuent le : *Tue-le*, soit entre particuliers, soit entre peuples ou collectifs d'un ordre quelconque.

Mais, malheureux sectaires ! si vous m'affirmez que toute secte, hors la vôtre, est mauvaise, chacune en disant autant de son côté, je ne vois pas comment, pourquoi, vous échappèriez à la proscription générale.

Disons-le : TOUTE SECTE est relative, temporaire (utile d'une manière quelconque). La vôtre ! cher frère, la mienne ! toutes, les petites et les grandes, les belles et les laides, en admettant qu'une secte quelconque puisse être vraiment belle.

On juge l'arbre à ses fruits. En vérité, quiconque parle de guerre, a la guerre en lui.

Ne jugez pas, fut-il dit. Je conclus : Soyons tolérants pour toutes les sectes ; *aimons au-dessus de tout la Vérité.* Cette tolérance respectera les plus petits.

Toute chose n'est finie qu'en apparence ; mais infinie en réalité. Il n'en saurait être autrement.

Nous ne voyons qu'extérieurement, superficiellement, les liaisons.

Qu'une force dissolve, supprime un grain de sable : tous les grains de sable sont condamnés, vont disparaître ; mais alors les rochers s'écroulent, les terres s'effondrent, l'Univers s'engloutit.

Ainsi de tout. Il n'est pas d'inutile fonction. La plus infime, la plus méprisable en apparence est aussi précieuse que la plus haute.

Chaque minéral, chaque plante, chaque fleur, chaque créature a sa vie, son parfum, son âme, ses aspirations, son chant ; et l'Harmonie pure, suprême, est la résultante des infinies mélodies partielles qui toutes la répercutent.

J'évoque donc, de toute la puissance du cœur, la constitution du parti des Hommes-Tolérants, opposé à ceux des Humanimaux-Dévorants.

Indépendance et Tolérance ! Ardeur à la recherche du Vrai, Héroïsme pour la réalisation en nous-mêmes de l'*Amour*, de la *Pureté*. Ils ne condamneront personne, ils ne s'indigneront pas. Chaque chose est une page du grand Livre qu'il nous faut déchiffrer. Ils seront impassibles et vivants à la fois, médecins des corps, médecins des âmes, dévoués pour tous, *agents de la Sympathie Universelle, sans restriction*.

Cette fleur sociale, fleur d'Amour, ne poussera-t-elle pas au sommet de notre Civilisation ?

Que de bien pourraient accomplir quelques hommes dévoués, se donnant la main à travers tous les partis, au nom de cette simple vertu : la Tolérance !

Auprès de la *Bonté* miséricordieuse, *tolérante*,

les plus désespérés, les plus méchants ont toujours un recours, une chance de guérison.

Heureux les pacifiques !

(*Religion Universelle*, janvier 1896).

ETUDE DE L'INTIME

L'homme doit s'étudier lui-même, chercher la vérité par la clairvoyance en retournant au centre d'où l'on peut tout percevoir. Le Silence guide vers ce Centre.

L'homme doit se débarrasser des notions illusoires de temps et d'espace, de matières et de fluides même, dont l'opacité n'est que relative à ses sens.

D'une part, toutes choses apparentes ou différenciées baignant dans un milieu pur, une sorte d'éther céleste, dans lequel l'homme lui-même est plongé ; d'autre part, notre âme dans ces régions supérieures se rattachant à travers tous les plans jusqu'à l'Absolu lui-même, il en résulte qu'aucune limite n'est imposée à notre vision, que nous pouvons espérer conquérir tout ce que nous rêvons, à condition que ce soit d'accord avec l'*Harmonie*.

Ainsi, descendons en nous-même. Je ne suis heureux que lorsque la nuit est tombée. Le ciel étoilé m'inspire ; mais j'ajouterai ici qu'une *nuit complète* m'inspire davantage[1].

[1] Voir plus loin : *le Vide*, de juin 1896. — M. D.

Quand le jour vient, je me dis : Voilà l'illusion de la vie.

Il faut se transposer, *naître à nouveau, ne plus rien considérer comme réel de ce que les sens donnent pour réel.*

Les sens n'ont eu pour but que d'éveiller le sens intime. Tout ce que nous percevons, sentons, n'est que pour l'expérience, pour l'alchimie divine qui se propose de tirer une conscience d'une inconscience ou, plutôt, de ramener à l'origine ce qui s'en est écarté.

Mais l'homme doit abandonner la conscience des choses pour chercher à conquérir celle des principes.

Il doit chercher la signification de toutes choses, lorsqu'il est éveillé à la Maya.

Il doit, par un effort de l'esprit, détruire l'apparence, ne pas se laisser fasciner par le corps de la chose, mais chercher à pénétrer, par son âme propre, *l'âme de la chose*, et par son esprit, l'esprit de la chose, tout en se ralliant finalement vers *Un*.

Cela n'a pour but que l'épuration de son sens intime.

Lorsqu'il sera réellement mort à son monde, la loi des densités même l'entraînera dans un autre. L'homme se construit ainsi sa propre matière. Si l'homme savait jusqu'à quel point son désir d'idéal est créateur, il serait émerveillé. Il verrait que l'INTELLIGENCE même ne demande qu'à se mettre en harmonie avec son intelligence pour lui dévoiler toutes choses.

Mais que d'obstacles venant de la part de l'homme lui-même ! S'il connaissait l'absurdité de sa demande de vision prématurée, s'il savait ce *qu'il est appelé* à voir, si on lui ouvrait les yeux trop tôt, ses cheveux se hérisseraient.

Car l'homme se verra lui-même et *cela éternellement*. C'est un mystère presque incompréhensible. Mais je crois pouvoir affirmer cependant qu'il en est bien ainsi (sauf à m'incliner devant l'autorité qui me montrerait le contraire).

Ce n'est pas que je nie les personnalités différentes, les maîtres ; mais plus l'homme avance, plus il s'identifie avec eux.

En tous cas, je répète encore une fois, pour ne pas anticiper, et me conformer à la succession des idées inhérentes au sujet que je traite, si l'homme voit une *tourbe de monstres hideux,* dès que ses yeux s'ouvrent, qu'il sache bien qu'il a pénétré dans sa propre tourbe.

Je suis ainsi amené à parler de quelques-uns des obstacles qui s'opposent à l'acquisition, je ne dirai pas du sens intime, mais de la faculté même de méditation.

L'homme qui peut s'abstraire de tous ses sens est prêt à pénétrer dans l'essence des choses, à soulever le voile sacré d'Isis. Mais avant cette abstraction, pour que cette abstraction même soit possible, il faut abattre les premiers obstacles.

Ainsi au résumé : 1° Reconnaissance du sens intime.

2° Destruction des premiers obtacles.

C'est de ceux-là que je veux, finalement, parler aujourd'hui.

Cette opération précède logiquement celle de l'Abstration des Sens.

L'Orgueil, c'est le premier amour.

L'Appétit, c'est le second.

Les autres succèdent.

Que de motifs les hommes auraient de s'humilier et combien peu de s'enorgueillir !

L'homme le plus puissant ne cesse de trembler comme une feuille au vent.

Personne n'est sûr du lendemain. Cette seule insécurité démontre le néant des conceptions habituelles de la vie.

Je conduis des machines électriques. Rien ne me garantit que, malgré toute prudence humaine, un accident instantané ne va pas les anéantir ou tout au moins les immobiliser.

Camment ne pas concevoir un état où l'homme serait tranquille au milieu de ses travaux; où l'homme posséderait le présent en sécurité et le lendemain ?

Comment comparer nos œuvres à ceux de l'Univers ? Que de prodiges et d'efforts dépensés pour de maigres résultats ; nous ne pouvons nous consacrer à plus d'un objet à la fois ; comment donc nous comparer à l'intelligence motivée de toutes choses, et comment concevoir le Maître du Temps et de l'Espace et de toutes choses, qui est partout et dans tout, qui est au fond de chaque être et supérieur, en même temps, à chaque être ?

Voilà le néant de l'analyse démontré. L'homme qui espère, avec sa mémoire défaillante et faible, avec sa puissance de conception limitée, explorer l'Univers, la Terre même, sera écrasé par l'effort à accomplir, puisque l'Eternité lui laisserait l'Infini à explorer. Quelle folie de rester sur la circonférence. Combien mieux vaut-il aller au centre d'où l'on voit tout !

Car aussi cette INTELLIGENCE (impersonnelle, ou personnelle, que m'importe ! qu'est-ce qu'une personne après tout, où cela commence-t-il, où cela finit-il ?) d'où émanent toutes les « intelligences », cette INTELLIGENCE UNE, elle EST. Il n'y a qu'à jeter un coup d'œil sur les profondeurs du ciel pour voir qu'une LOI intelligente meut tout, anime tout, solidarise tout et que le TOUT est UN.

Cette INTELLIGENCE ne doit-elle pas faire l'objet de notre DÉSIR ?

Puisque je puis la désirer, n'est-ce pas une preuve logique que je dois pouvoir la posséder ? Car alors où ce désir prendrait-il sa source ?

Dans un sentiment d'immense orgueil égoïste ? Oh ! non ; car je sais maintenant que pour cette INTELLIGENCE, je dois sacrifier toute intelligence personnelle, tout désir de *séparativité. C'est cela, tout désir de séparativité, que je dois détruire ;* cela vient de l'Orgueil. C'est l'Orgueil lui-même qui fait croire à l'homme actuel qu'il est quelque chose, c'est ce qui l'exaspère et le hausse jusqu'à ce qu'il se proclame vraiment dieu.

Dieu de carton, tu me fais rire !

Allons, disons le mot :

Homme, la personne actuelle n'est rien ; rien, tes connaissances ; rien, tes affections.

On ne t'a pas consulté pour édifier même ce monde et pourtant ce monde n'est qu'un mensonge. (Une apparence serait mieux dite).

(Voile d'Isis, 1ᵉʳ avril 18!6).

LA SCIENCE DE L'AMOUR

La *Pensée*, au but extrême de sa course, entrevoit l'*Unité*. Le *Cœur* seul peut la réaliser.

Les Pères de l'Eglise nous disent que la science la plus brillante, les plus riches parures de l'intelligence, ne sont rien sans l'*Amour*.

Quand cette affirmation est produite par le formidable intellectuel, en même temps pur mystique qui s'appelait saint Thomas d'Aquin, il faut s'incliner. Un tel homme ne saurait mentir. Tout ce que nous pouvons désirer, c'est d'acquérir à notre tour, par l'expérience, une semblable certitude, source du bonheur le plus pur.

Sur terre, nulle joie n'est égale à celle de deux âmes, l'une à l'autre données sans retour.

Ce qui prouve bien qu'il entre de l'Absolu dans l'amour, c'est que l'amour qui ne se croit pas éternel, se nie par le fait même, devient un simple calcul et paraît une monstruosité.

Le *vrai mariage*, connu et réalisé dans la *Pureté*, est accompagné d'une béatitude parfaite appuyée sur deux adorables sensations : *la Présence*, l'absence de tout désir.

En effet, celui qui n'aime pas *est toujours seul*, et c'est là l'enfer.

Celui qui aime n'est plus seul, et c'est là le paradis.

Ceux qui s'aiment ignorent la distance, ils sont l'un dans l'autre goûtant l'harmonie parfaite, obtenant facilement, dans ces conditions, la transmission de pensée constante, la communication des mouvements de l'âme.

Les preuves en sont rares, — car notre terre est peu fertile en de telles amours, — cependant *elles existent*.

Cette *présence* donne une force inconcevable, une confiance ou foi merveilleuse, une ardeur sans fin.

Il peut, en second lieu, sembler étrange que l'absence de tout désir soit envisagée comme la couronne la plus enviable, *tranquillité* parfaite, fruit de l'amour véritable. Pourtant c'est fort simple. Ceux qui s'aiment ne désirent plus rien ; ils vivent dans la plénitude, dans un calme d'âme accompagné d'une grande douceur et d'une joie profonde quoique silencieuse et discrète.

Enfin, la parole habituelle leur est inutile et leur sentiment d'amitié totale, réciproquement s'affirme par un langage du cœur, d'une telle subtilité qu'en vain les profanes le voudraient saisir.

Car n'oublions pas que ceux qui aiment la Beauté superficielle ou suivent l'impulsion du Désir bestial, d'un honteux calcul d'intérêt on marchandage (ainsi que cela se pratique généralement, à notre époque), *ignorent l'Amour*, ne touchent que des écorces et ne sauraient parler d'un fruit exquis qu'ils n'ont jamais goûté.

Que peuvent-ils connaître de l'Invisible, de l'Infini, du Sublime ?

En notre siècle impudique et peu sincère, il peut sembler étrange qu'un étudiant spiritualiste chante l'amour de l'homme et de la femme.

Eh bien ! je dis que si notre société meurt, c'est parce qu'il n'y a plus de vrais mariages ; il y a des étrangers réunis par le hasard et que le contact transforme vite en deux ennemis irréconciliables.

Glorifions donc le vrai mariage ; bénissons les époux que l'amour seul unit, car ils sont la pierre robuste qui seule peut soutenir la Société, en lui donnant de belles et saintes familles. Car nos époux aimeront *aussi l'idéal d'Eternité* ; autrement, comment s'aimeraient-ils ? Qu'aimeraient-ils donc réellement ?

Nos pères les Gaulois vénéraient le Mariage.

Soyons leurs fils en cela.

Ainsi, le vrai mariage humain apparaît comme une chose divine.

Cependant, il ne réalise que la *présence illusoire*.

Cette Union de deux créatures, qu'à dessein j'ai fait paraître si douce, n'est rien par rapport à l'*Union divine*, l'*Eucharistique communion*, la *très sainte Yoga* qui veut dire *Union* spirituelle (terme indou), bien qu'elle soit un véritable présent du Ciel, si on la compare à tous les immondes appétits qui sollicitent l'homme-animal de notre cycle (période de la vie universelle).

` C'est la *Présence réelle* qui doit être l'objet suprême de notre Désir purifié, exalté, sublimé ; celle-ci est le fruit de l'Union avec l'UNITÉ PURE, DIEU, l'AMOUR MÊME ; les Saints l'ont connue.

Nous avons vu combien la *Présence illusoire* était déjà pleine de douceur, admirable et désirable, car elle affranchit de la Nuit, du Néant, de la *Solitude*.

C'est en vain que, par l'Amour de la matière, les hommes voudraient tromper cette Solitude. C'est en vain que dans une course infernale, affolante et *sans repos* — car ils connaîtraient le vide affreux de leur existence —, ils veulent tromper leur inquiétude et subissent le joug de l'Appétit, de l'Égoïsme, de l'Orgueil ; ils sont vraiment misérables, vraiment à plaindre.

Leurs traits contractés, leur rire hautain, mais grimaçant, le prouvent.

Deux jeunes amoureux en savent plus long qu'eux sur le bonheur et le trouvent dans une humble chaumière, quand le riche dans un palais ne rencontre que la Privation, quand son âme y meurt de faim, de soif et de froid, car elle n'a pas sa nourriture, l'Amour, elle n'a pas sa chaleur, l'Amour. Et l'Amour s'achète avec l'Amour, non avec de l'Or. Toutes les richesses de la Terre ne sauraient payer une parcelle de la *vraie richesse*, celle du cœur. Et les riches sont des pauvres, et ceux qui aiment sont des riches.

Cette *présence illusoire* rencontrée dans le vrai mariage, qu'est-elle cependant auprès de la *Présence réelle*, trouvée dans la Sainteté ? Il y a certainement une distance plus grande entre les joies de l'amour divin et celles de l'amour humain, qu'entre l'Amour humain et le Néant.

Aussi, dans cette étude, nous considérons l'Amour de l'homme et de la femme comme une étape vers le céleste amour de l'*Ame purifiée* et de l'*Esprit pur*. Nous considérons le mariage terrestre comme l'image dans le fini et aussi le miroir réflecteur du mariage divin, qui est l'Alliance et l'Unification avec l'Infini lui-même.

Les bonheurs du premier font présager ceux du second et nous avons, pour affermir ici notre foi, les tressaillements d'intensive volupté qui embrasaient les martyrs chrétiens et les apôtres de l'Humanité, à travers tous les pays et les âges.

La Nature perfectionne doucement toutes les choses de l'Univers, qu'elle ramène vers l'Unité, sous l'impulsion de l'Esprit pur. Nous retrouverons dans l'Union finale, l'*Être*, *la Conscience et la béatitude*.

Le Mariage humain est un premier enseignement de l'Union divine. Ceux qui, détachés de la Terre et des perceptions sensuelles, aspirent de toutes les forces de leur cœur, de leur âme, de leur esprit, à la *Fusion suprême* sont probablement des hommes fort avancés déjà, ayant conquis l'*expérience humaine* dans une existence précédente.

(Le sublime mariage est celui de l'Église intérieure avec l'Esprit pur).

En toute Union, l'agent, l'objet et la fin, c'est l'Amour. L'Amour doit donc être envisagé en soi-même. C'est l'élément liant, expansif et fécondant par excellence ; c'est l'Être même et c'est la Vie même.

Il opère à l'origine de l'Univers, il ne cesse de perfectionner, il conserve, et c'est lui qui nous rassemblera tous dans la *Paix Eternelle*.

L'Amour est le grand secret du Magnétisme ; c'est aussi, nous l'avons vu, le grand secret de la Vie mystique ; mais il est également toute *Action* et *Lumière*. Ceux que ses *flammes* embrasent, vivent en Paradis, participent à Nirvâna (état bienheureux suprême, le Paradis selon le Bouddhisme), quoique encore sur Terre ; ils peuvent, on le sait, accomplir des miracles. *Ils voient le Père*, l'Unique, *et rayonnent sa puissance*.

L'Amour est voyant. Son regard ne connaît aucun obstacle, affranchit de l'illusion de toute distance dans les temps ou l'espace ; il unit la *volonté de l'homme à celle du Père.* Il a cet inestimable privilège. Tout homme de cœur humble et d'esprit simple peut ainsi, à tout moment, s'unir au *Divin*, en être le collaborateur, alors même que son Esprit ne le contemple pas encore dans son Universalité et son Unité.

L'Amour perçoit directement les âmes, leur infuse force et vie par un simple mouvement de lui-même ; il n'a qu'une arme, *la Bonté.*

L'Amour se relie à toutes les choses d'un plan, à tous les plans de l'Univers et permet toutes les *transpositions réelles de la Conscience* ; et l'homme peut ainsi s'identifier à toute chose du Kosmos et la connaître. C'est une question de pratique, de patience et de foi (accompagnée de la connaissance des correspondances). Les résultats en découlent abondamment de l'expérience (Voir la *Mystique* de Gœrres).

La violation de ses mystères fait les magiciens noirs. La connaissance des mystères du pur Amour, par la Sagesse, fait les Mages ou Frères de Lumière (Bénis soient-ils). L'Amour est le secret de la vie ; c'est lui qui prononce les *vraies paroles,* c'est lui qui émeut profondément, atteint le Centre.

Tout l'Idéal de l'homme devrait être d'exalter cet élément en soi-même, mais accompagné de la *Pureté même,* qui est la reine des anges, comme du ciel étoilé.

La Fraternité éprouvée, sincère et active pour

toutes les créatures est le vrai moyen d'opérer la sublimation de l'Amour que le *mariage vrai* avec une créature ne nous révélait qu'au premier degré.

L'Amour est le seul secret de l'Eglise catholique ; elle conquit une force extraordinaire, une vie intense, une splendeur et un rayonnement incomparable (j'en parle en toute indépendance), parce qu'elle cultiva l'Amour.[1]

Tout l'Evangile se résume ainsi : Aimez.

C'est le mot de Jésus, c'est celui de Bouddha ; c'est celui de tous les grands initiateurs.

Mais il est formulé d'une manière limpide surtout dans l'Evangile. Bouddha et Jésus ajoutent constamment *la Pureté, condition indispensable* pour la divinisation de l'homme.

La philosophie est une véritable illusion, si elle n'est simplement le vêtement d'une âme dont la Pureté est la parure, et dont la véritable demeure est l'*Amour*.

Aussi, ceux qui n'aiment pas produisent le froid, la sécheresse, l'aridité, la *division*, tandis que l'Amour féconde et *unit, pacifie*.

La Pensée seule est indifférente au Bien comme au Mal. A mille raisons en faveur d'une chose, on peut opposer mille raisons contre.

L'*Amour* est un tel *Bien* que *ceux* qui le goûtent

---

[1] Amo dit quelques lignes plus bas : « L'Eglise catholique a « le grand tort de ne pas prêcher la paix entre les peuples ». Preuve qu'il faut toujours distinguer le prêtre de la doctrine qu'il est censé représenter. — M. D.

ressentent une joie à nulle autre pareille, d'autant plus vive et profonde que l'Amour est plus impersonnel, plus universel ; dans ce cas, leur Pensée et leur Raison sont uniquement consacrées à revêtir la *Vérité de l'Amour* des aspects nécessaires pour la faire comprendre aux hommes qui l'ignorent, et les attirer.

L'Amour s'ingénie à parler *le langage* de ceux qu'il veut conquérir et s'insinue doucement par *l'adaptation harmonique.* Sa parole est toujours la même sous divers langages.

Si celui qui aime sent en lui-même, par un certain trouble de l'Ame, que l'Harmonie entre son frère et lui est menacée, alors il cède, augmente sa ferveur pour le *Bien* qu'il veut accomplir et retrouve toujours *la Parole qui guérit par persuasion,* sans faire souffrir ou provoquer la révolte.

On sait combien l'Union est une source de force et de lumière.

Les Eglises extérieures, sectes ou fraternités, sont basées sur ce fait. Elles sont des sectes, parce qu'elles sectionnent l'Humanité ; elles sont des fraternités, parce qu'elles unissent un certain nombre de membres de cette Humanité.

En réalité, elles sont comme des cellules qui se fractionnent pour former d'autres cellules ; mais toutes, un jour (au temps du règne de l'Amour et de la paix) seront solidarisées harmonieusement pour constituer un *organisme, l'Humanité-Une* (le Congrès de l'Humanité est entrepris dans ce but).

L'Amour dirigé vers tous les hommes et toutes les *fraternités*, nous fait entrer dans *l'Eglise intérieure*, universelle, unique, *éternelle*, dont les Églises extérieures ne sont que des manifestations temporaires, locales, suivant le tempérament des peuples divers et leur degré d'évolution.

L'Amour, ainsi conçu, efface toute contradiction à nos yeux ; il simplifie notre pensée et ne se trompe pas, car il travaille à la Paix sans l'édifier sur la guerre. *D'ailleurs, ce qui est humain vraiment, est divin aussi.* Jésus a fort bien expliqué qu'aimer son prochain ou Dieu, c'était le même commandement. Or nous aimons vraiment les hommes si nous cherchons à les *unir* tous.

Développons donc l'Amour en nous. Concevons-le inséparable de la Pureté et de la Sincérité (Amour de la Vérité). *Ne semons jamais la division* ; désirons la Paix entre les *peuples* et les individus.

L'Église Catholique a le grand tort de ne pas prêcher la paix entre les peuples. L'œuvre de civilisation par toute la terre s'accomplirait tout aussi bien par le bon exemple et la douceur que par les massacres (qui engendrent un affreux Karma-Destin pour les nations qui s'en rendent coupables).

Pourquoi fonder sans cesse des chapelles fermées ; pourquoi pontifier menteusement quand on ignore, pourquoi générer sans cesse l'Antagonisme ?

Où est la Vérité, l'Amour, l'Union, en une telle manière de faire ?

Ne se lèvera-t-il donc pas, en notre siècle de Liberté, des hommes affranchis de toute entrave sectaire, respectant toute secte, mais aimant tellement la Vérité, qu'ils ne connaîtront plus d'autre cause que la sienne ?

Est-ce que le simple *Amour* de la Vérité, de la Justice, n'est pas un véritable guide spirituel, un tuteur angélique, conseil d'une sagesse admirable pour qui l'écoute sans cesse ?

Ah ! les hommes ont bien brouillé les cartes ! *La Vérité est si simple, pourtant* ! Mais elle ne se donne qu'à ceux qui ont *le cœur pur* et *l'esprit simple*.

Cette indépendance de l'homme exige une véritable force d'âme, un culte exclusif de la *Lumière pure* ; mais combien douce, miséricordieuse, compatissante et sympathique cette *intransigeance*, qui ne condamne aucune fraternité et n'a qu'un but ; les unir, les féconder l'une par l'autre, provoquer l'échange de leurs richesses respectives, harmoniser tous les hommes aux divers tempéraments, caractères, dans un unisson respectant chaque liberté.

Unissez votre volonté avec la Volonté du *Père qui est en secret* ; travaillez avec la Loi de Justice qui régit l'Univers, qui protège toute créature et dégage doucement, *mais irrésistiblement l'Unité* des ténèbres qui la voilent.

Aimez, sachez que vous êtes éternels, sachez que vous êtes dans les autres, que les autres sont en vous et que tous *vous êtes dans l'Unité* (révélation

7

de Jésus). *Ceci est la Vérité,* enseignée par tous les Sages, les Saints dont s'honore l'Humanité.

Sachez que, lorsque vous aurez purifié votre cœur, simplifié votre esprit, détaché votre Amour de toute relativité, vous pénétrerez dans le ROYAUME DES SPLENDEURS, *qui est celui de la* RÉALITÉ, que votre Cœur sent, désire, et qui EST. Délaissez toute illusion ; cherchez-le Royaume de Dieu et sa Justice.

Heureux celui qui n'aura qu'une Science : *l'Unité* !

Heureux celui qui sera tout Amour, feu et lumière et qui s'oubliera lui-même pour se fondre en cette Unité souveraine.

Heureux les hommes pacifiques, car ils recevront du Ciel un baiser de Paix ineffable ! Ils seront enlevés dans une ivresse indicible, éternelle.

AIMEZ.

(*Paix universelle,* 15 avril 1896).

L'UNITÉ[1]

L'homme vivant, l'homme actif, qui aime, et qui est uni à l'unité, saisit les rapports des choses et

[1] Cet extrait des œuvres d'un puissant penseur catholique, mais sachant cependant s'affranchir en une grande mesure de la tyrannie des formules toutes faites, prouve éloquemment son titre par l'identité des idées qu'il exprime avec celles que, depuis, Amo ignorant Hello, développa. Parvenus au même point par deux voies distinctes, ces deux hommes virent les mêmes choses. — M. D.

unit entre elles les vérités. L'homme mort a perdu le sens de l'unité : il n'unit plus les vérités entre elles ; il né concilie plus, par la contemplation de l'harmonie, les choses qui doivent être conciliées, les choses vraies, bonnes et belles... Cet homme ainsi uni à la désunion, s'autorise de cette désunion même dont il est l'auteur et le complice, pour ne pas travailler à la réunion. Il la rend impossible pour son compte, et la déclare impossible pour le compte de tous. Ne *voulant* pas, il déclare qu'il ne *peut* pas ; il crée en lui-même l'impossibilité qu'il constate..., il renonce à voir l'unité renaître dans lui-même et dans les autres.

Il renonce, voilà le grand mot !.. Voilà le mot que Satan a dit à l'oreille de Judas ! Voilà le mot du suicide, le mot de l'ennui, le mot du désespoir, le mot de l'enfer...

Dieu ne renonce jamais !..,

Quel homme a droit de prononcer le mot « impossible », puisque Dieu a promis d'être là et d'aider ?

Que ceux-là donc s'unissent qui n'ont pas renoncé ! Qu'ils s'unissent dans l'espérance, et dans une espérance vivante, ardente, agissante, féconde !

A l'heure de la bataille, le soldat n'exige pas que son camarade soit parfait ; il ne lui cherche pas des torts ; il sait qu'il est son camarade, qu'ils combattent ensemble, qu'ils ont une même patrie ; et il ne sait pas autre chose. Si jamais l'oubli des petites divisions particulières a été digne d'un homme et d'un chrétien, c'est sur le champ de bataille que cela se sent.

S'unir et espérer : voilà la devise de la victoire. Elle s'offre à qui accepte cet étendard.

L'espérance, que Schlegel a nommée le signe caractéristique de l'homme sur la terre, l'espérance est la force qui rend les choses possibles comme la volonté les rend réelles. En déclarant impossibles les progrès du vrai et les conquêtes du beau, nous les rendons impossibles. Nous ne les espérons pas ; dès lors, nous ne les voulons pas ; l'homme ne veut que ce qu'il espère. Osons espérer la victoire, la voilà possible ; osons la vouloir, la voilà réalisée !

Mais il y a une condition : c'est que tous ceux qui osent espérer tendent la main à ceux qui osent vouloir.

Il y a encore une condition ; c'est que chacun sente la nécessité d'aider lui-même personnellement ceux qui espèrent, ceux qui veulent, et ne charge pas les autres de payer la part de tribut que lui-même doit. Que deviendrait un monde où, chacun comptant sur les autres pour agir, personne n'agirait en réalité ?

Oser espérer que le progrès du vrai et du bien, non réalisés encore, sont possibles cependant ; — oser vouloir qu'ils se réalisent ; — oser s'unir ; — *oser vivre*, chose si simple qu'elle ne semble pas exiger de courage, mais qui en exige beaucoup : voilà le devoir de tout ce qui a une âme !

Tout effort qui s'isole se frappe de stérilité. La puissance est une des récompenses de l'unité obtenue.

Ce n'était pas seulement aux hommes d'il y a dix-huit cents ans, c'était aux hommes d'aujourd'hui que parlait le Verbe Éternel, quand, donnant à boire aux hommes le même sang, il a ordonné à l'unité humaine de se modeler sur le type de l'unité divine. Il a chargé son aigle — celui qui, ce jour-là vienne ! dormait sur la poitrine du Rédempteur — de nous transmettre cette prière immense, adressée au Ciel et à la Terre : « Qu'ils soient consommés en un ! »

Que son cri soit répété dans tous les domaines de l'intelligence ! Qu'il soit porté au sommet du monde ! Ernest Hello.

(L'*Homme*, édition in-18, pp. 257, etc.)

(*Paix universelle*, 31 mai 1896).

LE VIDE [1]

Lorsqu'on aborde un sujet capable de troubler la Pensée habituelle, on hésite, devant les *doubles*

[1] Cet article de haut occultisme risque fort d'être incompris, si le lecteur se contente de le parcourir avec ses yeux. Notre frère *Amo* y enseigne qu'on ne peut rien « savoir » sans « contempler » et qu'on ne peut rien « contempler » sans chasser du mental toute chose autre que celle que l'on veut étudier, et (sur un plan supérieur) sans paralyser tous les principes inférieurs (faire le Vide) pour laisser seule la lumière bouddhique pénétrer l'Ego manasique. — N. D. L. D.

conséquences, bonnes et mauvaises qui peuvent en résulter.

Pourtant, si, l'Amour du Bien étant invoqué, l'écrivain est sollicité, il doit s'élancer courageusement, ne perdant pas de vue le but unique : *le triomphe de la Vérité*, la dissolution de l'Erreur.

C'est dans cet ordre d'idées que nous exposerons sur le *Vide* quelques vues simples et quelques aspects assez nouveaux pour l'Esprit Occidental.

Le Mystère attire et repousse la foule. Il lui fait peur, parce qu'il menace sa *Vie*, et lui semble la *Mort* ; il la sollicite, parce qu'il contient une *Vie* nouvelle plus intense, plus adaptée aux nouveaux désirs de l'*Ame*.

Pour celui qui ne regarde plus les écorces, les écorces se détachent. Le Disciple cesse d'être le jouet des reflets du *Réel* et peut enfin s'approcher du *Réel* lui-même.

Alors, il réalise l'*Equilibre,* domine le binaire, dirige les courants de la Vie.

Toute âme cherche son *âme-sœur* — terme impropre car il exprime un idéal dont le reflet terrestre n'est qu'une chose grossière —, qu'il vaut mieux nommer *son Complément.* Oui, toutes les âmes sont entraînées dans un immense tourbillon pour trouver leur « complément ».

Pour compléter le zéro, il y a l'infini. Les deux s'équivalent !

Si l'âme ne fait pas le Vide en elle-même, si elle ne réalise pas la *Pureté parfaite* et la Sagesse, si elle ne cherche pas à déchiffrer la *Page Blanche*, — ce qui, pour la personnalité, est l'*Obscurité totale*, — elle tournera indéfiniment dans le *cercle illusoire*.

Elle doit asservir, jusqu'à l'annihilation, tout ce qui touche à la sensation, au sentiment, à la pensée : *elle doit faire le Vide*. Alors, seulement, son être éternel retournera dans l'*Etre*. Ceux qui vivent dans la Vie externe, ne trouveront en ces lignes qu'*Obscurité* ; ils s'indigneront, se révolteront ; *il est bon que cela soit*.

Ceux qui *s'élèvent*, percevront ici la *Lumière*.

Le *Vide* a trois fonctions :

1° Il aspire, avec une intensité *proportionnelle à son degré*, toutes les choses de l'Univers (*La nature aime le Vide*, — contrairement à l'ancien dicton).

2° Il brise tous les liens qui maintiennent l'âme prisonnière de la *Vie illusoire*, et lui donne, *par suite*, la maîtrise sur cette vie illusoire et sur les âmes qu'elle enveloppe.

3° Il donne la *Plénitude*, s'il est *parfait*.

Vous ferez le Vide ; dans ce Vide, vous introduirez, seule, la chose que vous désirez connaître ; elle se décomposera et déploiera ses *multiples significations*.

Vous ferez le Vide ; vous trouverez le point d'appui et le levier ; vous opérerez toute transformation ; vous commanderez à chaque chose lorsque vous aurez renoncé à chaque chose.

Vous ferez le Vide ; vous serez alors dans l'ignorance totale que donne toute Science. Nous

pourrions, ici, laisser le voile de l'absurde qui cache
la Vérité aux yeux de l'ignorance vaniteuse ; mais
ce n'est point nécessaire, et nous pouvons en dire
plus long, car elle ne comprendra pas davantage.

Il est donc certain, que, si vous avez une certaine science, vous restez dans ses limites, et
qu'elle vous dérobe son aspect complémentaire.

Il est certain, qu'en niant ce que vous savez,
vous ne le perdez pas, mais que vous évitez l'Arrêt
et la Fixation illusoire ; en niant toutes choses,
vous vous dérobez à toutes choses, pour parvenir
à l'état de Suprême Voyance, où vous les voyez
toutes, n'étant plus enfermé dans aucune.

Vous pouvez dissoudre toute écorce et libérer
l'*Etre* qui est en vous et qui ne saurait cesser d'être
pas plus qu'il n'a commencé d'être.

La Bonté pure remplira ce Vide absolu.

Les choses unifiées cessent de vivre.

Après cela, que celui qui veut savoir, *cherche*.

Qu'il connaisse l'Abstraction, qu'il sache prendre
les points d'appui qui sont sur lui-même, pour
s'élancer sur les courants cosmiques. Qu'il sache
s'identifier, qu'il sache transposer sa *Conscience*,
qu'il brise l'entrave et qu'il se laisse ré-absorber par
ce *qui seul* est.

Aux Catholiques de la lettre morte, qui ne retrou-
veront pas *Dieu* dans ce *Vide*, je conseillerai simplement de lire la Théologie mystique de saint
Denis l'Aréopagite ; ils y *liront* que *Dieu, c'est
l'Obscurité*.

Les Savants néantistes ne nous contrediront pas, si nous leur disons qu'il *n'y a Rien*.

A côté du mal, est le remède !

A côté de la douleur, est la joie.

A côté du sacrifice, est la récompense.

Qu'ils sont heureux, ceux qui deviendront la *Lumière incolore*. Que ceux qui ont des yeux pour voir, voient.

Ils trouveront la Vie divine.

Sur le plan terrestre, nous sommes à une heure solennelle où deux grandes civilisations complémentaires, l'*Occidentale et l'Orientale*, commencent à se désirer pour se féconder.

Je forme des vœux pour que l'Esprit ésotérique conseille les *Théosophes et les Martinistes* et leur murmure des paroles d'Amour réciproque.

Un éminent occultiste français me disait, dernièrement :

« L'Esprit celtique est dans les Indes. »

Sachons nous éveiller et comprendre que l'âme celtique, — l'Esprit d'Amour, de Paix et d'Unité, — va sortir de sa torpeur, émouvoir l'Europe et l'Orient.

Pour la Sainte Lumière, sachons *nous unir* à travers toutes les sectes.

Il n'est pas jusqu'au principe fondamental du Catholicisme et de la Franc-Maçonnerie, qui ne soit le même : l'*Amour*.

Les hommes se battent aveuglément pour le triomphe de la même chose.

Si nous ne pouvons empêcher cette lutte révéla-
trice, sachons au moins, frères de tous les partis,
qui aimons l'Unité, nous unir par le cœur.

Que la Volonté soit faite![1]

(Lotus Bleu, juin 1896).

L'AMOUR ET LES DOCTRINES

Le commandement suprême et le Bien parfait,
c'est l'*Amour*. Ensuite viennent les doctrines qui
voilent et figurent tout d'abord cet *Amour*, puis
s'obscurcissent vivement.

L'Amour unit, les doctrines divisent. Le Mal
profond qui désole la Terre, c'est l'Esprit doctri-
naire ; il exerce ses ravages dans toutes les Eglises et hors des Eglises.

Le commandement suprême, c'est l'*Amour*.

[1] Beaucoup, à la lecture de cet article, désireront des explications. Pourquoi ?... Fontenelle disait : « Si j'avais la main
pleine de vérités, je la tiendrais fermée pour qu'aucune ne
s'échappe ». L'Evangile enseigne : « Ne jetez pas les perles aux
pourceaux. » Et les anciens Egyptiens, sous une forme très
semblable, conseillaient à leurs disciples : « Il ne faut pas
semer les pierres précieuses sur le chemin des aveugles, de
peur qu'ils s'y blessent et vous injurient ». De fait, si l'on ne
doit pas mettre la lumière sous le boisseau, toute vérité n'est
pas toujours bonne à dire à tout le monde ; on n'apprendra pas
à un enfant les mystères de la procréation, par exemple, sur
quoi repose pourtant tout l'édifice social.

Et ce livre même, parce qu'il s'adresse à tous, contient bien
des passages dont plusieurs s'offenseront ; ils auront tort

Aucune doctrine ne peut réclamer ce commandement comme étant le sien propre. Elle commence à mentir, en disant cela. Elle continue le Mensonge et la Perversion des hommes, lorsque ensuite elle prétend même se substituer à l'*Amour*. Une doctrine n'est pas mauvaise en elle-même, elle est mauvaise quand elle est *exclusive*. Elle est alors satanique, puisque *Satan*, *c'est l'Adversaire*; c'est la teinture infernale qui salit toute beauté, qui déforme toute Vérité.

L'Amour est inscrit dans le cœur de l'homme. Il faut aimer vraiment l'ignorance, ou la mauvaise foi, pour excommunier les civilisations antiques ou actuelles des pays divers de la Terre avant d'en avoir fait l'examen sincère.

C'est l'Orgueil qui possède l'homme, lorsqu'il dit : *Ma foi est la seule véritable.*

Une foi basée sur l'orgueil ne saurait être bonne et véritable; par le fait même qu'elle divise les

chacun a ses aptitudes spéciales ; qu'ils se contentent de dédaigner les lignes qui leur déplaisent ; d'autres en feront leur profit, à qui sembleront méprisables les pensées préférées par les premiers ; et *le Vide*, à plusieurs, sera comme la tradition d'un mot de passe. Ceux-là sont, d'ores et déjà, les serviteurs de l'Unité.

Ne pas comprendre une chose ne prouve pas l'incompréhensibilité absolue de la chose, mais la relative incapacité de celui-là même qui ne comprend pas. — Un fou peu comprendre très bien les insanités qu'il débite ; donc ces insanités ne sont point incompréhensibles en soi ; mais l'intelligence des gens appelés raisonnables n'est point organisée pour les recevoir. On peut, du reste, avec une relative facilité, modifier l'instrument de la compréhension. — M. D.

enfants du même Père Céleste, elle prouve assez
qu'elle est mensongère, funeste, *satanique*.

Puisque le même *soleil* de la nature éclaire tous
les hommes, comment osez-vous prétendre que le
même soleil spirituel n'éclaire pas tous les hommes ?

O cœurs étroits, cerveaux déprimés, il vous faut
toujours des idoles ! Le Dieu de la Bonté pour
toutes les créatures, le Dieu de l'Immensité des
Mondes, le Dieu dont la sollicitude conserve avec
autant d'Amour le grain de sable et l'étoile, le
Dieu enfin qui embrasse le Séraphin et qui aime
les *inférieurs* eux-mêmes et les rappelle dans son
sein, vous le refusez; cette Mère divine, affec-
tueuse au-dessus de toute affection, vous l'ignorez.

Et vous osez dire que votre rêve mesquin, *méchant même*, dépasse la conception grandiose,
sublime, que nous avons de la *Bonté suprême* !
Vos paroles froides, égoïstes, vous jugent. Vos
fruits, ce sont vos actes de guerre aux hommes
qui n'ont pas votre culte, de guerre entre les peuples. *Au nom du Dieu d'Amour*, vous admettez et
perpétuez les plus exécrables forfaits, les injus-
tices sociales les plus flagrantes.

Oh ! puisse l'Humanité voir bientôt comme
vous êtes menteurs ! *pharisiens maudits, race de
vipères, qui, sous prétexte de longues prières, ruinez
les veuves et les orphelins* ! C'est pour l'Humanité
toute entière que le Christ est venu, c'est contre
vous qu'il s'est élevé.

Le tas de mauvais herbes qu'il voulait brûler, c'est vous-mêmes ; vous avez introduit la trahison jusque dans sa maison ; vous avez conclu le pacte avec les riches et les *rois de la guerre*, mais patience !

Pas de recul donc ! EN AVANT !! VERS L'AMOUR MÊME, VERS L'HUMANITÉ UNE ! Renversez toutes les doctrines[1] pour adorer *Dieu seul*, l'AMOUR INFINI et sa JUSTICE parfaite qui est la Loi unique, inviolable, de toute vie, la règle de l'Univers entier à travers toutes ses profondeurs.

Aimez-vous les uns les autres avec ardeur.

Que votre amour soit inscrit au fond de votre cœur ! C'est la clef d'Or du Paradis !...

Le Cérémonialisme est le fruit naturel de la Doctrine, lorsque *la lampe qui éclaire le sanctuaire* cesse de briller. A mesure que cette lueur tutélaire, qui vivifiait le dogme, s'éteint, le Cérémonialisme, cessant d'être équilibré par l'Amour, engendre le Sensualisme passionnel, la croyance à la réalité des choses sensuelles et à l'efficacité des actes externes. Le Sensualisme religieux devient enfin le Matérialisme. Celui-là voit bien qui voit une même chose en ces deux choses.

Le Matérialisme est l'enfant direct du Pharisianisme.

Les Pharisiens ont eu deux redoutables adver-

---

[1] Il s'agit toujours des doctrines mortes, qui n'ont que lettre sans l'esprit. — M. D.

saires : *Jésus, saint Paul.* Tous deux ont réduit la Loi à l'unique commandement d'aimer (quiconque a le cœur et l'esprit libres peut s'en assurer par une nouvelle lecture attentive des évangiles et des épîtres de saint Paul).

Alors ce furent les premiers temps du christianisme, la simplicité première, et le Saint Esprit descendait sur les frères, en ce temps-là.

Ils guérissaient, ils prophétisaient, ils avaient le don des langues, ils étaient dans la joie perpétuelle que donne à ceux qui l'aiment par-dessus tout la *sainte Vérité* ; ils avaient l'Enthousiasme irrésistible et la foi qui soulève les montagnes ; ils couraient au martyre en chantant la gloire du Dieu d'Amour, *notre Père* ; ils passaient de la mort terrestre à la vie céleste sans en avoir conscience, car ils participaient à cette Béatitude divine qui défie la Douleur et la Mort,

Heureux temps, où l'on aimait jusqu'à l'ivresse, usqu'à la *folie* (selon les hommes, mais Sagesse selon Dieu).

Tristes temps que ceux d'aujourd'hui, où les pharisiens pontifient dans les Temples, après avoir crucifié le *Christ social,* où les savants pharisaïques dupent ceux qui sont restés hors des temples.

Aujourd'hui, les prêtres *ne guérissent plus en imposant les mains* ; ils ne prophétisent plus. Aveugles, ils conduisent des aveugles ; ils continuent à mettre le vin nouveau dans les vieilles outres, et le vin nouveau qui fermente crève les

vieilles outres et se répand. Tout cela est clair,
limpide, devant l'œil spirituel, et 1896 ans n'ont
pas changé grand'chose à ce qui était au temps de
Jésus.

Ne mettons donc pas la lumière sous le boisseau ;
ce que nous savons, crions-le sur les toits.

Je dis que l'Eglise a perdu les dons du Saint-
Esprit ; inutile pour elle de se prévaloir des quelques *saints exceptionnels* comme saint François
d'Assises, saint Vincent de Paul, etc., qui furent
saints, parce *qu'ils aimèrent* et non *parce qu'ils
pratiquèrent* ; car nombreux sont ceux qui pratiquent et rares ceux qui aiment.

Ceux qui pratiquent sont les fils des pharisiens ;
ceux qui nient sont les enfants des sadducéens ;
ceux qui aiment sont les frères de Jésus et les disciples de saint Paul. *Voilà qui est vrai.*

Le Saint-Esprit ne saurait pénétrer les Matérialistes ; j'entends par Matérialisme tout culte dans
lequel domine l'erreur sensuelle, soit dans les
Eglises, soit hors des Eglises[1].

Par le Spiritualisme seul, on peut recouvrer les

[1] Il est certain que tout cléricanisme est matérialiste, qu'il
soit sectateur du rouge bonnet phrygien, ou qu'il se couvre de
la calotte noire.

Le cléricalisme c'est, en effet, l'exclusif esprit de coterie qui
relie entre eux les intransigeants gardiens d'une forme ; et leur
sectarisme étroit, estimant cette forme plus que toute autre
chose, ils en viennent fatalement à méconnaitre l'esprit y inclus.
La question est aussi vieille que le monde, car il y eut, hélas !
toujours des sectaires se groupant autour des bonzes. — M.D.

admirables facultés perdues pour nous, mais *la-tentes en chacun de nous.*

Les dons du Saint-Esprit ne sont plus nécessai-res, répondent les prêtres interloqués par le *désa-veu céleste de leurs doctrines.*

Nous répondrons qu'ils n'ont jamais été plus nécessaires qu'à cette époque où nous vivons.

La foule a une telle soif du Merveilleux, qu'elle se jette à genoux devant la plus vulgaire appari-tion projetée par les *habitants de l'Astral,* qui ont grand intérêt à maintenir l'asservissement des hommes sous l'Ignorance.

Les Eglises ne possèdent plus les *dons de l'Esprit,* (qui n'ont jamais manqué cependant à *certains hommes* dans tous les temps et les pays), parce qu'elles sont *hors la Voie.*

Protester et se révolter ne sert de rien contre l'évidence; c'est la passion, rien de plus. Si nous parlons ici, c'est précisément pour surélever la *Vérité* au-dessus de la *Passion,* au-dessus de l'*Instinct.*

Les pharisiens d'aujourd'hui ne sont-ils pas les mêmes que ceux d'autrefois? Les princes des prê-tres ne sont-ils pas encore prêts à crucifier l'*Amour* (que Jésus *figura* pour notre génération)?

Nous pouvons affirmer ici, — connaissant des *faits* à l'appui, et pour rendre témoignage à la Vérité, — que *tout homme* qui brûle les écorces, les dogmes, les formules, les doctrines pour se livrer au *culte exclusif de l'Amour pur de tous les êtres*, pour *se baigner dans l'Harmonie Universelle* et *s'identifier à l'Essence* des êtres et des choses, *retrouve ses facultés merveilleuses*, latentes chez tous les hommes, prérogatives naturelles de l'homme régénéré, qu'il soit Indou, Chinois, Persan, Africain, Européen, etc., peu importe !

A la grande confusion de nos étroits sectaires religieux ou scientifiques — car l'esprit de ces deux sortes, est le même, — je puis dire que des saints Mahométans, aujourd'hui encore, accomplissent des prodiges par la connaissance des *mystères de l'Amour.*

Inutile de sortir le diable de sa boîte pour répondre ici ; car ces prodiges sont accomplis au nom de *Dieu et de l'Amour.* Or Dieu ne saurait se diviser contre lui-même et tromper son enfant qui l'aime et le glorifie : Lui, l'*Unité pure*, l'IDENTIQUE, le *véritable Nous-mêmes.*

Et l'homme qui aime et retourne au *Centre*, retrouve bien d'autres facultés plus merveilleuses encore, *à l'infini ; mais que chacun cherche !*

Les choses saintes ne doivent pas être profanées et livrées aux pourceaux.

Est pourceau, quiconque aime la matière.

Est homme et fils de Dieu, quiconque aime *l'Esprit divin* et se livre à lui, de tout son cœur, de toute son âme, de toutes ses forces et de *tout son Être.*

Claude de Saint-Martin, l'admirable philosophe *ésotérique*, fondateur du bel ordre *Martiniste*, qui conserve et cultive à l'époque actuelle ces traditions et ces enseignements sublimes, donna tout le secret, en ces mots : *Réintégration dans l'Unité, par l'Amour*.

Quelques hommes vivant parmi nous ont des preuves de la *réalité* merveilleuse des promesses contenues en ces mots que je répète, vu leur extrême importance et parce qu'ils sont, je crois, la formule ou maxime essentielle du Martinisme : *Réintégration dans l'Unité par l'Amour*.

C'est la fondamentale ; il ne faut pas l'oublier.

C'est le guide sûr à travers les voyages les plus hardis.

Celui qui saura *s'abstraire* avec constance en Dieu, l'Esprit pur, l'Amour pur, *l'Unité suprême*, qui seul, EST, au-dessus des vaines *apparences de Temps* et *d'espace*, pourra lire directement dans le *grand livre de feu* qui contient tout objet de Savoir et de Pouvoir, dont la *Nature* est le *Voile transparent* pour celui que l'*Esprit saint illumine*.

Utile, certes ! est l'étude des *lettres*, non celles des dogmes que déformèrent les siècles d'ignorance, mais celles des traditions secrètes de tous les pays.

Elles disent toutes la même chose ; c'est une confirmation véritablement précieuse pour le disciple.

Avant la manipulation directe de la *Connaissance* des mystères profonds de l'*Abyme*, l'homme y peut déjà constater l'UNITÉ parfaite d'enseignement et de méthode.

Hermès, la Kabbale, les Védas, les Kings chinois, la Magie chaldéenne, le Zend-Avesta persan, la Mythologie grecque, la Science des Druides, les Alchymistes, etc., etc., toutes ces écritures divines s'ouvrent et s'unifient.

Le disciple peut, en passant, retrouver la genèse de toutes les religions, leur raison d'être, leur vie et leur mort ou plutôt *leurs transformations.* Elles sont comme les vagues de la *grande Mer* ; elles en viennent, elles l'ignorent; elles y retournent après l'existence éphémère correspondant au temps de leur manifestation.

Toutes les âmes aussi sont dans la grande Ame, ainsi que des vagues dans la Mer, ainsi que les souffles dans l'Air.

La Science moderne confirme cette Science antique et *toujours jeune* ; mais, devant elle, à peine semble-t-elle une vague fumée devant un grand incendie.

Lorsque le disciple sait faire le Sacrifice de toute Science et se déclarer *ignorant* ; lorsqu'il sait abdiquer le Moi et les sens externes, pour devenir *Lui* et le *Ciel*, il obtient une vision béatifique qui l'affranchit à jamais de l'incertitude; il peut s'élancer en *avant* sans crainte.

Encore une fois, nous affirmons que les faits se passent ainsi, qu'ils sont très réels. Nous en témoignons pour rendre hommage à la *Vérité suprême*, en dehors de laquelle il n'est point de *Paix* pour l'Ame.

Dans un esprit très véridique, nous affirmons que celui qui n'a pas su rejeter toute doctrine, cherchera vainement la *Contemplation de la Vérité sans voiles*, de la *Beauté pure, originelle*. Il ne saurait davantage goûter le *Bien ineffable*.

. La foule préfère le Mensonge qui épouse ses amours inférieures et ses opinions préconçues ; *rares, très rares*, sont les étudiants assez courageux pour briser toute entrave. Ceux qui entendront pourront suivre ce chemin :

Amour, Abstraction, *Silence*, Volonté, *Amour*. Ils connaîtront la *Douceur inexprimable* qui fait mépriser toute richesse et toute vanité, à ceux qui ont choisi cette voie.

Tant que les hommes *ne savent pas*, ils aiment les disputes mesquines de mots, les combats de la Passion.

Leur Dieu véritable s'appelle Egoïsme et Violence.

J'ai relevé dans un très intéressant rapport d'*Ochorowicz* sur la fraude et les expériences de Cambridge (voir p. 243, de l'*Extériorisation de la Motricité*, édité chez Chamuel, par M. de Rochas) cette phrase profonde, résultat d'observations précises, sur les phénomènes médianimiques : « Lorsqu'une idée préconçue domine le cercle, le contrôleur suggestible ne verra et ne sentira que ce qui est conforme à cette idée ».

Voilà, j'espère, une remarque maîtresse qui vaut la peine qu'on s'y arrête.

Au lieu d'un petit cercle, modifiez l'échelle, et voyez un grand cercle, une grande chaîne sympathique, une fraternité, une secte, une Eglise, et vous aurez la clef de tous les partis pris, de toutes les erreurs et de tous les fanatismes.

Voilà comment celui qui s'ensevelit dans une idée, dans un culte, ne voit plus que nuit hors de ce culte, et que lumière dans ce culte et cette idée. L'observation que je fais ici est dure pour beaucoup, peut-être ; mais elle est vraie. Si les hommes ne sont pas conformes à la Vérité, tant pis pour eux ; car une seule chose est bonne, *la Vérité.*

Je renvoie, à ce sujet, au très bel article de Stanislas de Guaita sur les *Mystères de la Multitude (Initiation* de janvier 1896).

En résumé, *toute idée préconçue ferme la porte du sanctuaire.* Combien donc avait raison l'éminent et brillant occultiste, *Eliphas Lévy,* quand il disait que « nul n'entre ici, s'il n'a dépouillé toute opinion préconçue, tout parti pris. » (C'est le sens de la phrase, sinon le texte exact.)

Combien donc est nécessaire au disciple la baguette du *Silence* qui sépare les Oui et les Non qui vont tous deux à deux, on le sait.

Avec la baguette du *Silence,* on domine, *on commande.* Les hommes sectaires sont roulés dans les reflets de la Roue éternelle des choses relatives (Tarot, *Rota)* ; ils ne connaissent pas la *Splendeur immaculée, l'Être des Êtres* qui plane au-dessus de la *Maya* : ils ne sentent pas l'Essence divine qui, d'une subtilité infinie, défie toutes barrières.

Heureux ceux qui entendront!

Le véritable Martiniste fuira le Monde et les doctrines ; *il ne sera pas sectaire*. Il sera donc élevé par-dessus le *Mensonge* et l'*Orgueil*. Il s'efforcera vers le *Réel* qui est l'IDENTIQUE, le même en tout et partout.

Afin de connaître l'IDENTIQUE, il cherchera l'*Unité divine* qui est l'*Égalité d'Ame*, ainsi que nous le déclare la *Bhâgâvad-Gita*.

Lorsqu'il sera caressé par la pure flamme du Foyer divin qui est très près de nous, au centre de nous-même, le *Père en secret, le Soi radieux, étincelant* qui nous rappelle, alors il sera le *frère dévoué jusqu'à la mort*, pour l'*Humanité tout entière*, il sera l'ami de toute créature ; son amour devra traverser toutes les sphères et ne connaître aucune limite. Il n'opposera pas une doctrine particulière à une autre doctrine ; car ce serait perpétuer la guerre qui les fait toutes subsister.

Il ignorera les doctrines, les frontières ; il ne les *verra plus* et ainsi ne les vivifiera plus. Il ne verra que l'IDENTIQUE DIEU ; inversement DIEU LE VERRA. Alors, il connaîtra toutes choses et goûtera la *Paix divine* que nul ne saurait lui ravir.

Le véritable Martiniste est un *frère du Silence ;* qu'il sache reconnaître les *frères du silence* en toutes circonstances. Ceux-ci se connaissent entre eux ; la foule, qui aime le Bruit, ne les connaît pas.

Celui qui écrit ces lignes n'est qu'un *très médiocre*

aspirant, il témoigne de faits merveilleux qui sont les facultés d'hommes qu'il connaît ; il sait aussi que d'autres viendront plus tard sur la terre, qui seront purs, puissants et resplendissants comme les puissances du Ciel même.

Aussi, l'Humanité ne sera pas toujours sans guides et sans Union.

Mais, auparavant, il faut qu'elle se repente et qu'elle abandonne l'orgie matérielle, immonde, qui est devenue sa règle unique de Vie. *Elle va souffrir,* mais dans le lointain sont des jours radieux. *Ne vous troublez donc pas et serrez-vous cœur contre cœur.*

Paix sur la Terre aux hommes de bonne volonté, paix aux bienveillants. Ayez la foi invincible en la *Vérité pure* qui plane au-dessus de toutes les doctrines religieuses ou néantistes ; *communiquez cette foi à vos frères.* C'est là *le Bien* qu'il faut vouloir et qu'il faut faire.

Fuyez donc les doctrines, cherchez l'*Unité divine aimez tous vos frères de toute la Terre.*

L'Amour vous donnera toutes choses.

(*Initiation*, juillet 1896).

L'ESPRIT SECTAIRE

Le mensonge est son père.

La signification du mot *Satan*, c'est l'*Adversaire.*

Toute doctrine est satanique en proportion de sa haine pour les autres doctrines.

Toute doctrine est divine en proportion de son amour pour les autres doctrines.

Celui qui aime tous les êtres, toutes les doctrines, tous les tempéraments et qui veut les unir, sans attenter à leur Liberté, celui-là seul peut réaliser l'*Harmonie* en soi et hors de soi.

Quiconque fait la *Volonté unique* de notre *Père Céleste*, l'*Amour*, rentre dans le sein du Père.

Ces mystères sont fort simples. L'Univers entier se mire dans l'Homme. Le Microcosme est comme le Macrocosme ; les deux ne sont qu'un et l'*Unité divine* même étant au *Centre de tout*, il en résulte qu'en particulier, l'homme peut *redevenir Dieu* s'il consent à s'identifier par l'Amour profond, l'Acte fraternel sans bornes et la *Pureté* parfaite, à l'*Ineffable, éternel identique* qui est au dessus du temps et de l'espace et de toute apparence et qui est le vrai *Soi, notre principe.*

Pas besoin de crier au Panthéisme, au Théisme ; mieux vaut s'éveiller à la Lumière pure qui brille au fond de nous-mêmes ; mieux vaut lui rendre un culte exclusif, dans le plus grand *Silence* d'âme et de pensée.

La Vie Universelle, qui est le miroir du *Divin Suprême*, est éternelle aussi et n'admet qu'un seul moteur : la *Causalité* ou justice absolue.

Unité, Causalité ; ces deux notions doivent suffire pour éclairer l'âme qui s'éveille : dans l'âme, elles se nomment *Amour, Justice* ; dans la so... elles se nomment *Fraternité, Equité*.

Quelle beauté et quelle magnanimité peuvent revêtir l'homme, si *tout simplement il aime* ! Quelle laideur et quelle étroitesse peuvent envelopper l'homme, malgré toutes ses protestations, s'il limite son amour et le rend méconnaissable, en devenant sectaire.

Il y a un mot *qui est bon* ; ce mot, l'âme le prononce d'elle-même ; il est toute la beauté et la candeur du doux enfant dont les yeux reflètent encore le Ciel, il est toute la religion et toute la vie, le salut et l'espérance, c'est *Amour*.

L'*Amour* était avant toute doctrine, il sera après toute doctrine. Jésus le prononça très haut.

Jésus s'est nommé le fils de l'homme, notre frère ; il appelait notre Père son Père.

Quand l'Humanité verra bien ce fait, elle sera proche de la *Paix universelle, qui ne sera jamais réalisée tant que les dogmes de la lettre morte ne seront pas dissous*[1].

Bouddha, avant Jésus, avait prononcé le mot sublime : *Compassion*.

Etudiez la Chine, la Perse, etc... et toujours vous retrouverez les mots : Amour, Pureté, Famille, bases des sociétés, qui seront la base de l'*Humanité-Une* quand l'*Harmonie* remplacera la *Discorde*.

L'*Amour* sincère pour tous les êtres, entre tous les êtres, unirait tous les êtres.

Dans le sens de *expliqués* ; Amo compare le dogme à un ... dont la lettre est l'écorce. Les sectarismes ne connaissent que les écorces. — M. D.

7*

L'*Amour* étouffé par les dogmes, les lettres, les doctrines, les sectes, oppose les hommes.

Amour seul est le Bien. Tout le reste est mal. La Vérité est donc bien simple ; mais personne n'en veut. Où donc Jésus constitua-t-il une doctrine exclusive ? Où donc ? Si on avait dit à l'homme : « Sans cesse *aimez*, » la Terre, aujourd'hui, serait en Paix, ou tout au moins les peuples chrétiens. Le Sentiment ne serait pas bafoué. La Raison, non atrophiée, ne serait pas devenue la *mesquine pensée* des savants néantistes. Si on avait parlé de Justice simplement, les hommes n'en seraient pas venus à nier *toute Causalité.*

Il est donc à souhaiter que des disciples de la Vérité par dessus tout, *fervents de l'Amour, indépendants* de toute sorte, se lèvent et s'unissent.

Ils ignorent les sectes et les frontières, pour être les *soldats de l'Unité.*

La Science de la nature, plus complète, cessera de nier les possibilités divines, et la *Science du Divin pur*, science de l'Esprit et non de lettres mortes, communiquera enfin à la terre entière une empreinte de grandeur, de sérénité, de majesté, qui permettra aux influences célestes de se communiquer jusqu'à elle.

Le même Soleil matériel éclaire le Chinois, l'Indou, l'Européen, aujourd'hui comme à toutes les époques passées et à venir ; le même *Soleil spirituel* éclaire l'âme chinoise, indoue, européenne. On peut donc invoquer l'*Unité*, la vivre et s'y confondre ; cela suffit et peut vous rendre le bienfaiteur de toute créature, vous transporter vous-même jusqu'en Dieu.

Pourquoi donc les hommes préfèrent-ils les plus odieux esclavages, les plus baroques agissements externes, les ostracismes les plus affreux, alors qu'*aimer* suffirait ?

Tout simplement parce que l'*ignorance* et la *passion* aveuglent les hommes et les transforment en bêtes furieuses.

La Vérité pourrait les ravir dans la douceur ; on en parle volontiers, mais on n'en veut pas.

Elle défend toute affimation téméraire ; elle nous manifeste *notre ignorance*. *Croire n'est pas savoir.* Croyez, c'est votre droit ; mais n'imposez pas aux autres une foi dont le principe peut être vrai, mais la *formulation limitée* toujours fausse.

Il y en France deux grands partis qui s'anathé-misent : Catholicisme, Franc-Maçonnerie. Or, leur principe fondamental est le même : l'*Unité* ; leur maxime fondamentale est la même : *Frater-nité*. Autour de ce même principe et de cette même maxime, les hommes, les passions, les *intérêts* se battent, s'entretuent.

En résumé, le Sectarisme perpétue le Sectarisme. Le Sectaire est toujours le même sous ses divers habits. Celui-là voit bien qui ne voit dans tous les sectaires que le *Sectaire*, et dans le Sectaire, l'*Orgueil*, amour immodéré du *Moi*.

Pour l'étudiant qui aspire à la *Délivrance*, il n'y a qu'une voie :

Délaisser toute secte, rejeter les vieux vêtements, se présenter *nu*, *seul* devant la *sainte*
Vérité, se livrer, dans le plus grand silence, à
l'influence du *Père en secret*, l'Instructeur infaillible de tout homme qui veut bien l'écouter[1].

Ce maître unique, le Saint-Esprit, enseigna tous
les sages du monde ; il leur fit toujours connaître
la même chose. Il révèle *très certainement* les
mystères du Ciel ; mais nulle oreille de chair,
nuls yeux mortels ne peuvent les entendre, ni les
voir. Cependant, leur beauté infinie est telle que
celui qui les a contemplés une fois, est sauvé pour
jamais des choses immondes de la Terre, des
méchancetés hypocrites de l'Ame et des ténèbres
de la Pensée. Malheureusement, l'homme prête
une oreille distraite aux affirmations *unanimes*
des guides de l'Humanité, touchant la sublime
Science.

S'il pouvait, ne fut-ce qu'une heure, *s'abstraire*
complètement des opacités du monde sensuel, il
connaîtrait, à n'en plus douter, la réalité des *choses*
supérieures. La joie qu'il en ressentirait lui donne-
rait la confirmation profonde de l'âme ; puis, avec
les années, il apprendrait ce qu'ont appris tous
ceux qui ont quitté la terre pour le ciel.

Jamais ces choses ne seront révélées par mots,
sons, couleurs ; mais ceux qui les retrouvent dans

[1] C'est ce qu'enseignent, sous diverses formes, toutes les
religions — y compris la Maçonnerie — et tous les systêmes
philosophiques. — M. D.

la Méditation et la Contemplation possèdent le Bonheur parfait, que rien ne saurait leur ravir.

Toutes les âmes sont dans l'Ame suprême, comme les gouttes d'eau dans la mer; la Vie universelle est dans l'Unité pure sans la troubler, de même que les courants sillonnent l'atmosphère sans troubler la nature de l'air qui la constitue.

Pour pouvoir travailler à l'union de tous les hommes, il est de toute nécessité d'avoir rejeté tout parti-pris.

Comment, si vous n'êtes pas impersonnel, pourriez-vous songer à réunir les hommes dans l'impersonnalité ? Ils ne vous comprendront pas, ou bien vous accuseront très justement de travailler pour un parti, une secte particulière.

On ne peut être à la fois pour une chose et contre une chose, mais on peut dédaigner toutes les choses limitées et séparées du monde illusoire pour aimer l'Identique, qui est le plus grand nom de notre Père, Dieu, le premier vivant, le Seigneur, l'Être des êtres.

Baignez-vous dans l'Harmonie universelle si vous voulez rentrer dans l'Harmonie universelle. Exercez la fraternité envers tous, si vous voulez que tous vous acceptent. Pour goûter la plénitude, *identifiez-vous avec l'Unité divine*. Par ce chemin, vous vivrez de la vie même de Dieu. Celui qui consent à perdre son âme, la retrouvera. Laissez donc les morts enterrer leurs morts ; Aimez.

L'Amour *pour tous les hommes*, au-dessus des

funestes doctrines, est le principe fixe dont s'inspirent les promoteurs du Congrès de l'Humanité.

Cette vérité pure, éternelle, les guide, les encourage et leur donne une force qui est la force primordiale même, origine et gouverneur des mondes innombrables de l'Univers.

Notre frère aîné Jésus n'a-t-il pas dit à son tour : « *Aimez-vous les uns les autres et Dieu par dessus tout, voilà toute la Loi et les Prophètes.* » Qu'avonsnous besoin d'autres enseignements ? Celui-là n'est-il pas limpide ? Le Christ n'a pas fait connaître d'autre volonté divine que celle de l'*unique commandement d'amour.*

Les promoteurs du Congrès appellent tous les hommes, toutes les sectes, aux échanges de vues fraternels et à l'étude des meilleurs moyens de *réaliser la Paix Universelle par l'Harmonie entre les individus, les peuples et les races.* L'*Amour impersonnel* et la *Justice Sociale* constituent les clefs de cette Harmonie.

L'HUMANITÉ-UNE, reflet de l'Harmonie-Universelle, de la *Solidarité Universelle* et de l'*Unité Suprême*, sera proclamée d'une manière solennelle.

C'est ici l'*acte décisif* par excellence du *Congrès de l'Humanité.* On ne saurait trop méditer sur les conséquences bienfaisantes, sans nombre, qui en peuvent découler pour la Terre entière.

Il est bien évident qu'une secte exclusive s'exclut par le fait même de sa propre exclusion.

Si grande, si noble d'origine même que soit une *fraternité* qui est *exclusive*, elle méconnaît profondément les lois de la Vie ; elle est appelée à mourir par son *égoïsme* même, ainsi qu'un simple individu. (On sait d'ailleurs qu'une même loi régit les particuliers et les collectifs.)

Tout geste d'exclusion est un geste de *haine*, qu'on ne l'oublie pas.

Enfin la Loi du *Dualisme*, sur laquelle reposent les mondes de la manifestation cosmique (en dessus de laquelle est l'Unité pure), s'oppose à jamais au triomphe complet d'une *doctrine exclusive*. L'Unité relative est seulement possible par la *conjonction interne des doctrines*, dans l'Eglise intérieure-une, et leur *Harmonie* respectant leurs *variétés* sur le plan *externe*.

Le Congrès de l'Humanité fait appel au *fond du cœur* et dédaigne les doctrines de la tête, causes de malheurs innombrables. Il invoque l'UNITE de la Terre. Cette évocation ne sera vivante que si elle émane d'hommes parfaitement tolérants, humanitaires, désintéressés, idéalistes, qui devront constituer la base fondamentale des Comités provisoire et définitif.

(*Paix universelle*, 15 septembre 1896).

LA SYNTHÈSE DES DRUIDES

L'erreur biblique[1] est la racine cachée d'où s'élance et se ramifie le *triple joug judaïque* qui opprime le corps, le cœur et la pensée des peuples occidentaux.

Arrachez cette racine, brûlez-la, et vous frapperez mortellement le monstre aux tentacules de pieuvre insatiable qui suce la vie de l'Europe, exerçant une implacable domination sur l'*économie sociale*, la *Science* et la *Religion* des peuples qui n'ont pu s'arracher à ses étreintes.

On ne connaîtra la *Vérité* que nous formulons ici qu'avec les siècles futurs.

Nous laissons à d'autres plus compétents le soin d'en faire la démonstration ; nous nous contentons d'ajouter que nous n'attaquons pas la *Bible* dans son aspect légendaire et *symbolique*.

Nous parlons simplement de la Bible prise comme *livre d'histoire* !!! Or la Bible n'est pas un livre d'histoire ; elle est tout au plus, dans une partie, l'histoire d'une peuplade rapace et débauchée.

Ni les hommes religieux, ni les hommes scientifiques de nos temps ne se sont affranchis *sérieusement* des 6,600 ans de la Création. Or les Indous

---

[1] Traduisez : *L'erreur des gardiens de la forme biblique*, rabbins juifs, prêtres catholiques et ministres protestants. — M. D.

nous parlent d'antiques civilisations de millions
d'années. En admettant qu'ils se trompent, leurs
livres ont droit à l'examen sincère des Européens,
au *même titre que la Bible.* La Science même de
l'Europe conclut aujourd'hui à 250.000 ans, environ, pour l'apparition de l'homme sur la Terre ;
mais telle fut la déformation de nos cervelles par le
moule biblique, que nos *penseurs modernes* n'ont
pas le courage de scruter avec attention ces temps
reculés. Tout au plus envisagent-ils, aux environs
d'il y a 6.000 ans, l'âge de la pierre !

Et pourtant, les chronologies égyptiennes et
orientales, prouvent absolument l'existence de
grandioses civilisations remontant à des 15.000,
20.000 ans, et bien au-delà.

Saint-Yves d'Alveydre a basé sa magnifique
Mission des Juifs sur l'exode de *Ram,* il y a 8,500
ans.

Histoire ou légende, qu'importe ! Le temps est
venu de rechercher attentivement, en dépouillant
toutes les annales indoues, chinoises, etc., les
documents prouvant l'*antiquité de la race humaine.*
Notre cœur et notre pensée pourront enfin s'étendre dans le temps et l'espace ; car le problème de
l'ancienneté de la terre soulèvera celui de la
pluralité des mondes habités, de la *Vie dans l'infini
du Temps et de l'Espace.* De plus saines spéculations sur la *Vie éternelle* remplaceront les histoi-
res, bonnes tout au plus pour des gamins, qu'on
nous débite encore aujourd'hui.

De même s'évanouira la *conception anthropomorphe* du *Divin suprême* ; de même seront dépouillés ses attributs fantaisistes. Car le *Jéhovah*, vengeur d'un petit peuple *égoïste* et cruel, pèse encore sur la Terre. Les protestations de Jésus n'ont servi de rien. La notion du Père céleste de tous les êtres, dont la Bonté, la Miséricorde sont les caractéristiques, n'a pu faire évanouir la précédente.[1]

En attendant que l'Europe sorte de la *Négation* honteuse et du *Matérialisme* dégradant qui sont les tristes corollaires d'une *affirmation* téméraire, mesquine, et d'un *Cérémonialisme* vide, en attendant que nos *petits penseurs* osent lever les regards vers *les sublimes possibilités de l'Etre*, et fonder leurs conceptions sur les deux bases fondamentales de la Sagesse antique, de la Religion une, de la véritable *Connaissance :* l'UNITÉ, la CAUSALITÉ, qui sont les principes absolus de la *Vie Universelle*, travaillons de notre mieux à dissiper le *Sommeil profond et malsain* qui pèse sur l'Ame et l'Intelligence contemporaines.

Dans ce but, appelons l'attention de nos frères sur les philosophies aux concepts larges, vigoureux et féconds, les plus susceptibles de combattre la *néfaste et très étroite influence biblique*.

[1] De même qu'elle n'a pas pu empêcher colle du Dieu tyrannique et capricieux du Moyen-Age. Au fond, l'*esprit* moïsiaque est le même que l'*esprit* christique ; mais la lettre évangélique ne vaut pas plus que la lettre biblique. Ainsi de toutes les religions. — M. D.

Nous donnons tout particulièrement ici les triardes bardiques, qui renferment la *synthèse des druides*. Que nos fiers ancêtres viennent au secours de notre tentative et *que le fil rompu de la tradition nationale soit rattaché* ! Cette tradition est fille de l'Inde. *Regardez du côté de l'Inde*. Des rayons du soleil éternel *de la Vérité* se lèveront à l'Orient pour vous éclairer.

Afin de laisser libre de toute entrave la méditation de nos frères, nous donnons les triades bardiques (extraites des *Bardes druidiques*, par André Pezzani), en supprimant même les commentaires qui les accompagnent habituellement. Inutile de déflorer la pensée de nos ancêtres ; chacun s'en nourrira librement.

Les Triades bardiques (publication par E. Williams, traduites sur l'original Gallois), sont au nombre de 46 ;

1. Il y a trois unités primitives, et de chacune il ne saurait y avoir qu'une seule : un Dieu, une vérité et un point de liberté, c'est-à-dire (le point) où se trouve l'équilibre de toute opposition.

2. Trois choses procèdent de trois unités primitives : toute vie, tout bien et toute puissance.

3. Dieu est nécessairement trois choses, savoir : la plus grande part de la vie, la plus grande part de la science et la plus grande part de la puissance ; et il ne saurait y avoir plus d'une grande part de quelque chose.

4. Trois choses que Dieu ne peut pas ne pas être :

Ce qui doit constituer le bien parfait, ce qui doit vouloir le bien parfait, ce qui doit accomplir le bien parfait.

5. Trois garanties de ce que Dieu fait et fera : sa puissance infinie, sa sagesse infinie et son amour infini ; car il n'y a rien qui ne puisse être effectué, qui ne puisse devenir vrai et qui ne puisse être voulu par ces attributs.

6. Trois fins principales de l'œuvre de Dieu comme créateur de toutes choses : amoindrir le mal, renforcer le bien, et mettre en lumière toute différence ; de telle sorte que l'on puisse savoir ce qui doit être ou, au contraire, ce qui ne doit pas être.

7. Trois choses que Dieu ne peut pas ne pas accomplir ; ce qu'il y a de plus avantageux, ce qu'il y a de plus nécessaire et ce qu'il y a de plus beau pour chaque chose.

8. Trois puissances de l'existence : ne pas pouvoir être mieux par la conception divine ; et c'est en cela qu'est la perfection de toutes choses.

9. Trois choses seront (c'est-à-dire prévaudront) nécessairement : la suprême puissance, la suprême intelligence et le suprême amour de Dieu.

10. Les trois grandeurs de Dieu : vie parfaite, et puissance parfaite.

11. Trois causes (originelles) des êtres vivants : l'amour divin (en accord) avec la suprême intelligence ; la sagesse suprême par la connaissance parfaite de tous les moyens, et la puissance divine

•(en accord) avec la suprême volonté, l'amour et la sagesse de Dieu.

12. Il y a trois cercles de l'existence : le cercle de la région vide *(cycl y Ceugant)*, où, excepté Dieu, il n'y a rien de vivant ni de mort, et nul être que Dieu ne peut le traverser ; le cercle de migration *(cycl ir Abred)*, où tout être animé procède de la mort, et l'homme l'a traversé ; et le cercle de la félicité *(cycl y Gwynfyd)*, où tout être animé procède de la vie, et l'homme le traverse dans le ciel.

13. Trois états (successifs) des êtres animés : l'état d'abaissement dans Annwfn (l'abîme), l'état de liberté dans l'Humanité, et l'état d'amour ou de félicité dans le ciel.

14. Trois phases nécessaires de notre existence, par rapport à la vie : le commencement dans Annwfn, la transmigration dans Abred, et là plénitude dans le ciel ou le cercle de Gwynfyd ; et, sans ces trois choses, nul ne peut être, excepté Dieu.

15. Trois choses nécessaires dans le cercle d'Abred ; le moindre (degré possible) de toute vie, et de là son commencement ; la matière de toutes les choses, et de là leur accroissement (progressif), lequel ne peut s'opérer que dans l'état de nécessité (c'est-à-dire en vertu des lois nécessaires), et la formation de toutes choses de la mort et de la débilité des existences.

16, Trois choses auxquelles tout être vivant participe nécessairement par la justice de Dieu : la sympathie (ou le secours) de Dieu dans Abred, car sans cela nul ne pourrait entièrement connaître aucune chose ; le privilège d'avoir part à l'amour divin, et l'accord (avec Dieu) quant à l'accomplissement, par la puissance de Dieu, en tout ce qui est juste et miséricordieux.

17. Trois causes de la nécessité du cercle d'Abred : le développement de la connaissance de toute chose et le développement de la force (morale) pour surmonter tout contraire et Cythraul et pour se délivrer de Drog (le mal), et, sans cette transition de chaque état de vie, il ne saurait y avoir d'accomplissement pour aucun être.

18. Trois calamités primitives (du cercle) d'Abred : la nécessité, l'absence de mémoire et la mort.

19. Trois conditions indispensables pour arriver à la plénitude de la science : transmigrer dans Abred, transmigrer dans Gwynfyd et se ressouvenir de toutes choses (passées) jusque dans Annwfn.

20. Trois choses nécessaires dans le cercle d'Abred : la transgression de la loi (le péché), car il n'en peut être autrement ; la délivrance de la mort et cela par l'amour de Dieu qui embrasse toutes choses.

21. Trois moyens efficaces de Dieu, dans Abred, pour dominer Drog et Cythraul, et surmonter leur opposition par rapport au cercle de Gwynfyd : la nécessité, la perte de la mémoire et la mort.

22. Trois choses sont primitivement contemporaines : l'homme, la liberté et la lumière.

23. Trois choses nécessaires pour le triomphe de l'homme (sur le mal) : l'impassibilité, c'est-à-dire la fermeté contre la douleur, le changement et la liberté du choix; et, avec le pouvoir (qu'a l'homme) de choisir, on ne peut savoir à l'avance, avec certitude, où il ira.

24. Trois alternatives (offertes) à l'homme : Abred et Gwynfyd, nécessité et liberté, mal et bien, le tout en équilibre; et l'homme peut à volonté s'attacher à l'une ou à l'autre de ces alternatives.

25. Par trois choses l'homme tombe sous la nécessité d'Abred (ou de la transmigration) : par l'absence d'efforts vers la connaissance, par le non-attachement au bien, et par l'attachement au mal; en conséquence de ces choses, il descend dans Abred jusqu'à son analogue, et il recommence le cours de ses transmigrations.

26. Par trois choses l'homme redescend nécessairement dans Abred, bien qu'à tout autre égard il se soit attaché à ce qui est bon: par l'orgueil, il tombe jusque dans Annwfn; par la fausseté, jusqu'au point de démérite équivalent, et par le manque de charité (la cruauté) jusqu'au degré correspondant d'animalité (littéralement : jusqu'à l'animal semblable). De là il transmigre de nouveau vers l'humanité comme auparavant.

27. Les trois choses principales (à obtenir) dans

l'état de l'humanité : la science, l'amour et la force
(morale) au plus haut degré (possible) de développement sans la mort (c'est-à-dire avant que la
mort survienne). Cela ne peut être obtenu antérieurement à l'état d'humanité, et ne peut l'être
que par le privilège de la liberté et du choix. Ces
trois choses sont appelées les trois victoires.

28. Il y a trois victoires sur Drog et Cythraul :
la science, l'amour et la force (morale) ; car le
savoir, le vouloir et le pouvoir accomplissent
quoi que ce soit dans leur connexion avec les
choses.

Ces trois victoires commencent dans la condition
de l'humanité et se continuent éternellement.

29. Trois privilèges de la condition de l'homme :
l'équilibre du mal et du bien, et de là le jugement
et la préférence ; le développement de la force
(morale), par suite du jugement et de la préférence.

Ces trois choses sont nécessairement pour accomplir quoi que ce soit.

30. Trois différences essentielles entre l'homme,
ou tout autre être, et Dieu ; l'homme est limité et
Dieu ne saurait l'être ; l'homme a un commencement, et Dieu n'en saurait avoir ; l'homme doit
nécessairement passer par des changements d'é-
tats successifs dans le cercle et Gwynfyd, à cause
de son impuissance à supporter (l'éternité du) Ceugant, et Dieu ne saurait changer, car il peut supporter toute chose, et cela avec la félicité.

31. Trois (avantages) principaux du cercle de

Gwynfyd : absence de mal, absence de besoin, absence de mort.

32. Trois choses qui seront rendues à l'homme dans le cercle de Gwynfyd: le génie primitif, l'amour primitif et la mémoire primitive ; car sans cela il ne saurait y avoir de félicité. (Le génie primitif s'appelle *Awen* dans le langage gallique).

33. Trois différences qui distinguent entre eux tous les êtres : l'awen, la mémoire et la perception ; car c'est en cela que consiste la plénitude propre de chaque individu, et il il ne saurait y avoir deux plénitudes d'une même chose.

34. Trois dons que Dieu a faits à tout être animé : une vie complète en elle-même, une individualité absolument distincte, et l'originalité de son Awen primitive par rapport à toute autre. Et c'est là ce qui constitue la personnalité complète de chaque être.

35. De la connaissance de trois choses résultera l'anéantissement (du mal) et la victoire (de l'homme) sur tout le mal et sur la mort : de leur nature intrinsèque, de leur origine et de leur mode d'action ; et cette connaissance sera obtenue dans le cercle de Gwynfyd.

36. Les trois puissances (fondements) de la science : la transmigration complète par tous les états des êtres ; le souvenir de chaque transmigration et de ses incidents ; le pouvoir de passer à volonté de nouveau par un état quelconque, en vue de l'expérience et du jugement. Et cela sera obtenu dans le cercle de Gwynfyd.

37. Trois prééminences distinctes de chaque être vivant dans le cercle de Gwynfyd : la vocation, le privilège et le génie primitif (*awen*).

38. Trois choses impossibles pour tout être excepté Dieu : supporter l'éternité du Ceugant, participer à tous les états sans changer, améliorer et modifier toutes choses sans les détruire.

39. Trois choses qui n'auront point de fin, à cause de la nécessité de leur puissance : la forme de l'existence, la qualité de l'existence et l'utilité de l'existence ; car ces choses dans les êtres vivants comme dans les êtres inanimés dureront éternellement, par suite de l'absence du mal, dans la diversité du beau et du bien du cercle Gwynfyd.

40. Trois choses excellentes (qui résultent) des changements d'état dans Gwynfyd : l'instruction, la beauté et le repos, à cause de l'impossibilité de supporter le Ceugant, qui est au-delà de toute connaissance.

41. Trois choses s'accroissent continuellement : le feu ou la lumière, l'intelligence ou la vérité, l'esprit ou la vie. Ces trois choses finissent par prédominer sur toutes les autres, et alors Abred sera détruit (quant aux créatures passées, mais point quant aux nouvelles qui se développent incessamment).

42. Trois choses diminuent continuellement : l'obscurité, l'erreur et la mort.

43. Trois choses se renforcent de jour en jour,

la tendance vers elles devenant toujours plus grande : l'amour, la science, la justice.

44. Trois choses s'affaiblissent de jour en jour, l'opposition contre elles croissant de plus en plus : la haine, l'injustice et l'ignorance.

45. Les trois plénitudes du bonheur de Gwynfyd : participer de toute qualité avec une perfection principale ; posséder toute espèce de génie avec un génie prééminent ; embrasser tous les êtres dans un même amour avec un amour en première ligne, savoir l'amour de Dieu ; et c'est en cela que consiste la plénitude du ciel et du Gwynfyd.

46. Trois nécessités de Dieu : être infini en lui-lui-même, être fini par rapport au fini, et être en rapport avec chaque état des existences dans le cercle de Gwynfyd.

Tel est ce magnifique monument de l'antique sagesse des druides, il est de toutes pièces original. A travers des obscurités, l'œil y découvre des horizons lointains sur l'essence des êtres et des choses et les panoramas grandioses de la Vie éternelle.

La triade 37 (Trois prééminences distinctives de chaque être vivant dans le cercle de Gwynfyd : la vocation, le privilège et le génie primitif [*awen*]) est suivie, dans le livre de Pezzani, de ces observations : Il n'est pas possible, en effet, que deux êtres soient identiques à tous égards ; or il y aura plénitude pour chacun en ce qui concerne sa prééminence (distinctive), et la plénitude d'une chose comprend nécessairement tout ce qu'elle peut être en réalité. Chaque individu peut posséder une plénitude et une perfection d'un attribut divin, sans toutefois se confondre avec Dieu.

Ajoutons enfin que Cythraul, c'est l'esprit du mal, pris dans un sens générique.

Drog, c'est le mal lui-même engendré par le libre arbitre de Cythraul.

A propos de la triade 14, Pezzani fait remarquer que la signification d'Annwfn en ressort. C'est le point le plus bas du cercle d'Abred.

C'est un grand malheur pour notre race d'avoir renié ses ancêtres *les Celtes*, pour suivre les conquérants de tous ordres qui inondèrent le sol, le cœur et l'intelligence de la vieille Gaule.

Nous autres, les Français, nous sommes aujourd'hui tout ce qu'on voudra : latins, juifs, etc., tout, sauf des *Celtes*.

Ce phénomène transitoire, espérons-le, explique la perpétuelle incohérence d'un peuple qui est sorti de sa voie propre pour suivre celle d'autres peuples et d'autres traditions. Sa *générosité native* est exploitée. *Le génie celte* cherche son réveil, écoutons-le ; suivons-le et *ne désespérons pas*.

On a rompu la tradition nationale, on a détruit jusqu'au souvenir de la *Sagesse celtique* ; nous pouvons la faire revivre avec la volonté constante et la foi.

Toutes ces paroles sublimes d'*Amour*, de *Savoir*, de *Lumière*, de *Liberté*, de *Justice*, vous les retrouvez dans les triades bardiques.

Le concept grandiose du VIDE SUPRÈME, *Ceugant*, que peut remplir seule la PLÉNITUDE DIVINE, n'est-il pas le *Parabrahm* indou, l'Absolu des Védantins (ce qui est au delà de l'expansion : de *para*, au delà, et *brih*, s'étendre), l'*En-soph* de la Kabbale ?

Puis vient la grande doctrine des transmigrations dans *Abred* : la raison du *Mal* et son rôle de *Révélateur*.

Toutes ces mesquines notions d'Enfer ou de Paradis éternels, fruits infinis d'une existence finie, tous ces cauchemars qui feraient douter de l'*Amour divin*, de la *Raison humaine*, s'évanouissent.

Il reste un paradis d'Amour, de Béatitude et de Lumière pure qui doit être le fruit de la grande école des existences successives régies par l'ABSOLUE JUSTICE.

La Justice (*Karma* des Indous) brasse et rebrasse l'âme humaine, la purifie par les expiations proportionnelles aux erreurs et providentielles. Cette Loi de JUSTICE ABSOLUE, qui est la Volonté suprême, appelle tous les êtres à l'illumination transcendante, au Bien parfait qui est l'Amour pur et la fusion dans l'UNITÉ ineffable ou *Dieu*.

La *Vie*, dont les deux aspects extrêmes sont l'Esprit et la Matière, entraîne toute la création vers la *Rédemption* Universelle.

Ne nous émouvons pas, outre mesure, des spectacles honteux de l'heure présente.

Une fleur pousse sur la corruption du fumier.

Cette parole de Dieu, dans la Nature, veut dire qu'une Humanité-fleur poussera sur l'Humanité-fumier.

Les deux ordres de transformations sont aussi faciles pour la *Toute-Puissance* qui dirige les myriades de terres qui peuplent l'Infini.

Notre chétive boule ne saurait faire exception.

Ayons donc l'espérance ! A travers les douleurs de l'enfantement, la Terre peut entrevoir dès maintenant son enfant bien-aimé des siècles futurs : l'HUMANITÉ-UNE, l'*Amour et la Joie* de la grande famille des hommes unis enfin et réconciliés. Aveugles et malheureux sont ceux qu'un tel rêve n'illumine pas.

Le grand œuvre alchimique doit passer par trois couleurs : le *noir* (la tête de corbeau), le *blanc* et le *rouge*.

La première couleur correspond à la putréfaction qui est la voie (la mort aux choses inférieures, aux vices) ; la seconde correspond à la nouvelle naissance, à l'innocence, à la pureté que nous devons retrouver, qui est le fruit de cette nouvelle naissance.

Que la corruption de l'humanité ne nous décourage donc pas ; sachons mourir à nous-mêmes, à l'égoïsme, à l'orgueil, aux appétits immondes.

La Terre et les hommes tous ensemble et parallèlement renaîtront, resplendissants et transportés par un *divin bonheur* sous l'influence à jamais féconde et bénie de l'éternel Soleil d'Amour[1].

(*Paix universelle*, 31 octobre 1896).

REMARQUES SUR LA SYNTHÈSE DRUIDIQUE

Nous ne saurions trop engager les lecteurs qui aiment *la Pensée* à méditer longuement le monument de la Philosophie celte que nous leur avons soumis.

Nous donnons ici quelques extraits d'une lettre écrite sur ce sujet par un des plus éminents théosophes.

Nous n'avons pas voulu laisser perdre les quel-

---

[1] Nous nous rappelons avoir admiré dans l'*Initiation*. (Mai 1894) un beau travail du Docteur Marc Haven faisant ressortir, d'après les *Mystères des Bardes*, de Pictet, l'identité du système druidique et du système Kabbalisque. Marc Haven fait correspondre Ceugant et, au-dessous, charriad, avec *Kether*, Vêtement d'*Aïn-Soph* ; Gwybodaeth et Gallu équivalent à *Binah* et *Chocmah* ; Addysg et Gorphwys, à *Géburah* et *Gédulah* ; Harddwch n'est autre que *Tiphereth* ; Cynnhyd et Gwanhanfod ont les mêmes fonctions que *Hod* et *Netzah* ; Dechre s'identifie à *Iesod* ; enfin Abred surmontant Annwfm explique la double fonction de *Malkhut*.

Nous-même avons pu très exactement superposer l'Arbre séphirotique de la Kabbale au Caducée, symbole éloquent de la doctrine gréco-romaine, et nous avons entrevu d'étroites et nombreuses analogies entre les triades bardiques et les leçons de la *Pistis Sophia* des gnostiques ; l'article suivant démontre l'identité des systèmes druidique et indou ; on pourrait facilement identifier aussi les théogonies égyptienne, chaldaïque, aztèque, chinoise, etc., aux précédentes. La Loi est une. — M. D.

ques remarques très intéressantes contenues dans
cette lettre, toute familière d'ailleurs, et qui n'était
pas destinée à la publication.

Mais nous le faisons parce que nous espérons
voir une noble émulation gagner tous nos lecteurs.

Il faut que chacun s'efforce, acquière l'*activité
mentale ;* car lire des milliers de volumes est bien
inutile pour qui reste passif.

On ne doit pas craindre de s'élancer vers la Vérité, de la désirer avec ardeur, de la chercher en
toutes choses, en toute circonstance.

Le chemin semble rude à notre *apathie naturelle.*

Pourtant les fruits d'une telle croissance ont une
saveur incomparable qui récompense au centuple
l'âme courageuse dont le désir actif sait les atteindre.

« Frappez, on vous ouvrira. » — « Demandez,
vous recevrez. »

« Le royaume du Ciel se conquiert par la violence. »

Voici les extraits de cette lettre théosophe, concernant notre sujet :

« Je suis bien de votre avis sur la néfaste influence de l'erreur biblique qui a rabaissé le
concept de la divinité à celui de l'élémental (l'âme
collective de Guaita) qui était l'âme du peuple juif.

« H. P. Blavatsky dit expressément que Jehovah
n'est pas autre chose que le dieu de tribu des juifs,
ce qui est pour un peuple ce que les dieux lares

des Latins étaient pour les villes et les villages.

« La divinité des druides avait l'ampleur de la Divinité indoue, et j'avais remarqué, comme vous, l'analogie de Ceugant et d'Akasa, domaine où réside l'Absolu seulement, bien qu'il soit partout ; mais, là, il n'y a que Lui ou Cela, comme disent mieux les Indous.

« Les trois cercles sont les trois Gounas, les trois caractères ou qualités de l'Essence en manifestation.

« Satoua, la Pureté, où tout est clair, illuminé, le Feu pur, Gwynfyd ; Rajas, le cercle de l'activité, de la passionnalité, Abred ; et Tamas, Annwfn, le cycle de l'Obscurité, de la nuit, de la Matière, racine de toute manifestation.

« Ceugant est au-delà des Gounas comme Parabrahm qui est Nirgouna.

« Comme vous dites, la concordance des deux doctrines est complète :

Annwfn, Abred, Gwynfyd.
Tamas, Rajas, Satoua.

« J'y retrouve aussi une idée de l'Inde, la métempsycose au sens propre du mot, idée qui m'a toujours paru la bonne malgré certaines allégations théosophiques contraires.

« Il y a dans les triades le principe de l'individualité qui est l'âme de l'Europe et par lequel nous résisterons toujours victorieusement à la totale domination sur nous des conceptions indoues :

33. Trois différences distinguent entre eux tous les êtres vivants : l'awen, la mémoire et la perception ;

34. Une individualité absolument distincte, et l'originalité de son awen primitif par rapport à toute autre.

« Voilà des choses que nous sentons ; elles sont de notre essence, tandis que la fusion de la *goutte d'eau dans la mer nous répugne invinciblement*.

« J'étudie l'Orient, mais n'abdique point passivement devant lui.

« J'ai toujours senti que la fusion ne pouvait être que partielle, ne pouvait se faire que par les radiations, mais que le noyau radiant devait demeurer irréductible.

« Je vois avec plaisir que c'est la doctrine des triades ; elle est compréhensible par les Européens.

« La 36ᵉ triade est purement indoue, et l'ensemble est d'accord avec Strada et les Védantins vishtadwaïtins qui disent que l'Absolu ne sera jamais atteint par la fusion des êtres en lui.

« P. a le sentiment druidique aussi et résiste aux idées indoues par la croyance à la permanence de l'individualité même en Nirvâna qui doit être la couche supérieure ou centrale la plus élevée d'état, autrement dit de Gwynfyd.

« Oui, il y a là matière à de nombreux et beaux commentaires auxquels les éclaircissements fournis par l'Inde permettront de donner beaucoup plus de portée qu'avec les idées des philosophies européennes.

« J'entrevois qu'un Manou, conscience intelligente cosmique, serait un habitant de Gwynfyd qui redescendrait dans Abred pour y subir une nonvelle série d'expériences.

« Le mot Mavantara, qui signifie entre Manous, doit avoir été mal interprété par H. P. B. et désignerait plutôt étymologiquement le Pralaya au lieu d'être son opposé.

« Il faudrait la connaissance du sanscrit pour élucider cette question.

« Les triades contiennent les éléments d'une philosophie complète qui renouvellera la conception de la vie dans les hommes.

« Quelle pauvreté que celle de la Bible et des formules de la Kabbale devant la clarté et la largeur des triades !¹

« Je suis entièrement de votre avis sur leur valeur et pense qu'elles seront la condition déterminante d'une nouvelle ère pour l'humanité.

« G. »

Par le manque de charité (la cruauté), dit la triade 26, l'homme tombe jusqu'au degré correspondant d'animalité.

Pezzani ajoute que c'est là une grave erreur des druides.

C'est juger un peu vite, trouvons-nous, cette

¹ Voir la note précédente. — M. D.

assertion de nos ancêtres qui d'ailleurs est la seule pouvant froisser nos idées modernes.

Il faut éviter de se croire infaillible en quelque temps et quelque pays que ce soit ; nous sommes loin, en Europe, d'éviter ce travers. La présomption est le moindre de nos défauts.

Personnellement, je crois à l'Ascension indéfinie de l'homme. Reste le cas exceptionnel d'endurcissement dans le Mal, de persistance dans l'emploi faussé de notre liberté vers l'abîme de la Brutalité, de la Dégradation.

Dans ce cas, la Théosophie déclare que le rayon divin finit par abandonner le Moi ainsi perdu, ce qui serait un insuccès.

Je crois plus juste, plus logique, de replonger l'homme *au degré d'animalité correspondant*. L'ascension retardée reprend, à partir de ce point, sa marche progressive. Cette idée est supérieure au monstrueux concept *d'Enfer éternel*[1] ; elle nous plaît mieux que l'Anéantissement.

[1] Si, comme l'a fait entrevoir une note antérieure, on peut envisager l'enfer éternel comme la figure des stages inférieurs à l'humanité — qui sont comme elle d'infinie durée —, l'envoi des méchants au degré d'animalité qui leur convient n'est-il point identique à leur condamnation temporaire à l'enfer éternel ?... Il faut, je pense, distinguer non pas seulement l'esprit de la lettre, mais aussi le dogme enseigné par une église des mots répétés par ses prêtres. L'Eglise républicaine prêche : Liberté, Egalité, Fraternité ; mais écoutez les commentaires de ses pontifes ! Il y a plus encore : non seulement les interprètes d'une doctrine peuvent la trahir, même de bonne foi, mais les maîtres de la doctrine, eux-mêmes, peuvent ne

Le spiritisme ne me semble pas avoir envisagé sérieusement *ce cas extrême* ; et, d'ailleurs, vaut-il la peine de s'y arrêter.

TENDONS VERS LE BIEN ; et sachons que TOUT SE MEUT DANS LA JUSTICE PARFAITE.

L'Amour divin n'est-il pas tout-puissant ?

Un être qui pourrait éternellement résister à *Ce* qui est le Bien, la Vie, le Bonheur absolu, est inconcevable.

(*Paix Universelle*, 30 novembre 1896).

pas avoir un sentiment uniforme sur un point commun de doctrine. Par exemple, tandis que la plupart des pères de l'Eglise, prenant à la lettre le passage de l'Evangile où il est question du feu éternel, décrétaient l'éternité du châtiment de fautes temporaires, voici, d'après Laurency, cité par E. Bosc, ce que dit Saint Grégoire de Nysse sur le même sujet : « La diffé- « rence principale entre les bons et les méchants, c'est que les « uns arrivent plus tôt que les autres à la félicité. Chacun est « conduit, selon ses actes, par la récompense et par la peine au « but de la vie. Le diable lui-même doit participer à la glori- « fication finale. » On ne peut donc pas, d'après ce passage, rendre l'Eglise responsable des monstruosités qu'enseignent ses prêtres relativement à l'enfer ; de même, on ne peut pas rendre responsable des prévarications des fonctionnaires le principe sur lequel repose le gouvernement qui les emploie. Encore un exemple : Tous les ans, les roues du char qui porte l'idole de Siva écrase des centaines de malheureux abrutis par la superstition qu'entretiennent les prêtres du Dieu en question. Faut-il accuser la doctrine de cette horrible aberration, aussi extravagante et cruelle que les idées de nos prêtres sur l'enfer ? Non pas. Siva est une admirable conception de la divinité qui ne détruit (*les formes mortes*) que pour créer de nouveau ; c'est le père tout aimant qui recueille en son sein l'enfant prodigue et le dépouille de ses vêtements sordides pour lui rendre son rang autour de la table familiale ; et Dourga,

LA PEUR DU MYSTICISME

Il est un mot qui sert d'épouvantail aux matérialistes et même à bon nombre de spiritualistes, — ou qui se croient tels, — c'est le mot *Mysticisme*[1].

l'épouse de Siva (sa seconde moitié), est la personnification de l'amour maternel de Dieu pour toutes les créatures.

Même la formule la plus intransigeante d'apparence se peut expliquer au sens de la plus large tolérance. « Hors de l'Eglise point de salut. » Mais qu'est théoriquement l'Eglise, l'Eglise catholique, sinon l'*Association universelle* de tous les hommes, enfants d'un même père, conséquences d'un même principe, particules constituantes d'une même entité collective? — Ce n'est pas, objectera-t-on, ce qu'enseignent les prêtres. — Dites : certains prêtres et de certaine époque ; mais quand il serait vrai que la totalité du clergé ait toujours été sectaire, cela ne prouverait pas autre chose que l'inaptitude de ces hommes à comprendre l'esprit de la religion dont ils enseignent la lettre morte; suivant le mot d'Eliphas Lévi, l'ancienneté de la croyance n'est souvent que la vétusté de l'erreur. Pourquoi s'en étonner? Le clergé est le corps de la religion : a-t-on le droit d'exiger que toutes les cellules qui composent notre corps comprennent toutes nos pensées les plus pures ? et, parce qu'elles ne comprennent pas, peut-on leur refuser cette qualité de faire partie de nous-même ?

Tout est juste et vrai dans l'Absolu, dans l'Universel ; l'erreur et le mal n'existent que dans le relatif et le particulier.

Je crois très fermement que *toutes* les doctrines sont des expressions très pures de la Vérité-Une, qu'elles sont toutes strictement équivalentes les unes aux autres, et qu'aucun de leurs dogmes n'offre un obstacle sérieux — à plus forte raison je ne dis pas : insurmontable — à la perspicacité de l'homme de bonne foi qui y cherche la lumière avec amour. — M. D.

[1] Dans une étude, intéressante d'ailleurs, due à un ingénieur non sans talent, le mot *mysticisme* fut employé cinq fois comme synonyme de *mystification*. C'est assez pythagore, n'est-ce pas ? Car pythagore et pittoresque sont évidemment synagogues.—M.D.

On ignore ce qu'il renferme, mais on se voile la face avec dédain, pitié, mépris, devant ce qui paraît synonyme de *folie*.

Hystérie pour les médecins, *hallucination* pour la foule, *inconnaissable* pour les positivistes, *inconscient* pour tant d'autres, ont des fonctions analogues.

Employés avec faveur par les différentes sortes de l'*Ignorance*, ils servent de prétextes faciles, banals, pour éviter un aveu qui coûterait à l'amour-propre, pour fuir l'étude sérieuse, pour insulter, bafouer les hommes courageux que cette manière vulgaire de fuir la *Lumière* n'a pas séduits.

Mais, entre tous, le *Mysticisme* a la puissance incomparable de soulever tous les rires et les sarcasmes.

Le *Mysticisme*, pourtant, est la seule voie rationnelle d'illumination, de rédemption, pour tout homme qui a senti l'*Unité* des choses et au-dessus d'elles l'*Unité* divine.

Au-dessus de nous est un état de suprême perfection d'où nous sommes descendus, où nous devons retourner.

Il ne s'agit plus ici d'une conception fantaisiste analogue à tant d'autres ; il s'agit d'*un fait sublime* dont la connaissance fut le point de départ de l'*Action* de tous les grands maîtres du Monde, y compris le plus radieux de tous, *Jésus*.

Dieu, l'*Unité divine* (sur laquelle on ne devrait jamais cesser de méditer), est *le seul Bien* véritable, le seul qui soit capable de combler tous les désirs les plus intenses que son amour peut déposer au fond de notre cœur.

Chercher autre chose, c'est perdre son temps, c'est poursuivre des joies décevantes, c'est boire sans cesse la coupe amère des faux plaisirs, c'est épouser volontairement des ténèbres monstrueuses et se préparer une abondante moisson de chagrins sans consolation et de larmes sans espérance.

L'*Unité divine* est la *Réalité* suprême, *unique*.

L'*Amour*, qui est la racine de notre Etre, se dirigeant tout entier vers cette Réalité suprême, peut seul nous y conduire et nous y fondre.

C'est logique. Il faut éviter simplement, pendant cette majestueuse ascension, d'entraver l'action fécondante des rayons de la splendeur divine sur notre âme, par aucun parti pris, aucune opinion préconçue.

Aspirer à nous réunir avec *Ce* qui dépasse tout sentiment, toute pensée : voilà pour l'*Action interne*.

Nous appuyer d'autre part sur la droite Raison, le sentiment de *Justice absolue* et l'observation attentive des faits naturels : voilà pour l'action externe.

Enfin, par un contrôle réciproque, indispensable et vivifiant du travail interne et du travail externe, on s'avance vers les sphères du pur Savoir et du pur Amour par cette double marche *équilibrée*.[1]

---

[1] C'est ce qui figure très clairement la marche symbolique des francs-maçons qui, pourtant, affichent en général un si pro-

Quelle puissance et quelles merveilles ne découvririons-nous pas en nous-mêmes et dans l'immensité des mondes et des êtres, si nous savions regarder au *Centre* des choses et si nous ne nous attardions pas dans les vains systèmes des hommes, parmi les bruits confus de leurs paroles vides !

Mais les hommes sont terrifiés en face de ce qui leur paraît un abîme ténébreux ; ils ne voient rien et n'imaginent rien en dehors des objets sensibles. Ils rêvent une existence indéfinie de plaisirs et de joies semblables à ceux de la Terre.

Presque tous, roulés dans l'égoïsme cupide, dans l'amour vil des choses abjectes, presque tous occupés à cueillir des fleurs qui recouvrent des serpents, perdus à travers les flots agités de la mer des illusions, dont les désenchantements perpétuels et les dégoûts profonds ne peuvent nous désabuser, nous ne pouvons ou n'osons concevoir ces hauteurs sublimes des Cieux qui sont la négation de tous nos concepts habituels.

Et pourtant ! quelle distance formidable entre les aspirations idéales de notre cœur, nos rêves d'infini bonheur, et les douloureuses nécessités de notre prison de chair, les murs bas et froids de notre misérable séjour terrestre !

Mais n'avons-nous pas des modèles à suivre ?

fond dédain du mysticisme, prouvant ainsi leur ignorance d'eux-mêmes, car ils proclament par ailleurs qu'ils viennent de la loge de *Saint-Jean*, le père du mysticisme chrétien. — M.

N'avons-nous pas des *témoins* vivants de ces merveilles ? Bref, n'a-t-il pas existé des hommes
dont la vie fut le démenti de toutes nos amours,
qui ont aimé la pauvreté, la misère, l'abandon,
l'exil, le sacrifice, et qui cependant furent inondés
des joies célestes ?

N'y eut-il pas des *faits* qui prouvent sans répli-
que l'existence d'un monde surhumain, tout-puissant et bienheureux ?

Selon notre logique mondaine, ces hommes de
sacrifice, ces mystiques insensés, auraient dû tout
perdre en perdant la terre.

Consultons-les donc. *Si le fait répond,* tous les
systèmes contraires sont à rejeter ou, pour le
moins, à réviser.

Il existe des livres dont la lecture est des plus
attrayantes et des plus saines, capables d'émouvoir au plus haut degré toutes les puissances de
notre âme.

Notre époque a perdu le goût de leurs récits
passionnants ; ils sont la source intarrissable des
larmes les plus douces et des émulations les plus
nobles et les plus décisives ; ce sont *les vies des
saints.*

Elles contiennent toutes les leçons de l'héroïsme,
de l'*Amour* immense, surabondant, de la *Volonté*
la plus intrépide et la plus droite.

Une génération qui s'en nourrit peut y puiser
la vaillance du cœur, la force de l'âme, la virilité
contre toute défaillance, toute douleur, la joie la

plus sûre et le développement intense de toutes ses facultés psychiques et spirituelles.

Ces vies sont nombreuses et variées ; elles sont l'histoire même du véritable *Mysticisme* ; et c'est aussi l'histoire du *Merveilleux* sous toutes ses formes ; elles attestent la *puissance divine* de l'Amour et de la Foi ; elles renferment une quantité innombrable de *faits très authentiques, parfaitement contrôlés*, qu'on ne saurait nier de bonne foi et qui tous donnent la haute preuve de la solidité, de la réalité de la *voie mystique*.

Allons, savants, intellectuels, beaux faiseurs de systèmes, apportez-nous un semblable bilan de miracles !

(Je conserve le mot miracle, bien que j'estime qu'ils ne sont que le résultat naturel des plus hautes facultés de l'âme transfigurée, divinisée).

Je citerai, parmi toutes ces existences merveilleuses, celle du grand saint François Xavier, apôtre des Indes et du Japon.

Lisez la vie de ce *mystique*, aimant éperdûment Dieu, *son idéal suprême*, et tous les hommes, ses frères ; lisez la vie de ce *colossal apôtre*.

Ce disciple de Jésus, *transporté d'une ivresse indicible et perpétuelle*, à travers toutes les difficultés et les privations, sème les prodiges les plus inouïs, à pleines mains[1].

---

[1] Si bien que les initiés indous et chinois le crurent un des leurs ; ils le reconnurent au moins pour ce que la Franc-Maçonnerie appelle un *maçon sans tablier*, c'est-à-dire pour

La Nature, la Vie, la Mort, lui sont soumises ; il possède la pleine et entière Voyance ; il possède l'étrange *don des langues* ; les preuves publiques devant toutes les races du monde en sont innombrables.

Les phénomènes les plus incroyables, absolument authentiques, et qu'on serait tenté de n'attribuer qu'à la Toute-Puissance divine même, se déroulent en multitude serrée dans la vie, peut-être unique dans son genre, de cet homme extraordinaire.

Puisqu'il est convenu que notre siècle est celui des faits, qu'on ne juge et qu'on ne jure que par les *faits*, ayons donc le courage de porter notre investigation à travers tous les domaines.

On ne doit critiquer qu'après avoir étudié ; mais alors, bien des préventions s'effacent.

Je le répète donc : l'histoire des saints, c'est l'histoire même de la Mystique divine, vivante, en action.

Or cette histoire renferme des *faits incontestables* qui attestent la présence d'une puissance surhumaine (par rapport à notre terre) et témoignent en faveur des dons et des facultés transcendantes accordées *à la Sainteté*, à la Pureté, au Sacrifice, à l'*Amour divin*.

Si nous ne pouvons guère espérer suivre la voie

un homme non initié mais digne de l'être. Aussi peut-on dire que, sans François-Xavier, jamais les missionnaires chrétiens n'auraient pu, comme ils l'ont fait, s'établir en Orient.— M. D.

héroïque, exceptionnelle des saints, retenons au moins l'enseignement de leur vie, de leurs exemples sublimes et *des faits qui prouvent l'excellence de leur méthode.*

Quand nous ne comprenons pas, gardons le *Silence ;* c'est le parti le plus sage.

Mais sous le prétexte de réagir contre les erreurs du *faux Mysticisme,* évitons pourtant de perdre tous les fruits du *véritable Mysticisme,* évitons surtout l'*Orgueil* et le *Sensualisme*[1].

Voilà nos véritables ennemis.

Pour les combattre, élevons notre Amour jusqu'à la Charité pour tous, jusqu'au Sacrifice même ; car il est bien inutile de s'attacher avec une telle âpreté aux biens mensongers d'une existence qui peut nous échapper à toute seconde.

A quoi sert de gagner l'Univers, si l'on vient à perdre son âme ? répétait sans cesse Ignace de Loyola à François de Xavier.

Ce dernier aimait le monde ; il résista fort longtemps à celui qui lui disait : Quitte tout cela.

Un jour, enfin, il comprit le néant de toutes les vanités humaines : *il s'embrasa tout entier du divin amour.*

Il devint le grand saint François Xavier.

Si nous sommes trop faibles pour imiter ce frère

---

[1] Qui accompagnent, du reste, presque toujours le faux mysticisme, et c'est l'une des marques auxquelles on le distingue facilement du vrai. — M. D.

héroïque, sachons au moins l'admirer sans réserve et ne pas nous complaire dans notre propre bassesse, dans notre propre impuissance.

(*Paix universelle*, 15 décembre 1896).

POUR L'UNION

On peut comparer la Terre à une maison dont les locataires seraient en guerre. Quel joli séjour !...

Ajoutez que ces locataires ne conçoivent pas d'autre manière de vivre !...

Quelques envoyés des sphères de l'Harmonie sont venus leur prêcher la Paix et l'Amour.

La troupe humaine-animale s'est déchirée, avec plus belle furie, au nom de ses doux initiateurs.

S'il est un mensonge immense, c'est bien celui qui mène les hommes à la guerre, au nom même des apôtres de l'*Unité*.

La *Vérité* est que Bouddha est pour l'Inde un *précurseur* de Jésus. La Vérité est que Bouddhisme et Christianisme ont les mêmes bases d'*Amour* et de *Pureté*.

Si les peuples d'Orient sont restés doux et pacifiques — heureusement pour l'Europe, — c'est que le Bouddhisme est une Religion de *Douceur* et de *Paix*.

Christ couronne l'œuvre de Bouddha.

N'opposons donc pas les Bouddhistes aux Chrétiens et, par suite, les Orientaux aux Occidentaux ;

mais, au contraire, rassemblons-les, *rapprochons les hommes* et qu'ils soient UN.

Chaque génie saura conserver son individualité dans l'universelle Harmonie.

A chaque fils de Dieu sera rendue *justice*.

Nul ne songe, dans le Bouddhisme même (religion tolérante parmi toutes), à violer la radieuse figure du Christ.

Le jour du règne de l'Amour universel sera le jour du triomphe et de la gloire du Christ, dont l'Evangile est le magnifique témoin.

Mais en ce jour, Bouddha, frère aîné, précurseur de Jésus, recevra sa grande part de cette gloire.

Tous les peuples qu'il a rendus meilleurs et plus purs témoigneront à leur tour pour lui.

Et tous seront dans la joie, par toute la Terre.

Si vous connaissiez la formidable commotion qui transportera les hommes en ce temps !... Si vous saviez quel bonheur et *quelle lumière* leur sont réservés, quelles incomparables merveilles !...

En Vérité, dans les sphères célestes, Bouddha et Jésus sont *un*, dans *notre Père* ; ce sont deux rayons qui émanent du même divin Soleil.

Que le Christ soit la fleur, qui en doute ? L'étincelante auréole de son Martyre, à jamais touchant et sublime, a ceint de la royale couronne son front si majestueux et si beau.

Mais ne fallait-il pas que les voies du Seigneur fussent rendues droites ? Ne fallait-il pas que beaucoup d'ouvriers travaillassent à la vigne ?

Unis au travail, ils ne seront pas séparés dans l'allégresse.

Le rapport entre le Bouddhisme et le Christianisme est beaucoup plus direct qu'entre le Christianisme et le Judaïsme, bien que ces derniers restent solidarisés jusqu'à ce jour.

Le Bouddhisme et le Christianisme ont des affinités surprenantes dans la morale, le culte, etc., que connaissent fort bien ceux qui ont fait leur étude comparée. Ces affinités seront de plus en plus manifestes avec les temps qui viennent.

D'autre part, nous avons rappelé l'attention de nos frères sur la *Philosophie Celtique.*

Deux lettres catholiques, se rencontrant avec celle du « Théosophe » dans un écho significatif, sont venues confirmer notre admiration pour la doctrine de nos ancêtres et nous prouver, en outre, que le Catholicisme renfermait de généreux éléments de Progrès.

Il s'agit d'apprécier le Celtisme par l'Esprit Catholique.

La première lettre émane du prêtre très éminent, docteur en Sorbonne, dont les lecteurs de la *Paix Universelle* ont déjà pu apprécier la chaleur de cœur et la hauteur de pensée :

« ... Je viens de lire aussi dans la *Paix universelle* la lettre qui glorifie, après vous, la synthèse druidique[1]. Bible et Kabbale, comme il est dit, sont

---

[1] Voir plus haut : *Remarques sur la Synthèse des Druides.* — M. D.

pauvres certainement au prix de cette largeur et de cette profondeur — mais sommes-nous sûrs que cette pauvreté n'est pas surtout des traducteurs et interprètes latins dont le cerveau positiviste était absolument incapable des sublimes intuitions ? Le Juif actuel date de longtemps ; dès la captivité de Babylone, il fut le banquier et l'adorateur de richesses qu'il est aujourd'hui.

« Mais j'ai peine à croire que les révélations d'un Abraham, d'un Melchisédech, d'un Moïse, d'un Isaïe, fussent aussi étroites et matérialistes que le cerveau des Cohens ou des talmudistes modernes. Pour moi, je vous assure que rien, absolument rien de la doctrine druidique ne me semble contradictoire à la synthèse catholique. »

Retenons cette déclaration aussi noble, aussi courageuse que susceptible d'enfanter la plus grande espérance, celle du jour où toutes les doctrines seront conciliées, *en leur centre* ; où les nuages se dissiperont ; où les hommes se verront tous enveloppés de la *même sublime Lumière* que tous cherchent, en laquelle tous vivent.

Je crois d'ailleurs que la Bible et la Kabbale renferment la *Science divine intégrale*, mais, sous des formes obscures, sous des allégories dont les clefs sont perdues.

C'est pourquoi nous désirons tant l'appui de la lumière orientale.

L'Humanité sera d'autant plus riche qu'elle mettra tous ses trésors en commun. La pensée occidentale et la pensée orientale se doivent compléter, illuminer réciproquement.

Laissons donc les Indous et les Chinois nous exposer leurs enseignements ; si nous aimons sincèrement la Vérité, nous devons nous en réjouir.

Écoutons-les ; comparons ce qu'ils disent avec ce que nous savons. Si leur pensée est juste, inclinons-nous ; s'ils paraissent errer, éclairons-les.

Que personne n'abdique légèrement sa foi, sa doctrine ; mais que chacun aspire à cette grande et loyale conversation de tous les hommes sur les problèmes si passionnants de l'Amour et du Savoir universels.

La seconde lettre est de notre frère Jounet. Nul d'entre nous ne peut suspecter sa *parfaite sincérité*, non plus que ses *véritables sentiments d'humanité*.

« ... Je ne désapprouve nullement votre appel à l'Esprit celtique.

« Il y a de grandes vérités dans les triades des Druides. Et je ne crois pas qu'il y ait avec le Christianisme de désaccords profonds.

« Les écoles bardiques furent, au moyen-âge, une source de Christianisme admirable. Scot *Erigène*, un des théologiens les plus généreux, était *Irlandais*, Celte..... »

Dans un autre passage, notre frère Jounet ajoute : « ... Mais, précisément pour débarrasser l'Eglise de ce qu'il y eut de réellement fâcheux dans son histoire, il faut agir avec une grande justice et ne pas atteindre en même temps toute la tradition admirable et tous les dons surnaturels toujours vivants qu'elle contient. Je crois que, si les uns et les autres, non catholiques et catholiques, nous approfondissions mieux ce que l'on appelle dans les catéchismes l'Ame de l'Eglise, cette doctrine de l'Ame de l'Eglise finirait pas nous mettre tous d'accord.... »

Voilà une chaude et vivante pensée.

Il n'y a pas de désaccord fondamental entre les hommes et les doctrines. Ces haines si tenaces, ces querelles sans fin, sont superficielles. Pour ma part, je ne puis douter de l'identité centrale des doctrines religieuses.

En particulier, les mêmes aspirations vers l'Amour universel et la pure Lumière constituent le fond du Celtisme, du Bouddhisme, du Christianisme.

Le Celtisme est notre voie nationale.

Quelles nouvelles clartés recevraient les hommes, s'ils s'habituaient à considérer toutes les choses dans l'Unité ! Partout, l'entente est possible.

Notre premier devoir est de la favoriser par tous les moyens, *sans jamais employer d'autres armes que celles de l'*Amour *et de la* Sincérité ; *c'est la meilleure des politiques.*

Il est certain que la tournure de l'Esprit indou se distingue nettement de celle des Occidentaux, bien qu'elle soit — étrange rencontre — très conforme à notre esprit scientifique moderne.

Où l'Occidental, cherchant à atteindre les sommets de la vie, entrevoit l'*Etre suprême*, l'Oriental, dans son effort parallèle, envisage le *Suprême de l'Etre*.

Alors que l'Occidental considère l'état actuel de la Terre comme un accident survenu pendant l'exécution du plan divin, l'Oriental y voit *une des phases normales*, transitoires, de l'évolution.

En Europe, nous attachons les suprêmes prérogatives à la conscience personnelle ; en Orient, il n'y a pas d'idéal plus élevé que celui de l'expansion de la conscience dans l'Universel et la réalisation de l'*Etat impersonnel*.

Les Indous sont profondément universalistes, alors que nous sommes, avant tout, personnalistes.

Enfin, nous aspirons à la Vie toujours plus intense ; et là-bas, c'est la Paix du Nirvâna qui semble être l'objet de tous les rêves.

Voilà, j'espère, des nuances véritables ; je dis nuances et non divergences ; car, dans une *certaine lumière*, toutes s'éclairent et s'unifient.

Ce sont les deux aspects extrêmes d'une même vérité ; deux manières de contempler et deux manières d'avancer dont le but unique est la RÉALITÉ, la PLÉNITUDE, *l'apaisement de toute souffrance et de toute privation*.

Bienheureux sont les hommes qui, par la puissance du Désir et de la Prière, ont atteint la grande Paix qui procure à l'âme religieuse la claire raison de toutes choses, la vision limpide de la divine Harmonie.

De cette divine Harmonie, nul être n'est exclu ; toute chose est une note du céleste concert.

Et qu'on ne croie pas qu'il s'agit ici de vaines paroles ; c'est la *Réalité* même, si belle, si éblouissante, qu'elle plonge dans un éternel *Ravissement* celui qui l'a entrevue, ne fût-ce qu'une seconde.

Par la Charité, vous rentrez très réellement dans l'Universel ; vous pénétrez le magnifique réseau des harmonies sans nombre.

Par le Sacrifice, vous prenez possession du domaine mystérieux et des réalités incomparables de l'*Esprit* ; et vous dominez à jamais la Matière.

Par l'Amour enfin, vous détruisez pour toujours l'illusion mensongère qui vous tient séparés de la suprême Réalité.... partout et toujours présente.

Si l'on ne peut s'élever vivement vers cette *Unité divine* omni-présente, omnisciente, devant laquelle tout l'Univers s'efface comme une ombre ; si l'on ne peut goûter déjà cet absolu Bonheur et connaître ce Ravissement innommable, qu'on sache au moins admirer la voie héroïque de tous nos frères aînés qui souffrirent et moururent pour l'Humanité, de tous les saints, glorieux pilotes qui foulèrent le sentier sacré de la *Délivrance*.

Si nous ne pouvons suivre cette voie héroïque, sachons au moins aspirer de toutes nos forces à l'idéal d'amour, à la *Spiritualisation*, à l'affranchissement de tout ce qui est bas, vil, faux.

Car toute pratique de salut se résume dans ce seul mot : RENONCEZ, que prononcèrent à la fois les sages de tous les âges, de l'Orient et de l'Occident.

« Retenez bien ce mot court et plein de sens : *Quittez tout, et vous trouverez tout* ; renoncez à vos convoitises, et vous trouverez le repos.

« Mettez-vous en l'esprit cette maxime ; sa pratique parfaite vous donnera l'intelligence de tout. » (*Imitation de Jésus-Christ* ; liv. III, ch. XXXII).

Autrement dit, *Aimer* sans réserve l'Unité suprême et de tous les êtres.

Vivre selon cet amour.

Bannir sans hésiter de notre existence tout mensonge, toute haine, tout appétit..., tout égoïsme, tout orgueil, toute cupidité.

Hélas ! on ne peut tout dire, car les temps ne sont pas encore venus.

Mais l'époque est prochaine où sera tentée la première réalisation du Congrès de l'Umanité.

Appuyez, chers frères, de toute la force de vos cœurs cette noble tentative. *Sachez que votre action sympathique, ainsi dirigée, sera pour les organisateurs un secours efficace.*

Aidez-les de toutes les forces de votre âme de votre pensée, afin qu'ils puissent rompre et briser, au nom du suprême Amour, tous les obstacles, les mensonges et les *forces antagonistes* qui s'opposent à la grande Union des hommes et cherchent à perpétuer le trouble entre les deux grandes fractions orientale et occidentale de l'*Humanité Une*.

Il faut enfin que le souffle puissant de l'*Unité* ren-

verse les premières barrières et paralyse les insensés qui combattent contre l'Amour universel.

Frères, aidez-nous, et nous vaincrons !...

(*Paix Universelle*, 15 janvier 1897).

L'AMOUR ET LE BONHEUR

Tous les hommes cherchent le Bonheur, mais ils
le cherchent comme des aveugles, n'ayant jamais
accordé une seconde de véritable méditation à *ce
qu'est le Bonheur*. Que cherchez-vous ? De l'argent.

Pourquoi faire ? Pour me payer tout ce que je
voudrai ; alors je serai heureux.

C'est la demande et la réponse invariables d'une
conversation moderne.

Et tout roule sur une illusion volontairement
créée. Au bout de la vie, l'homme assoiffé de tous
les plaisirs, de toutes les richesses, peut se demander : Ai-je été heureux ?

Non ! répond la voix formidable dans le silence
suprême qui épand déjà ses voiles sur le moribond.

Oh ! que de sagesse entrevue, à cette heure ! Combien vaine paraît l'existence et ses courses infer-
nales à l'assaut des joies qui s'échappent toujours.

Si la richesse devait assurer le bonheur, dites-
moi pourquoi les riches sont tous tristes ; pourquoi,
en dehors de leur air de satisfaction glaciale et
conventionnelle, *pour la pose*, ils n'habitent, en
leurs magnifiques demeures, qu'avec l'*Ennui ?*

. L'Ennui sombre, qui ne connaît pas de barrières, non plus que la maladie, non plus que la mort.

C'est qu'on a confondu le fruit avec l'enveloppe. On a ramassé des plats vides, aux dehors très riches, et l'on s'étonne d'avoir toujours faim... du bonheur qu'ils ne contiennent pas.

Qu'est donc, enfin, ce *Bonheur*, objet unique de nos désirs quelle que soit la manière dont on l'envisage, quel que soit l'objet auquel notre pensée accorde la magique faculté de nous le transmettre?

Le Bonheur a son siège dans l'Ame.

C'est une paix profonde de l'Ame ; c'est une joie intime du Cœur ; c'est un *sentiment de parfaite Sécurité* qui nous isole de l'Univers, des choses extérieures, pour nous baigner dans une idéale Essence qui est le Divin même.

Analyser le Bonheur est absolument impossible.

Ceux qui l'éprouvent sont ravis, dans une indicible Extase ; la surabondance des Richesses qui remplissent leur Ame, le trop-plein de leur Cœur sont tels, que le Silence et quelques larmes discrètes les peuvent seuls exprimer.

Eloquence sublime des sphères où toute voix humaine devient impuissante.

Nous ne parlerons pas ici du Bonheur infini que doit goûter notre Ame, au sein de l'*ineffable Unité*.

A l'Ame humaine, parlons des précieux trésors, qu'elle peut conquérir sur Terre même ; parlons de la Suavité, de la Douceur et des saintes Emotions qui peuvent trouver asile jusqu'en notre corps de chairs, jusqu'au milieu des Bruits et des Cauchemars qui ne cessent d'assaillir l'Humanité tout entière, sur son lit d'effroyable, mais *grandiose Douleur*.

Car il fut dit : « Heureux ceux qui souffrent, ils seront consolés. »

Toutes nos misères, bien chers frères, nous préparent, au nom de la *Justice* même, au nom de la pure Raison, des Plénitudes et des Enchantements sans limite et sans fin. Lorsque les rayons du divin Soleil luiront enfin sur notre Ame ; lorsque les Echos des Chants célestes viendront l'émouvoir, aux frontières de la *Patrie suprême*, alors les ombres s'évanouiront à jamais devant la royale Fiancée, ravie sur le cœur de l'Epoux, l'Amour même.

Mais je veux parler du *Bonheur véritable* qui, dès ce jour, dès cette heure, peut nous soutenir à travers les luttes quotidiennes et nous préparer doucement aux destinées les plus sublimes, aux tressaillements les plus divins.

Le Bonheur a son siège dans l'Ame, avons-nous dit. C'est donc l'Ame qu'il faut remplir de cette précieuse liqueur.

C'est sur l'Ame qu'il faut agir ; c'est l'Ame qu'il faut transformer.

Je sais bien que l'âme est enveloppée d'un corps (je le sais trop, hélas !) ; mais, pour réjouir l'âme, dépenser toutes ses forces au service de ce corps et de ses jouissances, c'est un calcul aussi faux qu'il est sot.

Que la Sottise soit universelle, cela ne saurait prévaloir contre la Vérité.

Le Raisonnement de ceux qui cherchent la Richesse matérielle, laquelle ne peut servir qu'aux besoins du Corps, pèche par la Base.

Il peuvent se procurer le Plaisir, avec l'*inévitable Dégoût,* mais ils ne peuvent trouver le Bonheur.

Ils peuvent se vautrer pendant toute une existence ; ils n'auront pas une seconde de cette divine ivresse qui *enlève à jamais* ceux qu'elle a caressés.

Ceux qui soignent leur Corps et ses plaisirs sont absolument semblables à cet homme insensé qui réserverait toutes ses richesses, ses conquêtes pour son Cheval et son Ecurie (le Corps et ses Besoins), puis s'étonnerait de n'être pas heureux pleinement, alors que le vrai lui-même (l'âme) a faim, a soif, est nu et grelottant.

Le Cheval est magnifiquement logé, nourri ; mais l'âme est dans la plus affreuse misère, le plus complet dénûment.

Nous arrivons donc, — à la suite de tant d'autres,— à conclure que l'âme est le Centre et la Clef de l'Homme véritable.

C'est évident ; pourtant cette Évidence même échappe à tout le Monde, puisque personne, ou à peu près, ne s'occupe de cette Ame.

Notre Ame a faim, a soif, est nue, est transie par le froid.

Ce n'est pas une manière de parler ; *c'est un fait.* Un fait qui se traduit par la *Tristesse incurable et le Désespoir* de ceux dont l'âme est ainsi abandonnée.

Un fait qui se traduit par la Sérénité, la Béatitude de ceux dont l'âme a trouvé les trésors qui lui sont nécessaires.

PENSEZ DONC A VOTRE AME, d'abord ; puis, comme accessoire, nécessité secondaire, à votre Corps.

Si d'ailleurs votre Ame a sa Nourriture, le Corps se réjouira de peu de chose.

Ce Tyran, toujours mécontent, deviendra le Serviteur docile et souple à qui peu suffit.

La Faim de l'Ame, c'est l'Amour.

La Soif de l'Ame, c'est l'Amour.

La Nudité de l'Ame, c'est la Haine ; et son vêtement, c'est l'Amour.

Le Froid de l'Ame, c'est la Haine ; et sa Chaleur, c'est l'Amour.

O puissance d'Amour, infinie Lumière, Source de toutes les Consolations, céleste Coursier des Sphères divines, Diamant incomparable, *invincible Épée*, Bouclier magique, Harmonie, Joie, absolue Plénitude, pourquoi les hommes ne te connaissent-ils pas ?

O seule Richesse, ils te dédaignent !

Quels funestes ennemis leur ferment les Portes de ton Séjour enchanté dont la Magnificence et la Splendeur sont celles de Dieu même ?

Amour, qui d'une Chaumière fais un Palais !

Amour, dont les douces mélodies charment sans cesse les époux fidèles ! Amour qui fais les Saints !

Amour qui es le Roi, la Chose unique, qui es Tout, pourquoi donc tes Biens si précieux sont-ils ravis à notre chère et malheureuse Humanité ?

Toute Philosophie, tout Socialisme, toute Espérance, toute Entreprise, qui n'ont pas l'Amour pour objet, qui dédaignent l'Amour, sont des OEuvres de Mort.

Elles crouleront toutes. *Rien ne persévérera, rien ne triomphera que ce qui sera fondé sur l'Amour.*

Mais, je le sais, on ignore combien cet amour est doux ; si les hommes le connaissaient, ils le voudraient tous posséder.

Ils ne le connaissent pas. Son nom, même, éveille parfois en eux d'inférieurs désirs ; ils se précipitent dans l'Ombre et n'étreignent qu'un fantôme informe, pendant que la divine Essence reste impénétrable.

Car, pour connaître l'Amour, il faut le mériter.

Il est une *Réalité* sublime ; il est un *Fait* et ceux que ses flammes ont brûlés sont plus que des hommes.

Mais il faut le mériter, il faut le conquérir.

Sa Voyance, sa Puissance, sont illimitées ; nous en avons des preuves certaines.

Christ n'est autre que la parole de l'Amour même.

L'Amour, qui est dans son essence, revêt des formes multiples sans nombre et, par ses adaptions, est le grand Moteur de l'Univers.

On ne le reconnaît pas, mais il est partout présent. Un homme sans Amour serait comme un homme sans Espérance ; il ne saurait vivre.

Mais ses lueurs sont tellement affaiblies, que l'homme, par un jugement téméraire et superficiel, en vient à nier le suprême Soleil d'Amour qui luit derrière tous les nuages et les fumées humaines.

Conclusion :

Le Bonheur a son siège dans l'Ame ; c'est le Rayonnement même et la Présence de l'Amour dans notre Ame qui produit *cet Effet* du Bonheur.

Cherchant le Bonheur en dehors de l'Amour et cherchant autre chose que l'*amour des âmes*, c'est vraiment rester dans la grande Misère et semer encore et toujours la graine empoisonnée des désespoirs et des douleurs sans fin.

Un seul mot donc contient tout : *Aimons*.

Si nous *aimons* de toutes les puissances de notre *Ame*, le Bonheur, pour nous, coulera à pleins bords ; et nous aurons l'inestimable privilège de transmettre à nos frères son rayonnement vivifiant.

Ils nous accueilleront comme l'agent de la divine Bénédiction.

Nous vivrons vraiment, et nous soufflerons partout *la Vie*.

Un mot, un seul mot, un regard, la présence de celui qui aime, peuvent rendre *la Vie*, *la Force*, et même la Santé du Corps, dans les cas les plus désespérés.

Amour est Savoir, Amour est Pouvoir.

C'est le grand Thaumaturge, c'est le *grand Voyant*.

Nulle frontière ne peut arrêter l'action de ses rayons subtils et puissants comme la Foudre.

Pénétrons en sa Sphère, nous croîtrons sous sa radieuse Influence, il nous transportera, nous illuminera.

L'Amour ne doit pas être sur nos lèvres, seulement, mais dans *notre Cœur*.

L'Amour se prouve par le Sacrifice, par le Désintéressement, par l'Impersonnalité.

Aimons, aimons, c'est le vrai Bonheur. Aimons et l'*Espérance* renaîtra sur la Terre.

(*Initiation*, janvier 1897).

LE SENTIMENT D'HUMANITÉ

Le véritable sentiment d'Humanité doit s'étendre à tous les hommes.

Celui qui l'éprouve ou le désire doit projeter son Amour par toute la Terre.

C'est l'exercice quotidien le plus riche en lumières conquises, en joies pures éprouvées.

Pour traduire notre sentiment, nous disposons de la Pensée, de la Parole, de l'Acte

Hélas ! ces traducteurs ou signataires sont le plus souvent des traîtres.

Ils déguisent au lieu d'exprimer.

On s'explique ainsi pourquoi tant de belles Pensées, de belles Paroles et même d'Actes d'Amour restent infertiles.

La raison est que l'Enveloppe est brillante, mais que le Fruit, *l'Amour profond, véritable*, est véreux.

Parmi ces trois signatures de l'Amour dans les trois domaines successifs de la Pensée, de la Parole, de l'Acte, il en est une cependant qui entraîne, avec le plus de certitude, la Sincérité.

C'est l'Acte.

Donc, lorsque nous voyons un homme écrire de beaux livres, transmettre de belles pensées, produire de belles Paroles d'Amour, et qu'il se refuse à l'Action fraternelle, nous avons le droit de suspecter la Sincérité du *Sentiment* qui l'anime.

En Amour, il est facile de se berner soi-même.

On déguise volontiers l'Adoration du Moi sous des Semblants altruistes.

On pousse même la Simulation jusqu'à se croire animé du sentiment altruiste et l'on pense fondre sa propre cause — du Moi — avec celle des autres[1].

En ce Siècle d'Effort désespéré vers la Lumière, nous avons le devoir de fouiller à fond le cœur de l'homme, le nôtre propre, de même que celui des autres.

Or il me paraît qu'une formule peut servir de critère et de guide en ces délicates matières :

Est un véritable humanitaire, celui qui *vibre* à

[1] C'est que, souvent, en croyant sincèrement sacrifier le Moi tout entier, on se refuse énergiquement à sacrifier la moindre des opinions de ce Moi, opinions qu'une illusion de myopie intellectuelle fait prendre pour la vérité elle-même. — M. D.

chaque Echo de l'Amour universel, et reste *insensible* à toute émotion qui concerne le *Moi*.

La définition me semble évidente.

Afin de nous perfectionner nous-mêmes et arracher de notre Cœur la racine maudite de l'Égoïsme (je fais mon procès comme celui des autres), il faut donc s'attacher au *Discernement des Emotions qui nous agitent*.

Éprouvé-je un mouvement de joie ou de douleur?

Vite, une petite expertise ! Qui est en jeu dans ce *frémissement* ; Est-ce *Moi* ? ou bien est-ce *Eux, les autres* ; ou *Lui*, l'Un suprême ?

Si je distingue la présence du Moi, — c'est facile avec de l'Exercice, — *j'ordonne immédiatement l'Insensibilité*.

Je ne dois permettre (ce *Je* est le Rayonnement du *Soi* supérieur. Suivant la belle remarque de *M. G. Delanne*, nous sommes tous des parties individualisées du *même principe intelligent*.) au Moi (inférieur, *l'actuel* dans notre Condition moderne) de ne se réjouir ou s'affecter que de la cause de l'*Amour universel*.

J'ai la conviction, bien chers frères, d'exprimer une haute Vérité, en ces lignes ; c'est pourquoi je vous les transmets avec Bonheur.

Nous n'avons d'autres ennemis que nous-mêmes.

Ce qu'il faut vaincre et chasser du fond de notre âme, c'est *l'Égoïsme* ou *Personnalisme*.

Pensées, Paroles, Actes jaillissent d'abondance de la Source du Cœur.

Purifions notre Cœur, et les eaux qui en coulent seront pures, claires, vivifiantes.

Purifions notre Cœur, notre racine, et l'Arbre de nos Pensées, Paroles, Actes, sera sain.

Toute la Clef de l'homme est dans son Cœur.

J'appelle l'attention sur ce Fait incontestable, auquel on s'arrête trop peu.

D'un bon cœur, on peut tout espérer.

D'un mauvais cœur, d'un cœur sec ou personnel, rien de bon.

Mais l'entraînement, préconisé dans ces lignes, est loin d'avoir un simple effet moral.

Il réserve à ceux qui le suivront avec ardeur et constance, les plus extraordinaires surprises.

Esquissons-les.

Leurs oreilles perçoivent les divins Accents de l'universelle Harmonie.

Si l'homme s'attache à *vibrer à l'unisson des âmes de ses frères,* restant insensible au *Moi,* il arrive, phénomène inouï, merveilleux, que sa Conscience s'étend dans l'Univers.

Quelle Demeure royale dans les Sphères du Feu, de la Vie !

Ceci n'est pas un Rêve, mais un Fait¹.

---

¹ Exactement au même titre que n'importe quel phénomène expérimentable en un laboratoire de physique ou de chimie ; et ce fait est susceptible de moyens de contrôle écartant toute hypothèse d'hallucination subjective.

On a dit d'Amo : « C'est un sceptique transcendant ». Personne n'est, en effet, plus disposé à ne croire que ce qu'il voit ; mais il voit des choses que tout le monde ne voit pas ; il cons-

Il en résulte cette incroyable et *divine transfor-mation* qui le fait à la fois mourir et vivre.

Il meurt à lui-même ; mais avec le même senti-ment de son individualité, plus intense même, il devient *un centre du Tout*[1].

C'est ainsi qu'on cesse d'être homme pour deve-nir *un dieu* ; qu'on se fond dans l'Unité et qu'on reste soi-même.

Ah ! vraiment ! Qui comprendra ?

Et pourtant la Merveille suprême est ici.

Pratiquement cet homme entre en rapports avec les Forces subtiles qui sillonnent les profondeurs de l'Univers ; il devient le centre du plus magni-fique réseau télégraphique.

Le moindre de ses privilèges est de connaître, à tout instant, l'état d'âme de ses frères à toute distance.

Les faits positifs, nets, répétés, le confirment.

Il peut souffler la joie, la santé, à ceux qui souffrent.

Il peut devenir une Providence vivante.

tate des faits en dehors de la commune expérience. Tout le monde peut en faire autant après entraînement méthodique approprié. — M. D.

[1] Se faire tout à tous en restant soi-même est un des procé-dés les plus simples, les plus efficaces et aussi les moins connus de la puissance. Mais *rester soi-même* n'est pas se confiner égoïstement en sa personnalité transitoire ; c'est s'identifier au Soi-Un, à l'Essence unique de tous les êtres. En ce centre universel résident le secret et la force de toutes les person-nalités. — M. D.

Puis il s'élève si haut qu'il ressent l'Unisson *suprême qui est* Dieu *même.*

On comprend que je m'arrête.

Ne voit-on pas que la Voie de l'Amour est une Voie éblouissante ?

Ceux qui ne marchent pas dans cette Voie, ne trouvent rien, ne peuvent rien.

Aimons-donc.

Si nous aimons, nous devons rayonner sur nos frères, nous épancher dans leur cœur, recevoir leurs confidences.

L'Expansion chaude, sincère, est la caractéristique du véritable Amour.

Je ne puis pas davantage croire à l'Amour de celui qui ne rayonne pas, que je ne saurais croire à la Chaleur d'un Foyer qui ne réchaufferait pas l'Atmosphère ambiante.

Les plus affreux mensonges sont ceux qui ont l'Amour pour objet.

Que nos actes fraternels soient conformes à nos Paroles, puisque nous reconnaissons que l'Amour est le Bien et la suprême Vérité.

La Conscience de l'homme est habituellement limitée à son Moi et dépendances. L'homme vit ainsi dans une étroite cellule où, généralement, il meurt de faim et de soif, n'ayant pas de quoi se nourrir et se chauffer, manquant, en un mot, de cette Nourriture divine, de ce Bois précieux qui est l'Amour.

L'Amour donne un Bonheur véritable, intense,

qu'on soupçonne à peine, parce qu'on en parle souvent mais qu'on ne se décide pas à pénétrer dans ses régions saintes.

Ceux qui aiment vivent dans une joie surabondante, une extase perpétuelle ; ils ne peuvent que sourire, ils ne peuvent que chanter.

C'est d'ailleurs l'enseignement du Christ.

Ayons donc le désir d'acquérir cette Richesse divine.

Désirons l'Amour, si nous ne le possédons pas encore.

Par *l'intense Désir* d'Amour, nous *appellerons l'Amour.*

Par le Sacrifice pour les autres, par l'Élan perpétuel de notre âme vers leurs âmes, nous *fixerons* cet Amour.

Celui dans le Cœur duquel l'Amour règne est véritablement un Roi, un Prêtre, un Dieu.

AIMONS-NOUS !

(*Revue scientifique et morale du Spiritisme,* janvier 1897).

LA RENAISSANCE IDÉALISTE

ET LE FAIT SPIRITE

Une pesante atmosphère accable nos âmes.

L'Église et la Science paraissent d'une même impuissance à conjurer le Péril social.

Nous roulons vers les gouffres du Néant, vers la

Dissociation de tout ce qui constitue l'homme véritable.

L'Intérêt soutient encore les Sociétés, mais ses partisans se diviseront, par son fait même, de plus en plus, et se combattront dans la plus effrayante sauvagerie lorsque *ce qui nous reste de vertus acquises*, sera épuisé.

Déjà, nous assistons à l'insolent et immonde *triomphe de l'Or*, de la Fatuité, du Sensualisme sous toutes leurs formes.

Est-ce que tout est perdu ?

Non ! Ces jours de tristesse sont aussi des jours d'espérance pour ceux qui savent voir et comprendre.

Jamais un plus grand besoin d'Idéal n'a soulevé les Cœurs, jamais un souffle plus puissant n'agita de ses divins frissons l'Humanité assoiffée d'*Amour* et de *Lumière*.

Toutes les choses baignent dans l'UNITÉ suprême.

La Vérité est une.

Inscrite dans la *Nature* ou contemplée dans les sphères resplendissantes de l'*Esprit* pur, elle est toujours la même.

Pourquoi donc, ô prêtres, redouteriez-vous la Science, la véritable Science ?

Plus de Lumière nous rapproche de Dieu.

Pourquoi donc, ô savants, redouteriez-vous la Religion, la véritable Religion ?

L'homme en se rapprochant de l'*Essence des choses*, reçoit les divines clartés qui dissipent toute Nuit.

Qu'ils soient UN ! a dit le maître sublime, donnant aux hommes, par ce seul mot, la Clef d'Or de l'A-MOUR *universel* et de la *Science intégrale* ou *Sagesse* divine.

Il a dit encore : *De la mesure dont vous vous serez servi, on se servira ;* nous enseignant ainsi la JUS-TICE *parfaite.*

Amour universel, Justice parfaite sont les deux grands et magnifiques piliers de la *Religion une,* éternelle.

Ils supportent toute *Connaissance* et toute *Félicité.*

Ces deux grands principes de la Religion, si nous les traduisons en langage intellectuel, s'énoncent :

Unité, Causalité.

La Science moderne repose toute entière sur eux :

Unité des forces physiques, Conservation de l'énergie, etc...

Puisque l'accord peut se faire entre la Religion et la Science sur les principes fondamentaux, *sans nul doute,* il se fera sur tous les plans quand l'heure de la *Réconciliation* aura sonné.

Mais cette Réconciliation nous pouvons, nous devons la hâter.

Que les chevaliers de l'Idéal, que les soldats de la nouvelle et sainte Croisade, se lèvent, vibrants, héroïques, pleins d'Amour, et qu'ils *s'élancent* à l'Assaut de toutes les Haines et de tous les Mensonges !

Qu'ils méprisent les bas calculs de la Terre,

source de toutes les déchéances et de toutes les lâchetés !

Qu'ils s'unissent et *qu'ils marchent en Avant !*

Il faut aider l'église à compléter son enseignement.

Beaucoup de prêtres qui ont préféré l'esprit qui vivifie à la lettre qui tue, le *désirent avec une telle ardeur,* que j'entrevois le jour prochain d'une nouvelle Evolution.

De quelle arme invincible pouvons-nous disposer pour *contraindre*, d'autre part, la *Science officie'le* à l'étude des grands problèmes ?

De proche en proche, nous la contraindrons à faire, suivant la Prophétie de Claude Bernard, la preuve scientifique de l'Immortalité de l'âme.

Mais par quel moyen ?

Ici, je déclare avec force :

Nous disposons du Fait spirite.

On ne jure, en notre siècle, que par le *Fait matériel*, par la Nature.

Eh bien ! nous disons aux Savants :

Il y a des *Faits matériels* aussi merveilleux qu'authentiques.

On ne peut plus les nier ; *on n'a plus le droit de les nier*, car trop de témoignages illustres sont venus les confirmer.

Les plus grands Savants du Monde, des Commissions nombreuses d'hommes les plus compétents et les plus dignes, — en Angleterre surtout — ont établi l'absolue véracité de ces *Faits maté-*

riels que les théories scientifiques du jour ne peuvent expliquer.

Lisez l'*Extériorisation de la Motricité* de M. de Rochas, le *Spiritisme* du docteur Paul Gibier; le *Psychisme expérimental* d'Alfred Erny.

Ce sont des réquisitoires foudroyants.

Les Savants officiels, s'ils ne veulent sombrer *bientôt* dans le ridicule et même l'odieux, s'ils ne veulent mentir à leur propre Mission, s'ils veulent sauver ce qui leur reste de leur prestige immérité, doivent se hâter.

La voix des Crookes, Zollner, Wallace, Lodge, Myers, Varley, Aksakoff, de Rochas, Dariex, Richet, Lombroso, Ochorowicz, etc... etc... est trop retentissante, aujourd'hui.

Ce qu'ils ont proclamé, à l'*Unisson*, est établi désormais, sans conteste, est *scientifique enfin*.

Si les savants s'attardent longtemps encore, aux ornières de l'Obscurantisme, *alors qu'ils sont avertis*, nous pourrons les déclarer *traîtres à la Vérité*, *traîtres à l'Humanité*.

Quant aux catholiques timorés, qui redoutent la Lumière et voient partout le *Diable... au XIXᵉ siècle*, nous voudrions réveiller leur courage et leur force.

Nous leurs disons :

Ces phénomènes sont naturels. Ils résultent d'une *Connaissance* mieux approfondie des plans supérieurs de la nature et des *Forces subtiles* et hiérarchisées qui constituent la trame de l'immense Univers.

Dans tous les Temps et les Pays, ces Faits furent connus.

La *Mystique* de Gorres, livre catholique, en relate un nombre considérable.

Les Facultés de l'âme humaine sont loin d'être limitées par le Temps et l'Espace.

Quiconque dans la Solitude et le Silence se hausse au-dessus du Corps et des sens matériels, pénètre dans un Monde dont la divine Magie, dont la splendide *Réalité*, dépasse tout Concept.

La Destinée de l'Homme est sublime ; son Cœur et sa Pensée peuvent se dilater à l'Infini.

Toutefois, la Prudence est requise.

Le Corps est une barrière, mais également un sentier pour l'Homme.

S'il veut s'élancer trop tôt sur les grands courants Cosmiques, il risque le plus effroyable Naufrage, s'il n'est revêtu de *Pureté, de Simplicité, d'Amour,*

Ceci est un fait.

Aujourd'hui donc, l'Humanité se penche vers le vestibule de la *Science sacrée.*

C'est la Science divine des Saints ; c'est la Science maudite pour les Profanes.

Cette Science est réelle, et, *non seulement un produit d'Imagination.* Elle a ses principes, ses lois, ses faits. Mais elle est aussi une arme redoutable, entre les mains des Violateurs orgueilleux, sensuels ou méchants.

L'Eglise tremble donc, non sans raison, devant l'Inconnu dans lequel nous allons pénétrer.

Elle sait les splendeurs du Divin ; mais, elle sait aussi les *influences retardataires* qui peuvent happer l'homme sur la Course de son Evolution, et le faire reculer...

Et cependant, le Temps est venu de parler.

Pourquoi ?

Parce que c'est le Moyen désespéré, suprême, de Réaction contre l'infernale et stupide Orgie *qui pourrit* tout, à cette heure.

Les Puissances occultes se déchaînent entre les mains de la Providence, ainsi que des Tonnerres et des Eclairs qui doivent faire frémir et, peut-être, repentir les hommes de notre Siècle devenus presque des Brutes.

Au nom de la sainte Vérité, acceptons le combat.

Le Fait spirite est un Fait naturel — résultant de la pénétration du Monde terrestre par le Monde astral —; c'est la Massue qui doit donner le coup de grâce à la Science matérialiste étroite qui agonise,

Nous ne pouvons l'enrayer; son heure était venue.

Etudions-le courageusement. Il présente des dangers, c'est vrai ! mais, enfin, il faut bien le dire, l'hypothèse du Diable ne suffit plus.

Elle est vieille et démodée ; quelques Théologies Moyenageuses la réservent, mais sans succès.

Les Prêtres éclairés savent qu'il faut regarder plus loin.

Le Fait spirite est un fait naturel, comme le fait télépathique, comme le fait magnétique, etc... etc...

La Manipulation offre des avantages et des inconvénients. Mais ces derniers peuvent être conjurés, car l'homme est lui-même une puissance qui n'a rien à redouter de l'Astral.

Aimons-nous de tous nos cœurs ; unissons-nous.

Ayons le culte ardent, exclusif, absolu de l'*Amour suprême*, de l'*Unité divine*.

En cette Unité, nous sommes tous *un*, tous le même homme, au *centre*.

Par la *Communion fraternelle*, par l'*Esprit de Sacrifice*, par l'*Union divine*, l'HUMANITÉ-UNE *se constituera*. Les jours de la Paix et du Bonheur viendront ; c'est *le Règne du Christ*.

Aujourd'hui, précurseurs dévoués, défrichons le sol, faisons la Lumière, cherchons la Vérité sous tous ses aspects.

Si nous la désirons avec force, avec sincérité elle nous sera donnée.

(*Echo du Merveilleux*, janvier 1897).

SCIENCE ET MYSTIQUE

Tout se dissocie. L'heure des Fléaux n'est plus éloignée.

A travers la Tempête universelle, les *âmes spiritualisées* conserveront, seules, le Calme et l'Espérance.

Tout ce qui se fonde sur l'éternel Amour et sur l'Esprit pur, restera fixe et triomphant.

Que peuvent les Ombres contre les Rayons du Soleil divin ?

Il faut donc nous armer courageusement pour la Lutte prochaine.

Il nous faut constituer une chaîne d'*Amour universel*, construire l'Arche d'Alliance que Jésus lui-même conduira.

Que la Chaleur et la Lumière célestes viennent revivifier les âmes pures et sincères !

Afin d'obtenir cette Faveur suprême, accomplissons notre tâche : dissipons les nuages impurs, dispersons les mensonges, abattons les barrières qui séparent les hommes de bonne Volonté.

Afin d'apporter ma faible collaboration à cette Œuvre, je veux aujourd'hui dénoncer le *Mensonge* ou l'*Ignorance* qui oppose la Science à la Mystique.

La Science repose sur l'Observation des Faits naturels, et l'Expérimentation, dite positive.

La Mystique repose sur l'*Union divine*.[1]

L'une contemple la Nature et l'autre le Divin.

Or, *la Vérité est une.* Tout baigne, se meut et vit dans *l'Unité.*

Il ne saurait y avoir contradiction entre les Aspects externes de la Nature et ses Aspects internes;

[1] Qui est un résultat d'observation et d'expérimentation de faits non moins naturels que les premiers, mais d'ordre supérieur. Si bien qu'aucun véritable mystique ne peut être dépourvu de l'esprit scientifique le plus strict, et qu'un véritable savant, acceptant avec loyauté *toutes* les conséquences des principes de la science positive, est forcément amené à l'étude du mysticisme. — M. D.

il ne saurait y avoir contradiction entre la Nature, œuvre divine, et Dieu lui-même.

C'est notre débile cerveau qui forge ces contradictions ; ce sont nos systèmes qui sont contradictoires.

Mais, dans l'universelle *Harmonie*, entre le système véritable de la *Nature* et la divine Pensée qu'elle figure, l'*Accord* est parfait.

Les voies de la Providence sont mystérieuses ; mais, cette Providence gouverne le Monde ; et ceux qui désespèrent manquent de Foi.

Le Mystique pur, loin de redouter la science, sollicite, au contraire, ses investigations les plus audacieuses, sachant bien que, si « peu de Science éloigne de Dieu, beaucoup de Science ramène à Dieu. »

Notre Société n'a pas eu tort en cherchant le Savoir ; mais en se privant de l'Amour qui, seul, peut tonaliser tous les aspects de la Science, qui seul, donne le véritable *esprit de Synthèse*, elle a commis une faute irréparable qu'elle va bientôt expier.

Elle a coupé la Racine de l'Arbre social pour le mieux disséquer ; et celui-ci va se pourrir.

Le Scientiste pur, d'autre part, ne peut redouter le Mystique, et doit même l'invoquer.

En effet, la Science actuelle conclut à l'Unité des forces physiques.

Admettons même, avec ses plus aveugles partisans, que tout soit matière (Qu'est-ce que la Matière, au fond !), que le sentiment, la pensée, l'esprit soient aspects et produits de la Matière.

La notion de l'Unité des forces n'en subsiste pas moins.

Il y a donc une force première dont toutes les autres dérivent, qu'elles reflètent, manifestent.

La conquête de cette Force est le plus haut Idéal que puisse poursuivre un Savant.

Cette Force pure et simple doit échapper à l'analyse des sens.

Elle doit être infiniment subtile et d'ordre spirituel, puisque l'Esprit est tout ce qu'il y a de plus subtil en nous.

Comment l'atteindre ? (sans même en *rien préjuger*).

Demandez à l'artiste comment il voit.

Demandez au musicien comment il entend.

Demandez au génie comment il sait.

En s'exhaussant, en s'*identifiant* avec l'Idéal poursuivi ; en s'abstrayant de tout ce qui n'est pas cet Idéal.

Alors se produisent les mystérieuses transformations de l'âme, de la pensée, de l'esprit. Alors, dans un Feu divin, l'artiste contemple les beautés, le musicien entend les chants célestes, le génie pénètre les Secrets de la Nature.

Ils produisent, ils réalisent, et le monde s'émerveille.

Le Monde admire ces Fous sublimes ; et ce sont eux qui, par le culte du Beau, du Vrai, du Bien, ont fait le monde social et l'ont vivifié jusqu'à ce jour.

Non pas les Naturalistes, qui, *devenant semblables à leur Idéal* de Matière, ont fini par vouloir nous courber sous les lois de cette Matière, lois implacables de Nécessité, de Corruption.

Donc, pour atteindre cette Force suprême, cette Essence universelle, éternelle qui est la Racine de tout, nous dirigerons vers elle notre coursier céleste, le Sublimateur par excellence, l'AMOUR.

Pour connaître cette Force primordiale, le Scientiste devra logiquement, de même que l'artiste, le musicien, l'homme de génie, s'abstraire de toutes choses extérieures (étrangères) pour s'idenfier, par l'Amour et la Pensée, avec cette Force, cette essence une.

Ce Scientiste devient un Mystique.

Alors, descendront en lui, les divines inspirations, la Voyance, la puissance.

L'histoire des Saints, qui est celle de la Mystique même, contient des Faits innombrables, précis, qui démontrent la Réalité, l'Excellence de la Voie suivie.

L'Humanité actuelle semble mépriser ces êtres supérieurs, si doux, si purs, ces héros véritables, ces guerriers ardents, sublimes, ces coupes divines que la céleste liqueur venait remplir.

Nous pouvons déclarer cependant que *l'Humanité ne peut être sauvée que par les Saints.*[1]

---

[1] Ce langage, en sa forme précise actuelle, ne plaira pas évidemment aux gens habitués à considérer comme nécessaire

Evoquons de toutes les forces de notre âme, de notre Cœur, ces *Génies de la Bonté*.

Etrange siècle où les hommes croient aux phénomènes (très réels, d'ailleurs) des Tables parlantes et nient les Merveilles incomparables obtenues par ces Médiums hautement spiritualisés, divinisés qu'on nomme les Saints !

Comparons maintenant le Scientiste et le Mystique, l'ouvrier de la Nature, l'ouvrier du Divin.

Pourquoi les opposer ? Non seulement ils se complètent ; mais ils peuvent même parfois se réunir dans un seul homme (saint Thomas d'Aquin).

la haine et le mépris de l'Eglise catholique et tout ce qui s'y rapporte. De même, d'autres passages en lesquels Amo emploie la terminologie maçonnique, par exemple, ne plairont pas aux catholiques ; et beaucoup des uns et des autres seront tentés de rappeler le mot fameux : « Vive le Roi ! Vive la ligue ! » Pourquoi cette intransigeance au sujet des mots ? Pourquoi ce culte étroit, ce respect superstitieux de la *lettre* ? Un mot n'est jamais que le masque d'une idée, et toutes les idées sont une en la Vérité. Parler aux catholiques, aux francs-maçons, aux spirites, aux martinistes, aux théosophes, aux musulmans, aux boudhistes, etc., à chacun leur langage respectif, est un acte de simple courtoisie strictement équivalent à celui qui consiste à revêtir le costume national de chaque pays qu'on traverse ; sous les vêtements le plus divers, les hommes sont toujours et partout semblables entre eux. Il est bien étrange que si peu de gens le comprennent que les trois quarts, au moins, des luttes qui ont déchiré l'Humanité n'ont eu d'autre motif que de vulgaires querelles de mots. Le sectarisme et le formalisme sont frères. Au reste, on comprendra mieux le *faire* d'Amo à la lecture d'une de ses lettres familières à un occultiste, laquelle lettre fut publiée dans *le Voile d'Isis* du 7 avril 1897, sous ce titre : *Des voies initiatiques*.

M. D.

Rappelons, en passant, combien les Physiciens du Moyen-Age, véritables fondateurs de la Science moderne, étaient en même temps philosophes et religieux.

Le *Scientiste* observe toutes les transformations de la Nature, régies par la *Causalité* (qui n'est autre que le Reflet matériel de la justice).

Le *Mystique* s'élève, par l'Amour et la Contemplation vers les hauteurs de l'Esprit pur, vers l'*Unité*.[1]

L'Ame humaine se tournant, tour à tour, vers l'externe, vers l'interne, éclaire les obscurités du dedans par les lueurs du dehors, et les obscurités du dehors par les lueurs du dedans.

Telle est sa double, véritable et complète Fonction.

C'est la méthode parfaite, la Voie de la Régénération qui doit ramener tous les hommes, tous les êtres à l'UNISSON.

C'est la Voie de la Religion éternelle (de l'Amour).

Science et Mystique, Savoir et Religion doivent s'unir, se féconder. De leur Union naîtra la *Sagesse* ou *Connaissance divine*.

Les Merveilles de la Mystique et les Merveilles de la Science sont les deux aspects de la *Merveille suprême*.

[1] Ces deux notions de causalité et d'unité sont complémentaires ; et c'est pour cela que tout scientiste est invinciblement appelé — tôt ou tard — au mysticisme et, réciproquement, tout mystique au positivisme. Beaucoup de mystiques, dépassant le but, ont même une philosophie nettement matérialiste. — M. D.

L'Univers reflète *Dieu* ; il est son fidèle miroir.

Il le voile, en même temps, parce que le divin Sanctuaire ne doit s'ouvrir que pour les Cœurs purs.

Mais tous sont appelés.

Cessons donc les Oppositions malsaines et fausses ; contemplons toute chose dans l'Unité.

Baignons-nous dans l'Harmonie universelle.

Par l'ardent *Amour*, par la *Pureté*, la *Simplicité*, le *Sacrifice*, retournons vers l'*Etre* véritable dont nous sommes éloignés.

Unissons-nous à tout ce qui est, à tout ce qui vit ; ainsi nous dissiperons toutes les Ténèbres et tous les Cauchemars ; ainsi, nous redeviendrons *un* avec l'ineffable et unique Réalité, avec Celui qui est, l'*Absolu-Dieu*.

Non, il n'y a pas d'opposition entre la Mystique et le Scientisme.

Mais ceux qui explorent la Nature sans tenir leurs regards dirigés vers le suprême Soleil d'Amour et de Justice qui brille au Centre de l'Univers, ceux-là, certainement, vont à leur Perte.

Soit par l'Orgueil, soit par les Sens, ils tomberont.

C'est un recul ; les plus dures Epreuves seront nécessaires pour les ramener à *l'unique Voie*, celle de l'*Union divine*, l'éternelle Source de toute Vie, de tout Bonheur.

(*Résurrection*, Janvier-Février 1897).

LE BUT DE LA SOCIÉTÉ THÉOSOPHIQUE[1]

La *Paix Universelle*. voulant se conformer à son programme d'*Amour* et de *Lumière*, se propose de donner à ses lecteurs les plus abondantes informations sur les divers mouvements de l'Esprit humain.

La *Société théosophique* est une des plus remarquables. Encensée par les uns, dénigrée par les autres, elle mérite, en tous cas, notre observation attentive.

Nous n'avons pas la prétention de la juger ; nous gardons une prudente réserve quand nous sommes dans l'Ignorance.

Nous n'avons aucun goût spécial, d'autre part, pour épouser l'antagonisme.

Ce qui nous guide, c'est l'*Amour universel*, le désir d'Union parmi les hommes, d'Equilibre entre les diverses doctrines ou *véhicules* de l'Eternelle Vérité.

Notre profonde conviction, point de départ de nos actes, *c'est que les hommes cherchent tous la même chose.*

---

[1] De même que toutes les Religions et la Franc-Maçonnerie, la Théosophie enseigne l'Unité humaine. Les pages précédentes contiennent l'exposé de la Synthèse druidique, des principes du Martinisme et du Spiritisme. Le présent article n'est donc qu'une nouvelle confirmation de l'opportunité de la tentative d'Amo ; il renseigne sur des doctrines sympathiques. — M. D.

Le malheur est qu'ils s'ignorent et que l'égoïsme, l'orgueil et le *mensonge* créent toutes ces frontières, en apparence insurmontables, qui les séparent.

Cherchons donc, dans un but pacifique, dans un grand besoin d'Harmonie, à nous connaître les uns les autres.

N'est-ce pas un premier pas vers la réalisation du vœu sublime de notre divin Jésus : Père, faites qu'ils soient UN ? Comment réaliserions-nous véritablement *cette grande Unité de tous les hommes*, si nous pratiquions l'Ostracisme envers quelques-uns ?

On juge l'arbre à ses fruits. L'Avenir nous dira comment les Théosophes auront pratiqué leur programme.

Mais nous avouons que ce programme nous a paru fort beau ; et nous sommes d'autant plus heureux de l'offrir à nos lecteurs, qu'ainsi nous accomplissons une partie de notre tâche, qui est de *secourir principalement ceux dont les efforts humanitaires semblent rencontrer le plus d'entraves* dans la vieille et très orgueilleuse *Europe*.

L'article que nous reproduisons ici est déjà ancien. Il est extrait de la *Revue théosophique* de 1889, dirigée par la comtesse *Gaston d'Adhémar* ; il fut écrit pour l'inauguration de cette revue, par son rédacteur en chef, la célèbre H.-P. Blavatsky.

Ceux qui ont acquis, d'une manière suffisante,

le don de *lecture psychique*[1] remarqueront des passages d'un *souffle extraordinaire* à travers cet article.   A.

LE CYCLE NOUVEAU

Nous ne devons pas inaugurer ce premier numéro d'une Revue théosophique orthodoxe et officielle sans donner à nos lecteurs quelques renseignements qui nous paraissent absolument nécessaires.

En effet, les idées qu'on s'est faites jusqu'à ce jour sur la Société théosophique des Indes, ainsi qu'on l'appelle, sont si vagues et si variées, que beaucoup de nos membres eux-mêmes ont conservé à ce sujet des opinions fort erronées.

Rien ne prouve mieux la nécessité de faire bien connaître le but que nous poursuivons dans une revue dévouée exclusivement à la Théosophie. Aussi, avant de prier nos lecteurs de s'y intéresser ou même de s'y aventurer, quelques explications préliminaires leur sont strictement dues.

Qu'est-ce que la Théosophie ? Pourquoi ce nom

[1] La lecture psychique consiste à éprouver, en parcourant des yeux un texte manuscrit ou imprimé, les mêmes sentiments qu'éprouvait le scripteur au temps même qu'il écrivait. C'est par un phénomène analogue mais plus sensible qu'un bon orateur transmet ses propres émotions à la foule de ses auditeurs. Amo est remarquablement doué à ce point de vue, tant pour l'écriture que pour la parole ; c'est, pour employer une comparaison tirée de la physique, un puissant vibrateur.—M. D.

prétentieux, nous demande-t-on tout d'abord ?
Lorsque nous répondons que la théosophie est la
sagesse divine ou la sagesse des dieux *(Theo-So-
phia)* plutôt que celle d'un dieu, on nous fait cette
autre objection encore plus extraordinaire : —
« N'êtes-vous point Bouddhistes ? Or nous savons
que les Bouddhistes ne croient ni à un dieu ni à
des dieux... »

Rien de plus exact. Mais, premièrement, nous
ne sommes pas plus Bouddhistes que nous ne
sommes Chrétiens, Musulmans, Juifs, Zoroas-
triens ou Brahmes. Ensuite, en matière de dieux,
nous nous en tenons à la méthode ésotérique de
l'*Hyponia* enseignée par Ammonius Saccas, c'est-
à-dire au sens occulte du mot. Aristote ne l'a-t-il
pas dit ? — « L'essence divine pénétrant la nature
et répandue dans tout l'univers (qui est infini), ce
que *hoi polloi* appellent des dieux, c'est tout simplement... les premiers principes ; » — en d'autres termes, les forces créatrices et intelligentes
de la Nature. De ce que les Bouddhistes philosophes admettent et connaissent la nature de ces
forces aussi bien que qui que ce soit, il ne s'ensuit
pas que la Société, — en tant que Société, — soit
Bouddhiste. En sa qualité de corporation abs-
traite, la Société ne croit à rien, n'accepte rien,
n'enseigne rien.

La société *per se* ne peut et ne doit avoir aucune
religion, car elle contient toutes les religions. Les
cultes ne sont, après tout, que des véhicules exté-

rieurs, des formes plus ou moins matérielles, et contenant plus ou moins de l'essence de la Vérité une et universelle.

La Théosophie est en principe la science spirituelle aussi bien que physique de cette Vérité, la véritable essence des recherches déistes et philosophiques. Représentant visible de la Vérité universelle, — puisque toutes les religions et philosophies y sont contenues et que chacune d'elles contient à son tour une portion de cette Vérité, — la Société ne saurait être plus sectaire, avoir plus de préférences ou de partialité qu'une société anthropologique ou géographique. Ces dernières se soucient-elles que leurs explorateurs appartiennent à telle religion ou à telle autre, pourvu que chacun de leurs membres fasse bravement son devoir ?

Si maintenant on nous demande, comme on l'a déjà fait tant de fois, si nous sommes déistes ou athées, spiritualistes ou matérialistes, idéalistes ou positivistes, royalistes, républicains ou socialistes, nous répondrons que chacune de ces opinions est représentée dans la Société. Et je n'ai qu'à répéter ce que je disais, il y a juste dix ans, dans un article de fond du *Theosophist*, pour faire voir combien ce que le public pense de nous diffère de ce que nous sommes en réalité. Notre Société a été accusée, à diverses époques, des méfaits les plus baroques et les plus contradictoires, et on lui a prêté des motifs et des idées qu'elle n'a jamais eus. Que n'a-t-on pas dit de nous ! Un jour, nous étions une société d'ignares, croyant aux miracles ; le lendemain, on proclamait que nous étions nous-mêmes des thaumaturges ; notre but était secret et tout politique, disait-on le matin, nous étions des Carbonari et de dangereux Nihilistes ; puis, le soir, on découvrait que nous étions des espions salariés de la Russie monarchique et autocratique. D'autres fois, sans transition aucune, nous devenions des jésuites cherchant à ruiner le Spiritisme en France.

Les Positivistes américains voyaient en nous des fanatiques religieux, tandis que le clergé de tous les pays nous dénonçait comme des émissaires de Satan, etc, etc. En dernier lieu, nos braves critiques, avec une urbanité très impartiale, divisèrent les Théosophes en deux catégories : les *charlatans* et les *gobe-mouches*...

Or on ne calomnie que ce que l'on hait ou « ce que l'on redoute ». Pourquoi nous haïrait-on ? Quant à nous redouter, qui sait ? La vérité n'est pas toujours bonne à dire, et nous en disons trop, peut-être, de vérités *vraies*. Malgré tout, depuis le jour de la fondation de notre Société, aux Etats-Unis, il y a quatorze ans, nos enseignements ont reçu un accueil tout à fait inespéré. Le programme original a dû être élargi, et le terrain de nos recherches et de nos explorations se perd, à l'heure qu'il est, dans des horizons infinis. Cette extension fut nécessitée par le nombre toujours croissant de nos

adhérents, nombre qui augmente encore chaque
jour ; la diversité de leurs races et de leurs religions exigeant de notre part des études de plus en
plus approfondies. Cependant, si notre programme
fut élargi, il n'y fut rien changé quant à ce qui
touchait aux trois buts principaux, sauf, hélas !
pour celui qui nous tenait le plus à cœur, le premier, à savoir : la Fraternité universelle sans distinction de races, de couleur ou de religion. Malgré tous nos efforts, cet objet a été presque
toujours ignoré ou est resté lettre morte[1], aux
Indes surtout, grâce à la morgue innée et à l'orgueil national des Anglais. A part cela, les deux
autres objets, c'est-à-dire l'étude des religions
orientales, des vrais cultes védique et bouddhiste
surtout, et nos recherches sur les pouvoirs latents
dans l'homme ont été poursuivis avec un zèle qui
a reçu sa récompense.

Depuis 1876, nous nous sommes vus forcés de
dévier de plus en plus de la grande route des gé-
néralités, primitivement tracée, pour prendre des
voies collatérales qui vont toujours en s'élargis-

---

[1] C'est peut-être, à notre humble avis, qu'en sa forme extérieure, le programme de la Société Théosophique s'adresse plus
à l'intellect qu'à la sentimentalité ; et la fraternité n'est réalisable que par le cœur, non par le cerveau ; par l'Amour, non
par la Science. Voilà pourquoi le Congrès de l'Humanité est
œuvre de cœur, avant tout ; voilà pourquoi aussi il doit une
toute particulière reconnaissance à la Société Théosophique qui,
sans bruit, a, jusqu'ici, plus fait pour lui qu'aucun autre groupement. — M. D.

sant. Il est arrivé ainsi que, pour satisfaire tous les Théosophes et suivre l'évolution de toutes les religions, il nous a fallu faire le tour du globe entier, en commençant notre pèlerinage à l'aube du cycle de l'humanité naissante. Ces recherches ont abouti à une synthèse qui vient d'être esquissée dans la *Doctrine secrète*, dont certaines portions seront traduites dans cette *Revue*[1]. La doctrine est à peine ébauchée dans nos volumes ; et cependant les mystères qui y sont dévoilés, concernant les croyances des peuples historiques, la cosmogonie et l'anthropologie, n'avaient jamais été divulgués jusqu'à ce jour. Certains dogmes, certaines théories s'y heurtent aux théories scientifiques, surtout à celles de Darwin[2], en revanche, ils expliquent et éclairent ce qui restait incompréhensible jusqu'à ce jour et comblent plus d'une lacune laissée, *nolens volens*, béante par la science officielle. Mais nous devions présenter ces doctrines telles qu'elles sont ou bien ne jamais aborder le sujet.

Celui qu'effraient ces perspectives infinies et qui chercherait à les abréger par les chemins de traverse et les ponts volants artificiellement bâtis par la science moderne au-dessus de ses mille et une

[1] La traduction de la *Doctrine secrète* se poursuit actuellement dans le *Lotus Bleu*.— M. D.

[2] La théosophie enseigne l'évolution, de même que Darwin, mais d'une façon plus vaste, et un peu différente en ce qui concerne les organismes physiques. — M. D.

lacunes, fera mieux de ne pas s'engager dans les thermopyles de la science archaïque.

Tel a été un des résultats de notre Société, résultat bien pauvre peut-être, mais qui sera certainement suivi d'autres révélations, exotériques ou purement ésotériques. Si nous en parlons, c'est pour prouver que nous ne prêchons aucune religion en particulier, laissant à chaque membre pleine et entière liberté de suivre sa croyance particulière. Le but principal de notre organisation, dont nous nous efforçons de faire une vraie fraternité, est exprimé tout entier dans la devise de la Société théosophique et de tous ses organes : « Il n'y a pas de religion plus élevée que la vérité. » Comme société impersonnelle, nous devons donc prendre cette vérité partout où nous la trouvons, sans nous permettre plus de partialité pour une croyance que pour une autre. Ceci mène directement à une déduction toute logique. Si nous acclamons et recevons à bras ouverts tout chercheur sérieux à la poursuite de la vérité, il ne saurait y avoir de place dans nos rangs pour un sectaire ardent, un bigot ou un cafard, entouré de la muraille chinoise des dogmes dont chaque pierre porte les mots : « On ne passe pas. » Quel poste y occuperait, en effet, un fanatique dont la religion défend toute recherche[1] et n'admet pas de raisonnement possi-

---

[1] Voir une note précédente. Je ne crois pas qu'aucune *religion* défende la recherche : mais les *religieux*... c'est autre chose. Dans toute église, on trouve des sectaires pour s'écrier

ble, alors que l'idée mère, la racine même d'où pousse la belle plante que nous appelons Théosophie, se nomme : Recherche libre et entière à travers tous les mystères naturels, divins ou humains !

Sauf cette restriction, la Société invite tout le monde à participer à ses recherches et à ses découvertes. Quiconque sent son cœur battre à l'unisson avec le grand cœur de l'humanité ; quiconque sent ses intérêts solidaires avec les intérêts de tout être plus pauvre et plus mal partagé que lui ; quiconque apprécie le mot « Egoïsme » à sa juste valeur, est théosophe de naissance et de droit. Il peut toujours être sûr de trouver des âmes sympathiques parmi nous. Notre Société, en effet, est une petite humanité spéciale, où, comme dans le genre humain, on trouve toujours son Sosie.

Si on nous objecte que l'athée y coudoie le déiste, et le matérialiste l'idéaliste, nous répondrons : Qu'importe ! Qu'un individu soit matérialiste, c'est-à-dire discerne dans la matière une potentialité infinie pour la création ou plutôt pour l'évolution de toute vie terrestre, ou bien spiritualiste et soit doué d'une perception spirituelle que l'autre n'a pas, en quoi cela empêche-t-il l'un ou l'autre d'être un bon Théosophe ? D'ailleurs, les adora-

« Périssent les colonies plutôt qu'un principe ! »… Tel le chien du jardinier qui, ne mangeant pas de foin, empêche les autres animaux d'y toucher. — M. D.

teurs d'un dieu personnel ou substance divine sont bien plus matérialistes que les Panthéistes qui rejettent l'idée d'un Dieu carnalisé, mais qui aperçoivent l'essence divine dans chaque atome.

Tout le monde sait que le Bouddhisme ne reconnaît ni un dieu, ni des dieux. Et cependant l'Arhat, pour qui chaque atome de poussière est aussi plein de Swabhavat (substance plastique, éternelle et intelligente, quoique impersonnelle) qu'il l'est lui-même, et qui tâche d'assimiler ce Swabhavat en s'identifiant avec le Tout pour arriver au Nirvâna, doit parcourir pour y arriver la même voie douloureuse de renonciation, de bonnes œuvres et d'altruisme, et mener une vie aussi sainte, quoique moins égoïste dans son motif, que le chrétien béatifié.

Qu'importe la forme qui passe, si le but que l'on poursuit est toujours la même essence éternelle, que cette essence se traduise à la perception humaine sous la forme d'une substance, d'un souffle immatériel ou d'un *rien* ! Admettons la PRÉSENCE, qu'elle s'appelle dieu personnel ou substance universelle, et confessons une cause, puisque nous voyons tous des effets. Mais ces effets étant les mêmes pour le Bouddhiste athée et pour le Chrétien déiste, et la cause étant aussi invisible et aussi inscrutable pour l'un que pour l'autre, pourquoi perdre notre temps à courir après une ombre insaisissable ? Au bout du compte, le plus grand des matérialistes, aussi bien que le plus

10

transcendant des philosophes, confesse l'omni-
présence d'un Protée impalpable, omnipotent dans
son ubiquité à travers tous les royaumes de la
nature, y compris l'homme ; Protée indivisible
dans son essence, sans forme, et pourtant se manifestant dans toute forme qui est ici, là, partout et
nulle part, qui est le Tout et le Rien, qui est toutes
choses et toujours Un, Essence universelle qui lie,
limite et contient tout, et que tout contient.

Quel théologien peut aller au delà? Il suffit de
reconnaître ces vérités pour être Théosophe ; car
une confession semblable revient à admettre que
non-seulement l'humanité — encore qu'elle soit
composée de milliers de races —, mais tout ce qui
vit et végète, tout ce qui est, en un mot, est fait
de la même essence et substance, et animé du
même esprit, et que, par conséquent, dans la
nature, tout est solidaire au physique comme au
moral.

Nous l'avons déjà dit ailleurs, dans le *Theosophist* : « Née aux Etats-Unis d'Amérique, la Société
Théosophique a été constituée sur le modèle de la
mère-patrie. Celle-ci, on le sait, a omis le nom de
Dieu dans sa constitution, de peur, disaient les
Pères de la République, que ce mot ne devînt un
jour le prétexte d'une religion d'Etat ; car ils
désiraient accorder dans les lois une absolue égalité à toutes les religions, de sorte que toutes sou-
tinssent l'Etat, et que toutes fussent à leur tour
protégées.

La Société Théosophique a été établie sur ce beau modèle.

A l'heure qu'il est, ses cent soixante-treize branches (173) sont groupées en plusieurs sections[1]. Aux Indes, ces sections se gouvernent elles-mêmes et subviennent à leurs propres frais ; en dehors des Indes, il y a deux grandes sections : une en Amérique et une autre en Angleterre (*American Section* et *British Section*).

Ainsi, chaque branche comme chaque membre ayant le droit de professer la religion et d'étudier les sciences ou les philosophies qu'il préfère, pourvu que le tout reste uni par les liens de la Solidarité et de la Fraternité, — notre Société peut s'appeler véritablement la « République de la conscience ».

Tout en étant libre de poursuivre les occupations intellectuelles qui lui plaisent le mieux, chaque membre de notre Société doit cependant fournir une raison quelconque pour y appartenir ; ce qui revient à dire que chaque membre doit apporter sa part, si petite qu'elle soit, en labeur mental ou autrement, pour le bien de tous. S'il ne travaille pas pour autrui, il n'a pas raison d'être Théosophiste. Tous, nous devons travailler à la libération de la pensée humaine, à l'élimination des superstitions égoïstes et sectaires et à la découverte de

---

[1] Depuis 1889, la Société Théosophique s'est beaucoup développée, malgré la division purement administrative qui s'est manifestée entre les successeurs de H.-P. Blavatsky. — M. D.

toutes les vérités qui sont à la portée de l'esprit humain. Ce but ne peut être atteint plus sûrement que par la culture de la solidarité dans le travail mental. Aucun travailleur honnête, aucun chercheur sérieux ne s'en retourne les mains vides ; et il n'y a guère d'hommes ou de femmes, si occupés qu'on les suppose, qui soient incapables de déposer leur denier moral ou pécuniaire sur l'autel de la vérité. Le devoir des Présidents de branches et de sections sera désormais de veiller à ce qu'il n'y ait point de ces frelons, qui ne font que bourdonner dans la ruche des abeilles théosophiques.

Un mot encore. Que de fois n'a-t-on pas accusé les deux fondateurs de la Société théosophique d'ambition et d'autocratie ! Que de fois ne leur a-t-on pas reproché un prétendu désir d'imposer leurs volontés aux autres membres ! Rien de plus injuste. Les fondateurs de la Société ont toujours été les premiers et les plus humbles serviteurs de leurs collaborateurs et collègues, se montrant toujours prêts à les aider des faibles lumières dont ils disposent, et à les soutenir dans la lutte contre les égoïstes, les indifférents et les sectaires ; car telle est la première lutte à laquelle doit se préparer quiconque entre dans notre Société, si peu comprise du public. D'ailleurs, les rapports publiés après chaque convention annuelle sont là pour le prouver. A notre dernier anniversaire, tenu à Madras, en décembre 1888, d'importantes réformes ont été proposées et adoptées. Tout ce qui ressemblait à une obligation pécuniaire a cessé d'exister, le paiement même des 25 francs que coûtait le diplôme ayant été aboli. Désormais les membres sont libres de donner ce qu'ils veulent, s'ils ont à cœur d'aider et de soutenir la Société, ou de ne rien donner.

Dans ces conditions, et à ce moment de l'histoire théosophique, il est facile de comprendre le but d'une *Revue* dévouée exclusivement à la propagation de nos idées. Nous voudrions pouvoir y ouvrir de nouveaux horizons intellectuels, y tracer des voies inexplorées menant à l'amélioration du genre humain, y offrir une parole de consolation à tous les déshérités de la terre, qu'ils souffrent d'un vide dans l'âme ou de l'absence des biens matériels. Nous invitons tous les grands cœurs qui voudraient répondre à cet appel à se joindre à nous dans cette œuvre humanitaire. Tout collaborateur, qu'il soit membre de notre Société ou seulement en sympathie avec elle, peut nous aider à faire de cette *Revue* le seul organe de la vraie Théosophie en France. Nous voici en face de toutes les glorieuses possibilités de l'avenir. Voici encore une fois l'heure du grand retour périodique de la marée montante de la pensée mystique en Europe. De tous côtés nous environne l'océan de la science universelle — la science de la vie éternelle —, apportant dans ses flots les trésors ensevelis et oubliés des générations disparues, trésors qui sont encore inconnus des races civilisées modernes.

Le courant vigoureux qui monte des abîmes sous-marins, des profondeurs où gisent les connaissances et les arts préhistoriques engloutis avec les géants antédiluviens, demi-dieux, quoique mortels à peine ébauchés, ce courant nous souffle au visage en murmurant : « Ce qui fut est encore ; ce qui est oublié, enterré depuis des ans dans les profondeurs des couches jurassiques, peut reparaître à la surface encore une fois. Préparez-vous ! »

Heureux ceux qui entendent le langage des éléments ! Mais où vont-ils, ceux pour qui le mot élément n'a d'autre signification que celle que lui donnent la physique et la chimie matérialiste ?

Est-ce vers des rivages connus que le flot des grandes eaux les emportera, lorsqu'ils auront perdu pied dans l'inondation qui se prépare ? Est-ce vers les sommets d'un nouvel Ararat qu'ils se sentiront emportés, vers les hauteurs où il y a lumière et soleil et une corniche sûre pour y poser le pied, ou bien est-ce vers un abîme sans fond qui les engloutira dès qu'ils voudront lutter contre les éléments irrésistibles d'un élément nouveau ?

Préparons-nous, et étudions la vérité sous toutes ses faces, tâchons de n'en ignorer aucune, si nous ne tenons pas, lorsque l'heure sera venue, à tomber dans le gouffre de l'inconnu. Il est inutile de s'en remettre au hasard et d'attendre le moment de la crise intellectuelle et psychique qui se prépare, avec indifférence sinon avec une pleine incrédu-

lité, en se disant qu'au pis aller la marée nous
poussera tout naturellement vers le rivage, car il
y a de grandes chances pour que cette marée ne
rejette qu'un cadavre. La lutte sera terrible, en
tout cas, entre le matérialiste brutal et le fanatisme
aveugle d'un côté, et de l'autre la philosophie et le
mysticisme, ce voile plus ou moins épais de la
vérité éternelle.

Ce n'est pas le matérialisme qui aura le dessus.
Tout fanatique d'une idée qui l'isolerait de l'axiome
universel : « Il n'y a pas de religion plus élevée que
la Vérité », se verra détacher par cela même,
comme une planche pourrie, de la nouvelle arche
appelée l'*Humanité*. Balloté sur les flots, chassé
par le vent, roulé dans cet élément, si terrible
parce que cet élément est inconnu, il se verra
bientôt engouffré...

Oui, il doit en être ainsi, et il ne peut en être
autrement, lorsque la flamme artificielle et sans
chaleur du matérialisme moderne s'éteindra faute
d'aliments. Ceux qui ne peuvent se faire à l'idée
d'un Moi spirituel, d'une âme vivante et d'un
Esprit éternel dans leur coque matérielle (qui ne
doit qu'à ces *principes* sa vie illusoire), ceux pour
qui la grande vague d'espérance en l'existence
d'outre-tombe est un flot amer, le symbole d'une
quantité inconnue, ou bien le sujet d'une croyance
sui generis, résultat d'hallucinations médianimiques ou théologiques, ceux-là feront bien de se
préparer aux plus grands déboires que l'avenir

puisse leur réserver. Car, de la profondeur des eaux bourbeuses et noires de la matière qui leur cache de tous côtés les horizons du grand Au-Delà, monte, vers les dernières années de ce siècle, une force mystique. C'est un frôlement tout au plus jusqu'ici, mais un frôlement *surhumain* — « surnaturel » seulement pour les superstitieux et les ignorants.

L'esprit de vérité passe en ce moment sur la face de ces eaux noires, et, en les divisant, les contraint à dégorger leurs trésors spirituels. Cet esprit est une force qui ne peut être ni entravée ni arrêtée. Ceux qui la reconnaissent et sentent que voici le moment suprême de leur salut, seront enlevés par elle et emportés au-delà des illusions du grand serpent astral. Le bonheur qu'ils en éprouveront sera si âpre et si vif, que, s'ils n'étaient isolés en esprit de leur corps de chair, la béatitude les blesserait comme une lame acérée.

Ce n'est pas du plaisir qu'ils éprouveront, mais un bonheur qui est un avant-goût de la connaissance des dieux, de la connaissance du bien et du mal et des fruits de l'arbre de la vie.

Mais que l'homme de l'ère présente soit un fanatique, un incrédule ou un mystique, il doit se bien persuader qu'il lui est inutile de lutter contre les deux forces morales actuellement déchaînées et en lutte suprême. Il est à la merci de ces deux adversaires, et il n'existe pas de force intermédiaire capable de le protéger. Ce n'est qu'une question de choix : se laisser emporter naturellement

et sans lutte sur les flots de l'évolution mystique,
ou bien se débattre contre la réaction de l'évolution morale et psychique et se sentir engouffré
dans le Maelstrom de la nouvelle marée. Le monde
entier, à l'heure actuelle, avec ses centres de
haute intelligence et de culture humaine, avec ses
foyers politiques, littéraires, artistiques et com-
merciaux, est en ébullition ; tout s'ébranle et tend
à se réformer.

Il est inutile de s'aveugler, inutile d'espérer
qu'on pourra rester neutre entre les deux forces
qui luttent ; il faut se laisser broyer ou choisir
entre elles. L'homme qui s'imagine avoir choisi la
liberté, et qui, néanmoins, reste submergé dans
cette chaudière en ébullition et écumante de matière malpropre que l'on appelle la vie sociale, —
prononce le mensonge le plus terrible à son Moi
divin, un mensonge qui aveuglera ce Moi à travers la longue série de ses incarnations futures·
Vous tous qui hésitez dans la voie de la Théosophie et des sciences occultes et qui tremblez au
seuil d'or de la vérité — la seule vérité qui soit
encore possible, puisque toutes les autres vous
ont fait défaut, l'une après l'autre —, regardez
bien en face la grande Réalité qui s'offre à vous.
C'est aux mystiques seuls que ces paroles s'a-
dressent, c'est pour eux seuls qu'elles ont quelque
importance ; pour ceux qui ont déjà fait leur
choix, elles sont vaines et inutiles. Mais vous,
Occultistes, Kabalistes et Théosophes, vous savez

bien qu'un mot vieux comme le monde, quoique nouveau pour vous, a été prononcé au commencement de ce cycle, et gît en puissance, bien que non articulé pour les autres, dans la somme des chiffres de l'année 1889[1] ; vous savez qu'une note, qui n'avait jamais encore été entendue par les Hommes de l'ère présente[2], vient de résonner, et qu'une nouvelle pensée est éclose, mûrie par les forces de l'évolution. Cette pensée diffère de tout ce qui a jamais été produit dans le XIXe siècle ; elle est identique, cependant, avec celle qui fut la tonique et la clef de voûte de chaque siècle, surtout du dernier : Liberté absolue de la pensée humaine.

Pourquoi essayer d'étrangler, de supprimer ce qui ne peut être détruit?

A quoi bon lutter, lorsqu'on n'a d'autre choix que de se laisser soulever sur la crête de la vague spirituelle jusqu'aux cieux, jusqu'au-delà des étoiles et des univers, ou de se laisser entraîner dans le gouffre béant d'un océan de matière. Vains sont vos efforts pour sonder l'insondable, pour arriver aux racines de cette matière si glorifiée dans notre siècle ; car ces racines poussent dans l'Esprit et

---

[1] Ce nombre sacré, 26, exprime numériquement les potentialités du nom divin : IEVE. I = 10 ; E = 5 ; V = 6 ; E = 5 ; 10 + 5 + 6 + 5 = 26. Ce même nombre se retrouve dans la somme des chiffres de l'année 1898 ; puis il se manifeste plus qu'en 1979. — M. D.

[2] Puisque la dernière année qui ait contenu le nombre tétragrammatique a été 1799, époque à laquelle personne de la génération actuelle n'était né. — M. D.

dans l'Absolu, et n'existent pas, bien qu'elles soient éternelles.

Ce contact continu avec la chair, le sang et les os, avec l'illusion de la matière différenciée, ne fait que vous aveugler ; et plus vous pénétrerez avant dans la région des atomes chimiques et insaisissables, plus vous vous convaincrez qu'ils n'existent que dans votre imagination.

Pensez-vous y trouver vraiment toutes les vérités et toutes les réalités de l'être? Mais la mort est à la porte de chacun de nous, prête à la fermer sur l'âme aimée qui s'échappe de sa prison, sur l'âme qui seule a rendu le corps réel : et l'amour éternel s'assimile-t-il avec les molécules de la matière qui différencie et disparaît?

Mais vous êtes peut-être indifférents à tout cela, et alors, que vous importent l'amour des âmes de ceux que vous avez aimés, puisque vous ne croyez pas à ces âmes? Ainsi soit-il. Votre choix est tout fait ; vous êtes entrés dans le sentier qui ne traverse que les déserts arides de la matière. Vous vous êtes condamnés à y végéter à travers une longue série d'existences, vous contentant désormais de délires et de fièvres, au lieu de perceptions spirituelles, de passion au lieu d'amour, de la coquille au lieu du fruit.

Mais vous, amis et lecteurs, qui aspirez à quelque chose de plus qu'une vie d'écureuil tournant dans sa roue incessante ; vous qui ne sauriez vous contenter de la chaudière qui bout toujours sans rien produire, vous qui ne prenez pas des échos sourds et vieux comme le monde pour la voix divine de la vérité, préparez-vous à un avenir que peu d'entre vous ont rêvé, à moins qu'ils ne soient entrés dans la voie. Car vous avez choisi un sentier qui, plein de ronces d'abord, s'élargira bientôt et vous mènera droit à la vérité divine. Libre à vous de douter d'abord ; libre à vous de ne pas accepter sur parole ce qui est enseigné sur la source et la cause de cette vérité ; mais vous pouvez toujours écouter ce que dit la voix, vous pouvez toujours observer les effets produits par la force créatrice qui sort des abîmes de l'inconnu. Le sol aride sur lequel se meuvent les générations présentes, à la fin de cet âge de disette spirituelle et de satiété toute matérielle a besoin d'un signe divin, d'un arc-en-ciel — symbole d'espérance —, au-dessus de son horizon. Car de tous les siècles passés, le XIXᵉ est le plus criminel. Il est criminel dans son égoïsme effrayant ; dans son scepticisme qui grimace à la seule idée de quelque chose au-dessus de la matière ; dans son indifférence étroite pour tout ce qui n'est pas le Moi personnel, — plus que ne l'a été aucun des siècles d'ignorance barbare et de ténèbres intellectuelles.

Notre siècle doit être sauvé de lui-même avant que sa dernière heure sonne. Voici le moment d'agir pour tous ceux qui voient la stérilité et la folie d'une existence aveuglée par le matérialisme, et si férocement indifférente au sort d'autrui ; c'est

à eux de donner leurs plus grandes énergies, tout
leur courage et tous leurs efforts à une réforme intellectuelle. Cette réforme ne peut être accomplie
que par la Théosophie! et, disons-le, par l'Occul-

Ceci pourrait passer pour une affirmation de sectarisme
étroit, si l'on ne prenait pas garde que H.-P. Blavatsky a toujours eu grand soin de distinguer la *Théosophie*, science du
divin, universelle et éternelle, sous toutes ses formes, de la
Société théosophique qu'elle a fondée pour l'étude de la Théosophie. On peut-être théosophiste sans être théosophe, et *vice-
versa*.

De même, et si profonde que soit notre admiration pour les
Indes, nous ne pensons pas que ce mot : *Sagesse de l'Orient*,
doive s'entendre au sens géographique, mais plutôt mystique,
auquel Saint Jean fait dire à Jésus : « Je suis l'étoile du Levant ».
Et, de fait, même si l'on ne voit en Jésus qu'un mahatma
comme Çakya-Muni, on ne peut lui refuser cette supériorité
d'avoir plus et mieux que tout autre, manifesté l'amour, la
grande force occulte; il est le seul qui l'ait enseigné dans
l'Occident et sa parole a retenti partout sur la terre ; les vingt-
quatre Bouddhas de l'Inde, qui, comme Jésus, d'après la tradition
brahmanique, sortirent des temples du Thibet, ne sont pas
connus au-delà de la Chine. Cela est si vrai que c'est le grand
reproche que les initiés indous font à Jésus. On raconte que
celui qui devait être le Christ, après avoir passé son année de
probation au temple de Kamrupe, dans l'Inde, fut initié dans
celui de Juddeah, dans le royaume de Siam, où seraient encore
conservées des traces de son séjour. Il y avait, sans doute,
laissé connaître son désir de révéler l'amour, le grand secret
magique, et ses maîtres, effrayés de cette audace sacrilège, lui
offrirent, s'il voulait renoncer à son projet, la souveraine maîtrise de tous les temples du monde (l'empire occulte de la
terre). Mais Jésus, n'ayant pas obtempéré aux objurgations de
ses initiateurs, fut par eux abandonné aux forces antagonistes
qui devaient fatalement l'écraser. Histoire ou légende, peu
importe, au fond ; ce récit, que je tiens d'un Swâmi, est intéressant en soi et tend à prouver que, comme H.-P. B. le dit
elle-même : La Sagesse est une. — M. D.

tisme et la Sagesse de l'Orient. Les sentiers qui y mènent sont nombreux, mais la sagesse est une. Les artistes la pressentent, ceux qui souffrent en rêvent, les purs d'esprit la connaissent. Ceux qui travaillent pour autrui ne peuvent rester aveugles devant sa réalité, bien qu'ils ne la connaissent pas toujours par son nom. Il n'y a que les esprits vides et légers, les frelons égoïstes et vains, étourdis par le son de leur propre bourdonnement, qui ignorent cet idéal supérieur. Ceux-là croiront jusqu'à ce que la vie devienne un fardeau bien lourd pour eux.

Qu'on le sache cependant : ces pages ne sont pas écrites pour les masses. Elles ne sont ni un appel à la réforme ni un effort pour gagner à nos vues les heureux de la vie ; elles ne s'adressent qu'à ceux qui sont faits pour les comprendre, à ceux qui souffrent, à ceux qui ont faim et soif d'une réalité quelconque dans ce monde d'ombres chinoises. Et ceux-là, pourquoi ne se montreraient-ils pas assez courageux pour laisser là leurs occupations frivoles, leurs plaisirs surtout et même leurs intérêts, à moins que le soin de ces intérêts ne leur constitue un devoir envers leur famille ou autrui ? Personne n'est si occupé ou si pauvre qu'il ne puisse se créer un bel idéal à suivre. Pourquoi hésiter à se frayer un passage vers cet idéal, à travers tous les obstacles, toutes les entraves, toutes les considérations journalières de la vie sociale, et à marcher résolument jusqu'à ce qu'on l'atteigne ?

Ah ! ceux qui feraient cet effort trouveraient

bientôt que « la porte étroite » et « le chemin plein de ronces » mènent à des vallées spacieuses aux horizons sans limites, à un état où l'on ne meurt plus, car on s'y sent redevenir dieu ! Il est vrai que les premières conditions requises pour en arriver là sont un désintéressement absolu, un dévouement sans bornes pour autrui, et une parfaite indifférence pour le monde et son opinion. Pour faire le premier pas dans cette voie idéale, il faut un motif parfaitement pur : aucune hésitation, aucun doute ne doit entraver nos pas. Cependant il existe des hommes et des femmes parfaitement capables de tout cela et dont le seul désir est de vivre sous l'égide de leur Nature Divine. Que ceux-là, au moins, aient le courage de vivre cette vie et de ne pas la cacher aux yeux des autres ! Aucune opinion d'autrui ne saurait être au-dessus de l'opinion de notre propre conscience. Que ce soit donc cette conscience, parvenue à son développement suprême, qui nous guide dans tous les actes de l'existence ordinaire. Quant à la conduite de notre vie intérieure, concentrons toute notre attention sur l'idéal proposé, et regardons *au-delà*, sans jamais jeter un regard sur la boue à nos pieds...

Ceux qui sont capables de cet effort sont de vrais Théosophes ; tous les autres ne sont que des membres plus ou moins indifférents, et fort souvent inutiles.

H.-P. Blavatsky.

DES VOIES INITIATIQUES

Chaque race a son génie. Nous sommes des fiers Gaulois. Nous aimons la Vérité, la Liberté, la Lumière. *Personne jusqu'à ce jour n'a parlé notre langage.*

La Lumière sur le Sentier transcrite par M. C. est admirable. Mais il faut déjà être initié pour la comprendre.

Elle n'est pas adaptable à la plupart de nos frères de France.

Ne sont pas adaptables, non plus, beaucoup d'autres traités empreints d'une grande perfection.

La raison en très simple.

Il faut, pour instruire l'enfant, parler son langage.

Il faut pour convertir les hommes emprunter leur langue, épouser leurs passions, partager leurs aspirations.

Il ne faut pas se présenter, si l'on veut charmer, avec un visage de mort, mais au contraire, avec le sourire sur les lèvres et la bonté dans les yeux.

Or, tout se passe au moyen des charmes, dans la vie.

Je reprendrai ce sujet quand j'étudierai la magie, dans la vie journalière.

Etant donné, d'autre part, que la vérité pénètre au fond de toute idée, de *tout milieu*, de *toutes manières d'être*, on peut conclure, *qu'inversement,* en partant d'une manière d'être donnée on peut retourner au point d'émission.

Partons de là, donc. Je dis que pour convertir quelqu'un (homme ou peuple, individu ou collectif), il faut s'assimiler à lui, de la manière la plus parfaite, il faut épouser sa vibration particulière. (Au besoin, je parlerais vice à un vicieux que je voudrais sauver. Je l'ai fait plus d'une fois d'ailleurs.) Puis, conduit par le rayon émané de la Vérité, à laquelle l'amour me rattache, je reviendrai avec mon précieux fardeau.

Je me serai fait sauveur en acceptant volontairement l'incarnation de ses misères. Mais je consens à prendre le Français tel qu'il est.

Je lui conserverai sa Liberté, sa *Volonté* et je le conduirai vers les rayons supérieurs en ne lui demandant ni abandon prématuré des biens de la vie, ni de ses joies, ni de ses amours, en ne réclamant pas de lui une sotte humiliation qui n'est que dégradante (car la Vérité ne veut pas d'une race d'esclaves pour serviteurs), en le mettant d'autre part à l'abri de tout orgueil imbécile et niais.

En parlant français à un Français nous le conduirons au *Centre*, sans rien avoir sacrifié de ce qui est beau et bon à ses yeux (Temporairement s'entend, car pour aller aux régions supérieures, il faudra bien sacrifier incessamment).

Que chacun, en un mot, *évoque son génie spécial*, qu'il le consulte sans cesse, au nom de la Vérité, par dessus tout.

L'harmonie ne sera pas troublée.

D'autre part la récolte sera abondante.

Un homme ne doit renoncer à aucune de ses idées, sous aucun prétexte extérieur, si sa propre raison le lui ordonne, sa dignité le lui commande.

Que chacun, je le répète, consulte la voix qui parle à son intime.

Je n'insiste pas, car ce serait monotone.

J'essaierai de parler du Désir, origine de la Volonté, dans ma prochaine lettre.

Mais je dois vous dire tout de suite, que je ne vois pas d'autre source possible.[1]

C'est la vraie et l'unique.

Tout ce que je demande, c'est obtenir quelques idées claires, satisfaisantes à ce sujet.

Je termine par quelques mots sur mon procédé de travail.

Mon attention étant éveillée sur une idée quelconque, la plupart du temps, je fais abstraction du raisonnement et du sentiment, je fais appel à la lumière intime et *je cherche à voir.*

Je désire voir. Il faut quelques évocations préalables.[2] Il faut d'une manière ou d'une autre,

---

[1] De spiritualisation, c'est-à-dire du développement des facultés supérieures latentes chez tous les hommes. — M. D.

[2] Remarquons que cette lettre, étant adressée à un occultiste, emprunte le langage des occultistes. Un catholique doit traduire *évocation* par *prière*, un mystique par *méditation*, un magnétiseur par *mise en rapport*, un positiviste par *réflexion* ou *raisonnement*, etc. — M. D.

s'abstraire de tout autre sujet. *Il faut à chaque fois, s'enchanter, en quelque sorte.*

Le procédé rappelle un peu celui des Aïssaouas, mais sur plan supérieur.

Oui, s'abstraire, se griser, *s'enchanter* ; grâce à des appels méthodiques, l'idée prend corps, elle apparaît enveloppée de lumières.

Elle était loin, la voilà. Elle prend votre plume et vous n'avez plus qu'à laisser aller l'inspiration ; *votre part étant le seul désir du vrai*, l'humble abandon aux courants de l'intuition avec la ferme volonté de n'être pas la proie de l'erreur, l'espérance de porter un coup nouveau au dragon, la *foi en l'Unité.*

QUE DE CHOSES A DIRE SUR LE COMMERCE DE L'HOMME AVEC LES IDÉES !

Toute la magie est là.

Hommes ! pourtant défiez-vous de trop caresser l'idée séduisante. C'est le secret du gâchis intellectuel. Les hommes commercent tous inconsciemment avec l'invisible. (Tous sont la proie d'une idée trop caressée).

La sirène est plus vivante que vous ne l'imaginez.

Hommes ! derrière l'idée, il y a, *des esclaves*[1], si vous savez les asservir ; maîtres, si vous êtes faibles.

(*Voile d'Isis*, 7 avril 1897).

---

[1] Les passions. — M. D.

BONTÉ, SINCÉRITÉ

Le disciple qui cherche la Vérité doit connaître les signes qui marquent nécessairement les agents de cette Vérité. Car nos cœurs, nos esprits se déversent sans cesse les uns sur les autres, rayonnant entre eux perpétuellement. Il en résulte que le commerce des âmes viles nous abaisse, de même que celui des grandes âmes nous élève.

Il est de toute évidence que la caractéristique de celui qui aime la Vérité sera la Sincérité ; car celui qui aime la Vérité veut se faire semblable à l'objet de son amour ; or, quel plus beau culte pratique de cette Vérité que celui de la vivre réellement par la Sincérité.

Quelle plus belle manière de la mériter, de la connaître ? Respectons donc *l'homme sincère*, quelle que soit son opinion[1]. Il appartient aux premières sphères de la *divine Clarté* auxquelles nous aspirons tant.

---

[1] L'homme sincère, même s'il se trompe, est toujours très réellement dans la Vérité, qui est à l'esprit ce que la lumière est au corps ; relativement, il importe assez peu que la défectuosité corrigible de l'instrument de sa vision, doctrine, formule, etc. ne lui permette actuellement de percevoir que des formes plus ou moins altérées Le menteur est un aveugle volontaire pour qui n'existent ni reflets, ni contours. Comme un pur diamant le sincère baigne dans la lumière qu'il transmet au moins en tant que vibrations ; comme un bloc de houille grossière, le menteur n'est opaque qu'à la condition de sacrifier toute illumination intérieure ; encore l'ombre qu'il projette n'est-elle rien en comparaison de son obscurité propre. — M. D.

Il possède toujours en même temps l'amour de la *Justice*, sans laquelle rien n'est possible dans l'Univers.

Il est une marque encore plus divine, mais aussi beaucoup plus rare, à notre époque d'individualisme outré, c'est la BONTÉ.

Nous aspirons vers cette Bonté, mais nous ne sommes pas bons.

Alors que la SINCÉRITÉ paraît, d'après les exemples journaliers, séparable de la Bonté, tout en lui préparant les voies, la Bonté est, au contraire, inséparable de la Sincérité qui en est le corollaire indispensable.

Sincérité, Justice, séparées, appartiennent plutôt à la Rigueur.

La Bonté appartient à l'*Amour* qui, seul d'ailleurs, pourra *pratiquement réaliser les temps* de la *Justice* et de la *Lumière*.

La Bonté est si rare qu'on peut la qualifier de vertu surhumaine.

Elle doit certainement constituer notre extrême idéal. Un homme ne vaut réellement, au point de vue de l'harmonie universelle, que par son degré de Bonté.

L'homme bon est une providence en tous lieux. Il s'appelle Miséricorde, Compassion, Pardon, Sacrifice, pour les autres, Dévouement sans limites. En toutes circonstances, il unifie, il apaise, il rend l'espérance, le calme et la joie. Il est une source inépuisable de Force ; il est évidemment le précieux canal d'une Vertu toute divine ; il est évidemment le *Médium sacré* de la *Vie pure* qui porte la Santé des âmes et des corps.

Aussi, à travers tous nos efforts vers le Savoir, ne devrions-nous jamais perdre de vue ce caractère principal de Bonté. Il devrait être l'objet de nos plus grands désirs, de notre incessante préoccupation.

Chaque victoire remportée sur un mouvement de haine, d'antagonisme, d'égoïsme, d'orgueil nous en rapproche.

Observons, en passant, que l'*Orgueil n'est jamais bon*, puisque, s'exhaussant par rapport au reste des hommes, il cherche à les dominer, les asservir, les amoindrir.

Combattons sans trêve, en notre âme, toutes les impulsions et aptitudes perverses qui nous éloignent de la simple et douce Bonté.

Cette Bonté doit, d'ailleurs, rayonner sur tous les êtres, envelopper les méchants qui ne sont pour elle que des malades. Elle doit être notre grand idéal de Vie, le But fixe de nos regards et de notre Volonté.

Ne l'oublions pas.

Cherchons la compagnie de ceux qui sont bons, afin de respirer leur atmosphère plus pure ; soyons doux pour les méchants, mais réservés, quant aux épanchements de notre cœur, envers eux ; ou, pour mieux parler, quant aux liaisons ; car notre amour ne doit pas cesser de rayonner pour leur guérison.

Un homme bon est, je le répète, une Providence pour tous.

Lorsque l'Humanité saura mieux les merveilles de la Vie universelle, des rapports télépathiques incessants entre les créatures et la Puissance subtile, invincible, toute céleste de l'*Amour*, elle aura le culte de la Bonté, de ceux qui la rayonnent ; elle se baignera dans ses rayons avec autant d'amour que dans ceux du soleil même, pour la Vie sensuelle.

Je déclare nettement que je ne considère pas comme de la *Bonté véritable* celle qui ne s'étend pas à tous les hommes, à tous les êtres.

Si la Sincérité est la première marque de l'exhaussement de l'âme, la Bonté en est le couronnement.

Au contraire, les méchants dissocient tout. On les reconnaît facilement à leurs fruits de haine et de guerre.

Quant aux menteurs, *ils ne parlent pas véritablement*.

Expliquons cette phrase, pour terminer.

Lorsqu'un homme ment, il transmet dans l'Externe une Parole ; il la supprime dans l'Interne.

Quel sot calcul !

Résultat : la Formulation externe peut fasciner temporairement les hommes superficiels lorsqu'elle intéresse leurs propres calculs ; mais *elle n'atteint pas leur interne, puisque la Parole n'a pas été formulée sur ce plan interne ; puisque le*

Menteur a inscrit sur ce plan interne autre chose que sa formulation externe[1].

Comprend-on maintenant pourquoi la Parole des uns est si vivante, d'une vertu presque incompréhensible, dont le mystère est simple pourtant, alors que les menteurs produisent une action si courte, aux fruits incertains et toujours funestes.

Je ne fais qu'esquisser un sujet sur lequel il y aurait beaucoup à dire : *La Magie de la Parole*.

Que les Penseurs véritables, avides de Bien, de Vrai, s'exercent ; ils ne regretteront, certes, pas leurs peines.

Je résume : la *Bonté*, la *Sincérité* sont les caractéristiques de l'*âme saine*.

Méchanceté, mensonges émanent des âmes corrompues.

Sur ces dernières, projetons des rayonnements du cœur qui puissent les guérir.

Cherchons à pénétrer dans la chaîne des âmes bonnes et sincères.

C'est la *Loi d'Ordre éternel* qui veut que les choses pures et divines se communiquent seulement aux âmes pures, et que les Cieux splendides soient impénétrables aux fumées terrestres.

(*Revue scientifique et morale du Spiritisme*, avril 1897).

---

[1] Par conséquent, ceux qui cultivent leurs sens internes et qui, par suite, ont accès en l'interne des autres, distinguent aussi facilement le mensonge de la vérité que notre œil physique distingue le blanc du noir. — M. D.

CONCLUSION

« Il n'est pire sourd, dit un proverbe, que celui « qui ne veut pas entendre ». Et cela est vrai surtout dès qu'il s'agit, non pas de l'audition externe des bruits physiques, mais de l'intime perception d'une voix cherchant à parler à l'âme. Ce nous fut vraiment un sujet d'instruction autant que de surprise de recueillir quelques-uns des premiers arguments opposés aux appels d'Amo ; mais, entre tous, nous avons retenu celui-ci : « Il ne dit rien de nouveau ! »

Sincèrement, et pour l'auteur même de cette étonnante objection, nous eussions préféré l'aveu pur et simple d'un dédaigneux égoïsme, car il nous est difficile de supposer plus détestable prétexte d'inaction.

Mais, à chaque page, presque à chaque paragraphe, Amo proclame lui-même qu'il ne dit rien de nouveau ; à chaque page, presque à chaque paragraphe, il se recommande de Jésus, de Bouddha, de Lao-Tseu, de Confucius, de Moïse, de Mahomet, des druides, etc., etc. ; à chaque page, presque à chaque paragraphe, il affirme que ce même sentiment d'humanité qu'il prêche se retrouve au cœur de tous les hommes, et qu'ainsi chacun pourrait dire ou a pu dire déjà ce qu'il dit lui-même ! La preuve en est des plus faciles à faire et fut commencée même par MM. Albert

10*

Jounet et J.-C. Chaigneau, qui, dans leurs journaux, ont groupé les pensées de divers auteurs, lesquels reconnaissent tous, en termes différents mais en un même esprit d'universalité, les principes de l'unité et de la charité. Ce travail de patientes recherches est trop instructif pour que nous ne le citions pas *in extenso*.

RECHERCHES DE M. A. JOUNET

RELIGIONS

Toutes les Religions proclament la Charité.

Eglises chrétiennes, malgré les controverses, les scissions, les haines, les guerres qui vous ont séparées, aucune d'entre vous n'a renié l'Evangile !

Israël n'a pas renié ceux des passages de l'Ancien Testament qui ordonnent la Charité. Le précepte : Tu aimeras ton prochain comme toi-même relie l'Ancien Testament au Nouveau.

Et Joseph ouvrant ses bras et son pardon aux frères qui l'ont vendu, l'imploration d'Abraham à Dieu pour les villes coupables, la miséricorde de David pour Saül endormi...

Le Koran de l'*Islam* enseigne la Charité : « Le Paradis est destiné à ceux qui font l'aumône dans l'aisance comme dans la gêne, qui savent maîtriser leur colère et qui pardonnent aux hommes qui les offensent. Certes, Dieu aime ceux qui agissent avec bonté. »

Aux *Parsis*, Zoroastre donne ce commandement : « Ne faites pas de mal à votre prochain, répondez avec douceur à votre ennemi. »

La *Bhagavatgita* du *Brahmanisme* pousse le cri sublime : « Que tous les êtres soient heureux ! »

« Le *Bramo-Somaï*, dit M. *Nagarkar* qui le représentait au Parlement des Religions américain, est le résultat de l'influence de diverses religions ; et le principe fondamental de cette Eglise théiste hindoue est l'*amour universel,* l'harmonie des croyances et l'unité des prophètes ou, mieux, l'unité des prophètes et l'harmonie des croyances.[1]»

Le *Bouddhisme* nous prescrit : « Aimez les autres hommes, aimez tous les êtres. »

Le *Jaïnisme* nous enseigne à « regarder tous les êtres vivants comme nous-mêmes. »

Un grand prêtre du *Shintoïsme* assistant au Parlement des Religions y a fait lire ceci : « Depuis quatorze ans, j'ai exprimé dans mon pays l'espérance qu'il y aurait une amicale réunion des

[1] Dans toutes les religions, je crois, on pourrait retrouver cette même idée, plus ou moins clairement exprimée, que tous les prophètes, grands et petits, sont des incarnations diverses du même principe christique, des manifestations plus ou moins éclatantes du même verbe éternel, ou, autrement dit, des hommes-dieux, plus ou moins parfaites images de la Divine-Humanité. Dès lors, ils n'ont évidemment pu prêcher que *la même doctrine*, mais sous des formes diverses, dont les prêtres sont les gardiens. — Voir, dans la première partie de ce livre : *Pour l'Harmonie* et l'*Unité des grandes âmes.* — M. D.

hommes religieux du monde, et maintenant j'accomplis mon espérance avec une grande joie... Je pense que des congrès de ce genre répétés augmenteront graduellement les relations *fraternelles* entre les hommes religieux des diverses croyances pour explorer les vérités de l'univers et serviront à unir toutes les religions du monde et amèneront toutes les nations ennemies à des relations pacifiques en les conduisant dans la voie de la parfaite Justice. »

Et *Confucius* a déclaré : « La grande loi du devoir doit être cherchée dans l'humanité, cette belle vertu du cœur qui est le principe de l'amour pour tous les hommes. »

Et son disciple *Mencius* a dit : « Il n'y a que deux grandes voies dans le monde : celle de l'humanité et celle de l'inhumanité, et voilà tout. »

DOCTRINES OÙ L'ÉSOTÉRISME EST SPÉCIALEMENT SOUCIEUX DES RELIGIONS.

Christianisme ésotérique : « Si l'intelligence humaine ne peut avoir la prétention de connaître sur cette terre la vérité, l'âme est libre de s'approprier déjà ici-bas ce qui en est l'essentiel et la loi, c'est-à-dire l'Amour. En faisant de ce Principe le centre et la base de toute connaissance, l'*Aurore* affirme la fraternité humaine sans distinction de race, de croyance, de sexe ou de classe ». (*Programme de l'Aurore*). — « Plus grand sera le nombre des esprits avec lesquels vous serez en sympathie active, plus vous deviendrez semblable à Dieu. Celui qui sympathise activement avec tous les hommes est un avec Dieu. » (Duchesse DE POMAR). — « Ainsi sera renversée la notion égoïste du salut individuel, obtenu par une croyance de l'intelligence seule. L'homme ne peut se sauver, c'est-à-dire vivre comme esprit, qu'en se donnant constamment pour tous. » (Mme de MORSIER, *Etude sur Parsifal*).

Religion Universelle. « Je veux la Justice et la Fraternité humaines. Je crois à la Solidarité universelle. Traite ton prochain comme toi-même. Dans tes efforts vers le mieux aspire à tout ce qui est en haut et tends la main à tout ce qui est en bas. Béni soit tout ce qui vit au-dessus et au-dessous de nous, dans la perpétuelle Communion des êtres. » (CHARLES FAUVETY).

« Efforcez-vous de vous sentir vivre les uns dans les autres et les uns par les autres, et élevez votre nature spirituelle, votre esprit, votre âme, votre cœur jusqu'à les sentir non pas confondus dans les autres, mais universalisés et vivant d'une vie intime et religieuse avec tout ce qui est malheureux ou heureux dans le sein de l'Eternel ! » (P. VERDAD [LESSARD].)

Doctrines des rédacteurs de l'Etoile. « Solidarité absolue entre tous les membres d'une même famille ! Solidarité non moins parfaite entre toutes les familles d'un même groupe ! Solidarité toute aussi réelle entre les groupes d'une même classe, entre les classes variées d'une même race, entre toutes les races de la même Humanité, celle de l'Adam-Eve aujourd'hui ressuscité. C'est là, n'en doutez point, le vrai Royaume des Cieux, et c'est bien ainsi que se comportent entre elles, dans l'espace infini, les myriades de constellations dont les cadences harmonieuses remplissent l'univers d'une musique toute divine. » (L'ABBÉ ROCA).

« Oui, l'unité est là : s'unir à tous nos frères, de quelque école qu'ils soient, par les principes qui sont communs à eux et à nous, sans faire de ces fusions qui sont des confusions. « La Vérité, toute la « Vérité, rien que la Vérité », voilà ce que veut *en théorie* tout être doué de raison : embrassons-nous dans ce principe total. Et, *pratiquement*, sachons que notre esprit, étant incomplet, ne peut voir qu'un point, qu'un côté tout au plus de la Vérité infinie : accordons à notre frère séparé la part de vrai qu'il voit et que nous ne voyons pas ; et que notre frère agisse de même envers nous ; plus rien ne nous séparera et nos différences même deviendront de l'un à l'autre un don réciproque de lumière, un complément d'union plus parfaite. » (ABBÉ DE L'ETOILE, *Lettre citée dans l'Etoile de mars 1895*).

« Bienveillance et pitié pour tous les êtres inférieurs, surtout pour ceux qui nous entourent et qui nous servent, Amour et Charité pour tous nos semblables. Nous sommes bien véritablement frères, autant par le corps que par l'âme et nous nous devons mutuellement aide et protection.. En un mot la Vie ne doit être qu'une immense ALLIAN-CE UNIVERSELLE entre tous les êtres qui vivent, pour nous aider mutuellement à vaincre toutes les forces aveugles de la nature, pour créer nous-mêmes le bonheur sur la terre et y réaliser le règne de Dieu. » (RENÉ CAILLIÉ).

En ce qui concerne l'*Harmonie messianique,* il suffit de rappeler la formule de Charité de l'union messianique : « Je crois que la Charité, l'universel Dévouement, doivent être l'âme de la Vie, le principe de tous les actes et de toutes les pensées. »

ESOTERISTES INDÉPENDANTS

« Toute sa morale (du Christ) qui a pour dernier mot l'*Amour fraternel sans limite et l'Alliance humaine universelle,* découle naturellement de cette grande personnalité. Le travail des dix-huit siècles écoulés depuis sa mort a eu pour résultat de faire pénétrer cet idéal dans la conscience de tous. » (EDOUARD SCHURÉ : *les Grands Initiés.*)

« Je n'ai qu'une formule de Charité : Union. Mais, quand je prononce ce mot, je le prononce avec mon cœur et ma pensée confondus et j'y ressens des choses inexprimables. C'est l'Union avec tout ce qui vit. Puis dans le dernier mot silencieux de l'Extase, c'est l'union de tout avec Dieu, la seule réalité au-dessus du temps, de l'espace et de toute apparence. » (AMO).

« Du reste, pour marcher sans crainte dans l'occulte, pour n'avoir pas à redouter les suggestions, il faut être essentiellement pur et bon, nous l'avons vu précédemment, mais il faut être aussi très 'charitable. » (ERNEST BOSC, *la Curiosité*).

PHILOSOPHIES RELIGIEUSES, SPÉCULATIONS RELIGIEU-SES INDÉPENDANTES D'UNE ÉGLISE.

Tolstoïsme : « Depuis mon enfance, depuis que je commençais à lire l'évangile, ce qui me touchait et m'attirait le plus, était la partie de la doctrine de Jésus où il enseigne l'amour, l'humilité, l'abnégation et le devoir de rendre le bien pour le mal. Telle a toujours été pour moi la substance du Christianisme.» (LÉON TOLSTOÏ : *Ma religion*).

Religion Essénienne : « Justice, dévouement solidarité, trinôme Essénien qui résume tout l'enseignement de nos Messies. » — « l'Essénianisme... c'est la Justice en tout et pour tous ! c'est le dévouement à ceux qui souffrent ; c'est la compassion envers les animaux ! C'est l'Union et la Paix, la solidarité fraternelle et universelle. » (*Les Messies Esséniens*, publiés par RENÉ GIRARD et MARIUS GARREDI.)

Omnithéïsme : « Pour que l'âme soit réellement grande, il lui faut encore le désintéressement qui sollicite en elle l'oubli constant de ce qui se rapporte à sa personne. Elle ne voit alors que le bien des autres ou le bien commun.» (ARTHUR D'ANGLEMONT : *le Fractionnement de l'infini*).

Révélations Louis Michel : « Par l'amour, véritable

don de Dieu, les âmes s'attirent, s'épurent, se fu-
sionnent, s'élèvent, se dévouent...Unies par l'amour
elles peuvent tout : sans l'amour, elles s'écartent, se
divisent, s'affaiblissent, se détériorent et descendent.
Résumant en deux mots la vie des mondes ou la
morale divine, notre Messie nous dit : Aimez-vous
les uns les autres. » (Louis Michel : *la Clef de la
Vie*).

Spiritisme

« Hors la Charité, point de salut. » — « Bienveillance pour tout le monde, indulgence pour les
imperfections d'autrui, pardon des offenses. »
(*Révélations* recueillies par Allan Kardec). — « A
l'œuvre donc, pour qu'en 1900 tous les amis de la
vérité puissent se dire, comme les pélerins de la
première Pentecôte : Quoi ! la plupart de nous ne
se connaissaient pas, nous étions des frères ennemis ; chacun de nous parlait un langage différent,
ne voyait la vie que dans un état d'égoïsme, et
aujourd'hui nous nous entendons, nous nous comprenons, nous parlons une même langue, et nous
sommes transportés de joie en découvrant que
nous sommes frères, nous qui nous croyions ennemis ! » (Bouvéry, spirite. Lettre à l'*Étoile*).

Immortalisme. — « L'idée nouvelle — qui est
celle de l'accord entre le moi et l'autrui — ne saurait
pas non plus correspondre à ce qu'on a appelé
l'égoïsme bien entendu ou la simple sagesse... Ce
quelque chose c'est la sympathie ardente, ou pour

l'appeler de son vrai nom, c'est l'*Amour*. Ce qui doit *librement* en résulter, c'est l'*Harmonie*. (J.-Camille Chaigneau).

Doctrines où l'ésotérisme est spécialement soucieux de philosophie et de science

Études ésotériques (Initiation). « Nous sommes tous solidaires comme les cellules d'un même organe. L'évolution individuelle de l'être humain est, par suite, liée à l'évolution collective de toute l'Humanité. Le malheur des uns retombe, par suite, sur le bonheur des autres. Tant qu'il y aura des humains malheureux, il n'en peut exister aucun de complètement heureux. » (Papus au *Congrès spiritualiste* de 1889).

« Aujourd'hui la Fraternité qui déjà commence à s'accomplir est la puissance qui s'offre à nos volontés pour sauver chacune de nos sociétés de la Mort. » (F.-Ch. Barlet).

Théosophie. « Former le noyau d'une fraternité universelle de l'humanité, sans distinction de sexe, de race, de rang ou de croyance » (*Premier But* de la Société Théosophique fondée en 1875). « Nous ne sommes pas seulement des frères, c'est-à-dire des hommes ; nous sommes tous le même homme : voilà ce qu'il faut savoir et comprendre. *Je suis vous et vous êtes moi.* L'Humanité n'est qu'un seul Etre fragmenté momentanément par l'épaisseur de la matière où elle est plongée, comme les rayons

décomposés de la lumière à travers le prisme. »
(ARTHUR ARNOULD).

« Une seule chose évidemment divine pour tous
s'est manifestée dans le monde:

« *C'est la Charité.*

« L'œuvre de la vraie religion doit être de produire, de conserver et de répandre l'esprit de
Charité.

« Pour parvenir à ce but, il faut qu'elle ait elle-
même tous les caractères de la Charité, en sorte
qu'on puisse la bien définir en la nommant elle-
même la *Charité organisée.*» (ELIPHAS LÉVI, *Clef des
grands Mystères*).

« Nous espérons voir s'établir enfin sur la terre:
l'association de tous les intérêts, la fédération de
tous les peuples, l'alliance de tous les cultes et la
solidarité universelle. (ELIPHAS LÉVI : *Livre des
Splendeurs*).

« Pourquoi les hommes devraient-ils vivre sans
cesse isolés et parqués, toujours en méfiance, toujours en guerre les uns contre les autres ? N'y a-t-il
pas au fond de leur cœur un sentiment universel de
bienveillance qui les rapproche ? N'en doutez pas ;
l'homme est un être universel, cosmopolite par essence. Il ne s'isole qu'en se dégradant. » (FABRE
D'OLIVET: *Histoire philosophique du genre humain*).

PHILOSOPHIE

Néo-criticisme. — Dans son beau livre, la *Science
de la morale*, CH. RENOUVIER, dit BENOIT MALON,

élabore tout un plan de réformes sociales[1] (Il travaille donc au développement de la fraternité humaine).

Philosophie de Tarde. — « Toutes les passions l'emportent en contagiosité imitative sur les simples appétits, et tous les besoins de luxe sur les besoins primitifs. Mais, parmi les passions, dirons-nous que l'admiration, la *confiance*, *l'amour* et la résignation sont supérieures en cela au mépris, à la défiance, à la haine et à l'envie ? Oui, en général. S'il en était autrement la Société ne durerait pas.(G. Tarde : *les Lois de l'Imitation*).

Philosophe de l'Impersonnalisme méthodique. — « L'être vivant, avec sa force reçue, est libre d'en user selon la vérité des lois naturelles ou contrairement à elles ; selon la science ou le mensonge ; selon *l'amour d'autrui*, selon l'amour de soi. » (Strada : *Loi de l'Histoire).* — « Sois juste, sois bon, sois charitable : voilà la doctrine. » (Jean-paul Clarens : *Heures vécues.)*

Philosophie de la liberté. — « L'individu fait corps avec l'humanité, il ne peut aller à Dieu qu'avec l'humanité, en entraînant vers Dieu l'humanité. Sans l'œuvre de la charité, la charité contemplative ne serait qu'une nouvelle forme, la plus haute forme probablement, de notre maladie héréditaire, la dernière manière de nous vouloir

---

[1] J'aurais voulu citer Renouvier lui-même, mais j'écris ces articles à la campagne, et je n'ai pu me procurer encore l'ouvrage qu'il me faudrait. — A. J.

autrement que nous ne sommes. La vérité de la vie, la religion inspirée, c'est le dévouement. » CH. SECRÉTAN : *la Civilisation et la Croyance).*

Evolutionnisme. — POUR HERBERT SPENCER le développement du sens moral se confond avec le développement des penchants sympathiques et altruistes. Dans la conclusion de la *Science sociale*, il recommande d'unir « *l'énergie du philantrope au calme du philosophe* ».

Philosophie des Idées-Forces. — « Où est le vrai et le définitif ? » se demande ALFRED FOUILLÉE. Et il répond : « C'est dans l'idéale liberté, c'est-à-dire dans la puissance de se désintéresser où d'aimer, et dans l'union morale ou sociale que sa réalisation prépare entre tous les êtres. » (ALFRED FOUILLÉE : *Histoire de la Philosophie*).

Philosophie de Guyau. — « L'amour des hommes les uns pour les autres n'a pas besoin d'être précédé par l'accord complet des esprits ; c'est cet amour même qui arrivera à produire un accord relatif. Aimez-vous l'un l'autre, et vous vous comprendrez ; quand vous vous serez bien compris, vous serez déjà plus près de vous entendre. Une lumière jaillit de l'union des cœurs. L'universelle sympathie est le sentiment qui devra se développer le plus dans les sociétés futures. » (GUYAU : *l'Irréligion de l'avenir*).

Pessimisme. — « Celui qui a reconnu cette identité de tous les êtres ne distingue plus entre lui-même et les autres : il jouit de leurs joies comme

de ses joies, il souffre de leurs douleurs comme
de ses douleurs, tout au contraire de l'Egoïste qui,
faisant entre lui-même et les autres la plus grande
différence et tenant son individu pour seul réel,
nie pratiquement la réalité des autres... La pitié
est ce fait étonnant, mystérieux, par lequel nous
voyons la ligne de démarcation qui, aux yeux de
la raison, sépare totalement un être d'un autre,
s'effacer et *le non-moi devenir en quelque sorte le
moi.* La pitié seule est la base de toute libre justice et de toute vraie Charité. » (SCHOPENHAUER.)

SCIENCE

Répondant, au nom de la Science, à M. BRUNE-
TIÈRE, M. CHARLES RICHET déclare : « Cette morale
(la morale qui résulte de la Science) est fondée
sur la notion de la *solidarité humaine. Le mal,
c'est la douleur des autres...* L'homme (formé par
par la Science) ne va pas pour le moment au-delà
de cette simple constatation qu'il faut faire son
devoir et que son devoir est clair, qu'il faut avant
tout être juste et être bon et qu'il y a une fraternité humaine ; que les luttes des classes ou les
luttes des nations sont des crimes ; que l'égoïsme
et la dureté de cœur sont des vices insupportables ; que l'oubli de soi-même est nécessaire, que
l'abnégation est encore le meilleur moyen — et
peut-être le seul — d'être heureux ; qu'elle est en

tout cas un impératif catégorique qui s'impose et auquel nul n'a le droit de se soustraire. »

Puisque j'ai rappelé les récentes polémiques inaugurées par M. BRUNETIÈRE, il sera curieux de voir le sentiment de charité également proclamé sous forme de fraternité internationale et de solidarité universelle des individus par M. BERTHELOT dans son article de la *Revue de Paris*.

La puissance de l'idée fraternelle oblige les deux adversaires à la proclamer ensemble, à la revendiquer chacun pour sa cause.

« Et cela veut dire enfin qu'indépendamment des obligations de ne pas faire, il y en a pour nous d'agir, dont la première est de travailler *à détruire en nous la racine de l'égoïsme,* qui est notre attache animale à la vie. » (BRUNETIÈRE.)

« Telle est aujourd'hui la morale des penseurs qui préconisent les belles espérances de l'avenir : *la fraternité des peuples, la Solidarité universelle.* » (BERTHELOT.)

Un savant original, parfois âpre et amer, mais d'une belle fermeté virile, M. GUSTAVE LE BON, rend hommage, à un point de vue tout spécial, dans sa *Psychologie des Foules,* aux sentiments désintéressés, aux impulsions de dévouement et de fièvre expansive :

« Si le *désintéressement,* la résignation, le *dévouement absolu à un idéal* chimérique ou réel sont des vertus morales, on peut dire que les foules possèdent souvent ces vertus-là à un degré que les plus sages des philosophes ont rarement atteint. »(GUSTAVE LE BON : *Psychologie des Foules*).

(*Etoile*, Juin-Juillet-Août 1895).

ANASTOMOSES

PAR J.-CAMILLE CHAIGNEAU.

« Autonomie et solidarité, ces deux mots résument les conditions d'existence des cellules de tout organisme pluricellulaire ; autonomie et solidarité, telle serait la base d'une société qui aurait été construite sur le modèle des êtres vivants[1]. » J.-L. DE LANNESSAN.

« Tout ce que la cohue d'Ilotes raille et repousse : le rêve, l'utopie, le règne d'amour et de liberté, ne sont-ils pas plus raisonnables, plus bienfaisants, plus possibles en soi que la société de mensonge, d'hypocrisie et de violence où nos corps sont prisonniers ? HENRY BAUER.

(*Revue Rouge* de janvier 1896).

« .... Non, non ! la journée humaine ne pouvait finir, elle était éternelle, et les étapes des civilisations se succédaient sans fin. Qu'importait ce vent d'est qui emportait les peuples à l'ouest, comme

---

[1] C'est ce que nous exprimons aussi dans notre devise : Amour et Liberté. — J.-C. C.

charriés par la force du soleil ? S'il le fallait, ils reviendraient par l'autre face du globe, ils feraient plusieurs fois le tour de la terre, jusqu'au' jour où ils pourraient se fixer dans la paix, dans la vérité et la justice. Après la prochaine civilisation, autour de l'Atlantique devenu le centre, bordé des villes maîtresses, une civilisation encore naîtrait, ayant pour centre le Pacifique, avec des capitales riveraines, qu'on ne pouvait prévoir, dont les germes dormaient sur des rivages ignorés. Puis, d'autres encore, toujours d'autres, en recommençant à l'infini ! Et, à cette minute dernière, il eut cette pensée de confiance et de salut que le grand mouvement des nationalités était l'instinct, le besoin même que les peuples avaient de revenir à l'unité. Partis de la famille unique, séparés, dispersés en tribus plus tard, heurtés par des haines fratricides, ils tendaient malgré tout à redevenir l'unique famille. Les provinces se réuniraient en peuples, les peuples se réuniraient en races, les races finiraient par se réunir en une seule humanité immortelle. Enfin l'humanité sans frontières, sans guerres possibles, l'humanité vivant du juste travail, dans la communauté universelle de tous les biens ! N'était-ce pas l'évolution, le but du labeur qui se fait partout, le dénouement de l'Histoire ? Que l'Italie fût donc un peuple sain et fort, que l'entente se fît donc entre elle et la France, et que cette fraternité des races latines devînt le commencement de la fraternité universelle ! Ah ! cette patrie unique, la terre pacifiée et heureuse, dans combien de siècles, et quel rêve !... »

> ÉMILE ZOLA. — Dernière page de *Rome*.
> (*Humanité intégrale*).

On pourrait examiner ainsi tous les monuments de l'activité humaine ; il n'en est peut être pas un seul où l'on ne puisse trouver exprimés ces *dogmes* éternels sur quoi repose la vie de notre monde. Les extraits précédents suffisent et l'enthousiaste cri d'espoir de Zola leur est une éloquente conclusion.

Mais, « cette patrie unique, la terre pacifiée et heureuse, dans combien de siècles, et quel rêve! »

Dans combien de siècles? Qu'importe vraiment, si la nécessité se manifeste clairement d'y travailler dès l'heure présente ?

Quel rêve ? Oui, mais non pas plus que le fut la République pour les penseurs français du règne de Louis XV, et moins que la charité aux yeux des sages du siècle d'Auguste.

Car les aspirations les plus hautes ne sont pas les moins réalisables ; il ne s'agit pas tant de mesurer la distance qui nous sépare du but, que de savoir si ce but répond à un réel besoin, et d'employer utilement les moyens propres à y atteindre.

Et les organisateurs du Congrès de l'Humanité

ont la certitude, établie sur l'expérience de toute l'histoire et sur l'étude de l'époque actuelle, que les hommes, *tous les hommes* ont besoin de se sentir un et que le seul moyen de réaliser cette unité consciente est l'Amour.

Cette œuvre est juste, elle est nécessaire, elle vient en son temps, et — faut-il le dire ? — il n'est désormais au pouvoir de personne d'en entraver le développement et la réalisation, sous une forme ou sous une autre. De toutes parts, l'idée gicle, irrésistible, comme, aux flancs des volcans, des fusées de lave incandescente ; parcourez les journaux de tous pays, les livres les plus divers, écoutez les orateurs de tous les partis... Chacun crie en son langage : « Indépendance individuelle dans la « Solidarité des membres d'une même Unité ! »

Il semble que l'organisme-Humanité soit actuellement secoué d'un formidable mouvement réflexe provoqué par les Bouddhas et les Jésus dans tous les siècles antérieurs, commencé par la Réforme et la Révolution française, et dont, aujourd'hui, les hommes — infimes cellules du grand corps total — subissent, bon gré, mal gré, l'irréductible entraînement. Mais les divers mouvements christiques furent du cœur seulement ; les divers mouvements révolutionnaires furent exclusivement de la raison. Il s'agit aujourd'hui de synthétiser ces deux grandes aspirations de la nature humaine et de les féconder l'une par l'autre.

Que faut-il pour parfaire cette grandiose réalisa-

tion essentiellement, exclusivement impersonnelle?
Un mot — un seul — jeté à tous échos pour éveiller en toute conscience cette notion de solidarité
qui, d'elle-même, par la force des choses, s'impose
déjà à toute intelligence. Ce mot lui-même : *Humanité-Une* fut proféré sans nulle préméditation ;
le premier article d'Amo sur le Congrès de l'Humanité fut écrit avec, seulement, la pensée que
l'idée pourrait, peut-être, intéresser quelques lecteurs ; et voici que, dès l'abord, des bonnes volontés se groupèrent, ardentes, chaque jour plus
nombreuses, et forcèrent, pour ainsi dire, à se
préoccuper activement de la réalisation de ce rêve
magnifique. L'idée ne s'est point imposée aux
hommes, mais les hommes sont venus à l'idée et
l'ont vivifiée de leur dévouement et de leur amour.
C'est que tous ont compris, *senti* qu'il ne s'agissait
nullement de combattre pour une école, si élevée
qu'elle puisse être, mais uniquement pour l'Humanité toute entière ; et, toute école particulière
ayant été mise hors cause, à plus forte raison les
personnalités n'ont point été prises en considération et ne le seront pas davantage en l'avenir. Si
l'œuvre n'était pas strictement impersonnelle, elle
ne serait point universelle et rentrerait dans le
cadre de l'un des nombreux congrès qui se préparent pour 1900 ; elle ferait double emploi ; elle
perdrait ce caractère *d'utilité pratique* incalculable
qui permet d'espérer que tous les êtres humains,
sans aucune exception, en ressentiront les effets,

directement ou indirectement, mais sans doute dans un délai relativement fort court.

Aussi *tous* sont d'ores et déjà conviés instamment à collaborer, dans la mesure de leurs moyens et en tant que leur conscience les y poussera, à cette commune entreprise de toute l'Humanité.

Mais comment collaborer, dira-t-on ? Que faut-il faire ? Que comptez-vous faire vous-même et en quoi pourrait-on vous aider ?

D'une façon absolument générale, nous pouvons répondre par ce mot justement célèbre : « Aimez, et faites ce que vous voudrez. » Les efforts personnels de tout un chacun dans le cercle de son activité propre, seront de beaucoup les plus efficaces, *pourvu que jamais l'on ne perde de vue* qu'il s'agit de réaliser l'Union consciente de tous, par l'Amour impersonnel et le respect scrupuleux de toute Liberté.

Mais, afin de fixer les idées et de provoquer la discussion en attendant les décisions que prendront les Comités provisoire et définitif, il ne nous semble pas inutile de présenter un projet de programme, seulement à titre d'ébauche et comme un imparfait exemple de ce qui pourrait être fait, ledit projet n'engageant, du reste, personne que l'auteur seul.

Les travaux du Congrès pourraient être divisés en trois grandes catégories se rapportant :

Iº à l'Humanité ;

IIº aux diverses collectivités sociales (races, religions, écoles, nations, peuples, familles) ;

III° à l'individu.

Les études rentrant en ces trois catégories trai-
teraient :

I° DE L'HUMANITÉ

Considérée :

1° Abstraitement, en soi, dans son principe, dans
son entité philosophique ;

2° Dans son histoire passée, en son actuelle
situation, en son possible avenir ; ses forces, ses
tendances, son organisation, sa vie, son activité,
etc. ;

3° Dans son rôle par rapport aux collectivités et
aux individus qui la composent, et par rapport au
reste de l'Univers.

II° DES SOCIÉTÉS

Principalement au point de vue des règles tom-
bées en désuétude, établies ou à établir pour la
constitution et le fonctionnement des grandes
collectivités, par exemple en ce qui concerne :

1° Les principes sur lesquels doit reposer une
société ;

2° La meilleure forme de gouvernement en général et pour tel ou tel cas particulier ; la constitution,
les lois ou doctrines, leur formulation, etc. :

3° Les organes et les moyens de défense de la
collectivité contre les dangers extérieurs et inté-
rieurs ; les pouvoirs assurant l'exécution des lois,

la mise en pratique des doctrines, la réalisation des principes ; leur légitimité ; leur fonctionnement ; les limites de leurs attributions, etc.

4° Les rapports entre les différents organes d'une même société et entre sociétés distinctes ; la vie sociale ; connaissance réciproque des besoins, aspirations, constitution, fonctionnement, devoirs et droits de chacun ; l'instruction mutuelle ; l'échange des idées ; la science, la philosophie, l'art, etc. ;

5° La morale sociale (religieuse, civile, civique, familiale, etc. ;) et les devoirs et droits qui en découlent entre individus, d'individu à société, et entre sociétés ; l'éducation ; la manifestation des sentiments, etc. ;

6° L'économie, c'est-à-dire la mise en œuvre des richesses sociales (doctrines, finances, produits industriels et agricoles, etc.) ; leur circulation ; leur diffusion ; leur répartition, etc.

7° Le fonds social (idées communes, consanguinité, sol, richesses naturelles, population, etc.), sa conservation, son accroissement et son bien-être ; la propriété, etc.

III° DE L'INDIVIDU

Dans le libre exercice de ses droits et dans le strict accomplissement de ses devoirs, avec la recherche des fondements naturels, humains ou divins de ces droits et devoirs :

1° Vis-à-vis de l'Humanité ;

2º Vis-à-vis de la Société en laquelle il vit (peuple, nation, religion, etc.

3º Vis-à-vis de sa Famille ;

4º Vis-à-vis de lui-même.

Comme corollaire de ces questions capitales et qui embrassent, croyons-nous, toute l'étendue des connaissances humaines, les congressistes, pourraient avoir à en étudier d'autres accessoires, les deux suivantes, par exemple :

A. — Fondation d'une institution permanente, ayant pour but le maintien et le développement du sentiment d'Unité entre les hommes et les sociétés[1] ; sous quelle forme ?

B. — En outre de cette institution permanente, et des congrès de dates irrégulières, établissement d'une solennité périodique régulière (par exemple le 1ᵉʳ janvier ou l'équinoxe de printemps de chaque année), en laquelle serait rappelée d'une façon spéciale d'idée de l'Unité humaine ; de quelle façon célébrer, s'il y a lieu, cette fête universelle?

Cette esquisse rapide permettra à tous : médecins, juristes, économistes, philosophes, ouvriers, artistes, militaires, religieux, agriculteurs, industriels, physiciens, littérateurs, politiciens... de formuler leurs objections et d'exprimer leurs *desiderata*. Jusqu'au 31 juillet 1898, toute communication sera reçue, étudiée et tenue en compte par le Comité

[1] L'Alliance universelle de M. Albert Jounet a été créée dans ce but. — M. D.

provisoire qui, groupant toutes les opinions, synthétisant toutes les aspirations, rédigera le programme définitif des travaux et l'adressera, avec la circulaire demandant l'adhésion formelle au Congrès de l'Humanité, assez tôt pour qu'il soit possible de le bien étudier et d'y répondre[1]; la date probable de cet envoi sera le 1er octobre 1898. L'inscription des travaux envoyés pour être lus au Congrès sera close et leur classification terminée le 31 décembre 1899 ; et, dès le lendemain, 1er janvier 1900, le Comité définitif entrera en fonctions, avec la mission de réviser les travaux du Comité préparatoire et de régler l'ordre des séances, lesquelles auront lieu sans doute dans le mois d'août. Que sera l'œuvre du Comité définitif? Il n'appartient à personne d'en préjuger ; suivant le principe même du Congrès, sa liberté d'action sera entière pour la réalisation de cette œuvre d'amour et d'impersonnalité dans l'unité ; mais les membres du Comité provisoire pourront, à titre individuel, rester à sa disposition et continuer de travailler avec lui.

Telles sont les grandes lignes de l'œuvre. Que chacun y travaille selon son bon vouloir.

[1] Adresser provisoirement toute communication à :

Monsieur P. VITTE,
47, Rue Gay-Lussac,
PARIS

⁎

Chercherons-nous encore à prévenir quelques objections ?

Des objections de principe, il n'y en a pas ; tout le monde est d'accord que tous les hommes sont l'Humanité, et les précédentes citations, quelque incomplètes qu'elles soient, en témoignent suffisamment.

Des objections de convenance personnelle ne peuvent être soulevées que par un motif d'égoïsme, la seule chose que combatte le Congrès, en cherchant à démontrer que l'amour de tous les hommes les uns pour les autres est le plus puissant facteur de la félicité individuelle.

Des objections concernant la possibilité de l'œuvre ne sont guère soutenables si l'on considère la simplicité du plan du Congrès ; des choses beaucoup plus difficiles ont été heureusement effectuées en ces dernières années.

Enfin restent les objections relatives à l'opportunité de cette tentative : « Les hommes ne sont « pas prêts ; personne ne répondra. » A ceci, nous ne pouvons opposer que notre certitude personnelle, basée sur les résultats acquis depuis trois ans par les seuls efforts d'Amo : Les hommes sont prêts ; ils attendent seulement d'être appelés pour venir avec empressement, avec joie, avec dévouement. Evidemment, tous ne viendront pas ; mais les adhérents *actifs* seront en nombre plus que suffisant et les moyens matériels de réalisation afflueront spontanément au-delà des besoins. Le monde ne connaît pas les ressources dont dispose la cause de l'Unité ; si vous parlez d'amour seulement du bout des lèvres, vous serez bafoué, avec justice ; si vous en parlez avec amour, vous serez écouté avec émotion, suivi avec enthousiasme ; et ceux-là seuls riront encore de vous qui ne vous auront pas entendu, soit parce qu'ils ne vous auront point approché, soit parce que leur âme est fermée.

Ils sont en minorité et encore, tôt ou tard, malgré eux, par le fait même qu'ils sont hommes, l'Amour fera vibrer leur cœur. Car l'Amour est le tout-puissant levier, l'éternel créateur, l'unique soutien de l'univers, le moteur des atômes et des nébuleuses, le maître absolu des dieux et des hommes, le feu sacré qui anime toute chose venant en ce monde ; et c'est en tant que fondé sur l'Amour que réussira *en toute certitude* le Congrès de l'Humanité, par quoi sera donnée une première satisfaction à la sublime prière de Krishna et de Jésus :

QUE TOUS LES ÊTRES SOIENT HEUREUX !
QU'ILS SOIENT TOUS UN !

M. D.

TABLE DES MATIÈRES

www.ingramcontent.com/pod-product-compliance
Lightning Source LLC
Chambersburg PA
CBHW071623270326
41928CB00010B/1757